Rudolf Speil

Klammen & Schluchten in Österreich

Stocker

Rudolf Speil

Klammen & Schluchten in Österreich

An tosenden Wassern

3., ergänzte Auflage

Leopold Stocker Verlag

Graz – Stuttgart

Umschlaggestaltung: DSR – Digitalstudio Rypka, Graz; Thomas Hofer
Umschlagfoto: Rudolf Speil, Wien

Die Fotos im Textteil stammen von Ursula Korbl und dem Autor.

Der Verlag bedankt sich für die Leihgabe aller Fotos.

Bibliografische Information Der Deutschen Bibliothek
Die Deutsche Bibliothek verzeichnet diese Publikation in der Deutschen Nationalbibliografie; detaillierte bibliografische Daten sind im Internet über http://dnb.ddb.de abrufbar.

Der Autor:
OStR Prof. Rudolf Speil, geb. 1941, war Übungsschullehrer an der Pädagogischen Akademie der Erzdiözese Wien in Wien-Strebersdorf. Er ist seit dem Jahr 2004 in Pension. Seit seiner Kindheit ist er ein begeisterter Wanderer, der die versteckten Schönheiten Österreichs aufspürt. Zuerst mit seiner Familie, später dann auch mit seinen Schülerinnen und Schülern und deren Eltern unternahm er viele Ausflüge in die Umgebung Wiens, wobei die Klammen und Schluchten im Vordergrund standen.

ISBN 978-3-7020-1130-7
Printed in Austria
Layoutgestaltung: Klaudia Aschbacher, A-8111 Judendorf-Straßengel
Gesamtherstellung: Druckerei Theiss GmbH, 9431 St. Stefan

INHALTSVERZEICHNIS

Vorwort 7

Allgemeiner Teil 15

Niederösterreich 21

Oberösterreich 67

Salzburg 103

Tirol 149

Vorarlberg 203

Kärnten 219

Steiermark 253

Verwendete Literatur 295

Register 299

Anhang (neue und ergänzte Touren) 305

VORWORT

Wanderführer gibt es viele, aber keinen, der sich nur mit Klammen und Schluchten beschäftigt. Dieses Buch will auf bekannte und versteckte Naturschönheiten aufmerksam machen, die von Erwachsenen und Kindern mit Genuss durchwandert werden können.

Wie ist es zu diesem Wanderführer gekommen?

Wenn ich an meine Kindheit denke, dann fallen mir die vielen Wanderungen ein, die meine Eltern und deren Bekannte mit mir unternahmen. Meist war es „nur" der Wienerwald, den wir durchstreiften. Die Freude am Wandern und an der Natur wurde damit Grund gelegt. In meinen Kinderheim- und Lageraufenthalten in den Ferien hatte ich Erlebnisse, die bis heute nachwirken. Ich erinnere mich an die Hermannshöhle in Kirchberg/Wechsel, an die Dr.-Vogelgesang-Klamm, an die Teufelskirche, den Stromboding-Wasserfall, den Gleinkersee und den Pießling-Ursprung im Pyhrngebiet, an den Rindbach-Wasserfall und die Gassel-Tropfsteinhöhle in der Nähe von Ebensee, an die Ruine Taggenbrunn, den Kraiger See und die Kraiger Schlösser bei St. Veit/Glan. Ich hatte das Glück, Landschaften kennen zu lernen, die auch für Kinder interessant waren. Auf der zweitägigen (!) Maturareise nach Zwettl (!) hatte ich ein Erlebnis, das mir unvergesslich bleiben wird und das – im Rückblick gesehen – zukunftsweisend war. Einige „reife" Jünglinge, darunter auch ich, wollten ohne Klassenvorstand etwas Ungewöhnliches erleben. Wir beschlossen also, um 4 Uhr morgens aufzustehen, aus dem Fenster zu steigen und eine Wanderung zu unternehmen. Ich weiß noch ganz genau, dass ich die Weißenbachklamm besuchen wollte, die ich auf einer Wanderkarte auf dem Zwettler Hauptplatz entdeckt hatte. Die Klamm habe ich damals nicht erreicht, da sie zu weit von Zwettl entfernt liegt. Damals aber – so wird mir jetzt klar – begann meine Vorliebe für Klammen und Schluchten.

Jahre später, als ich bereits verheiratet war und zwei kleine Kinder hatte, begnügte ich mich selten, irgendwohin zu fahren, um dort einer zufälligen Markierung zu folgen, da mich sonst die Fragen meines Sohnes genervt hätten: „Vati, wohin gehen wir? Vati, was ist dort? Vati, warum gehen wir dorthin?" Nein, ich machte es umgekehrt und erklärte ihm: „Du, Peter, heute fahren wir zum Sebastian-Wasserfall, dort gehen wir auf die Mamauwiese, da kannst du im Bach Schifferl fahren lassen und im Wald Bockerl suchen!" – Oder: „Diesmal besuchen wir die letzte Holzrutsche in der Eng, wandern dann über die riesige Bodenwiese und essen zum Schluss im Waldburgangerhaus eine gute Schöberlsuppe!" Ich suchte mir immer wieder interessante Ziele aus: Ruinen, Burgen, Schlösser, Höhlen, Aussichtswarten, Denkmäler, Teiche, Wasserfälle und natürlich Klammen und Schluchten.

Besonders letztere hatten es mir angetan. Daher beschloss ich, mir darüber einen Führer zu kaufen, es gab aber keinen. Also schrieb ich dem bekannten Wanderbuchautor Helmfried Knoll, er möge doch einen „Klammenführer Österreich" zusammenstellen. Er antwortete, es wäre eine gute Idee, ein solches Werk herauszubringen, ich solle das tun. „Nie im Leben!" dachte ich mir und legte den Brief traurig beiseite. Aber wie von einem unsichtbaren Pfeil getroffen, blieb in meinem Innern eine „Wunde" zurück, die zwei Jahre später aufbrach: Ich musste ein Buch über die Klammen und Schluchten Österreichs schreiben.

So mancher wird aber nun vielleicht fragen: „Ja, sind denn nicht alle Klammen gleich?" Wenn ich das manchmal höre, dann fallen mir die Chinesen ein. Für uns Europäer sehen sie einander so ähnlich, dass wir sie fast nicht unterscheiden können. Und doch sagen uns der Verstand und nach einiger Zeit auch die Augen, dass jeder Chinese anders ist. So ähnlich verhält es sich auch mit den Klammen. Jede ist anders. Wenn wir bereit sind, mit offenen Augen durch die Landschaft zu wandern, werden wir erkennen, dass die Vielfalt der Natur unermesslich ist. Deshalb habe ich auch versucht, den mir als sehenswert erscheinenden Klammen ein Motto voranzustellen, das etwas vom Charakter der Klamm aussagen soll. Es war aber zusätzlich auch meine Absicht, die Klammen und Schluchten nicht isoliert zu sehen, sondern auch das kulturelle und naturgegebene Umland mit einzubeziehen. Damit reicht dieses Buch über die rein technischen Informationen hinaus.

Klammen sind durch ihre eigenartige Form immer wieder Stätten gewesen, wo die Menschen einerseits Schutz gesucht, die ihnen aber andererseits auch Furcht und Schrecken eingejagt haben, da sie dort den Wohnort von Teufeln und bösen Geistern, von unheimlichen Tieren und Schreck erregenden Gestalten vermuteten. Die Saligen Fräulein, meist als schöne, blond gelockte Mädchen und hilfreiche Wesen bekannt, sollen den Eingang zu ihrem Friedensreich in einer Schlucht haben. Nicht nur in früheren Zeiten entzündete sich die Fantasie der Menschen an den geheimnisvollen und gefährlichen

Engtälern, auch heute ziehen Klammen Elektrizitätsgesellschaften an, weil diese dort natürliche Vorbedingungen für den Bau von Staumauern vorfinden. Naturschützer kämpfen dagegen. Es hat sich aber gezeigt, dass die Kraftwerksbauer in den letzten Jahren die Aussichtslosigkeit erkannten und Klammen und Schluchten unangetastet ließen.

Allerdings gibt es auch Einwirkungen durch Muren, Lawinen und Überschwemmungen, die das Erscheinungsbild einer Klamm verändern, oft sogar zerstören. Seien Sie daher nicht erstaunt oder böse, wenn Sie die Anlage eines Weges oder eines Steges nicht so zu Gesicht bekommen, wie sie im Wanderführer beschrieben ist.

Österreich ist schön, aber auch großartig, weil es viele Österreicher gibt, die dieses Land liebenswert gestalten. Das zeigt sich nicht nur bei den Ortsbildern und deren Blumenschmuck, sondern auch in der Tatsache, dass in den letzten zehn Jahren Klammen und Schluchten revitalisiert, ja sogar neu ausgebaut wurden. Ich möchte die bedeutendsten hier erwähnen:

Niederösterreich: Höllental mit dem 1. Wasserleitungswanderweg
Niederösterreich: Erlebniswelt Mendlingtal bei Göstling-Lassing
Niederösterreich: Taubenlochklamm bei Frankenfels
Oberösterreich/Steiermark: Obertraun: Koppenschlucht
Tirol: Zammer Lochputz in Zams bei Landeck
Tirol: Erlebnispfad Leutaschklamm
Osttirol: Galitzenklamm bei Lienz/Amlach
Kärnten: NBO-Schluchtweg in Ossiach
Steiermark: Wasserlochklamm bei Palfau
Steiermark: Kripp-Klamm bei Großreifling im Ennstal
Steiermark: Klamm bei St. Lambrecht

Es gibt aber auch Klammen und Schluchten, die in der Literatur oder auf Wegweisern herumgeistern, die jedoch von mir nicht übersehen wurden. Sie sind einfach nicht attraktiv genug, ich möchte sie aber dennoch aufzählen:

Burgenland: Oberwart: Willersdorfer Schlucht
Niederösterreich: Altruppersdorf: Franzosenschlucht
Niederösterreich: Dobersberg: Farnschlucht
Steiermark: Bad Gleichenberg: Constantia-Schlucht
Steiermark: St. Jakob-Breitenau: Klammgraben (Klettergarten!)

Ich möchte aber auch jene Klammen und Schluchten anführen, die in der dritten Auflage nicht mehr erwähnt werden, weil sie sich nach einem neuerlichen Besuch als zu wenig attraktiv erwiesen, auch wenn sie in Wanderkarten oder auf Wegweisern erwähnt werden:

Niederösterreich: Rohrbachklamm bei Puchberg/Schneeberg
Niederösterreich: Gadenweithklamm bei Ternitz
Salzburg: Kertererschlucht bei Kuchl
Salzburg: Spumbachklamm bei Waidach/Adnet
Tirol: Eppzirler Klamm (Gießenbachklamm) bei Scharnitz
Kärnten: Arriacher Klamm
Kärnten: Enge Gurk bei Gnesau
Kärnten: Gradeser Klamm

Außerdem möchte ich die Klammen und Schluchten anführen, die ich erst in den letzten Jahren entdeckt habe:

Oberösterreich: Sausende Schlucht bei Peilstein im Mühlviertel
Salzburg: Klamm der Uwelöcher in Saalbach/Hinterglemm
Salzburg: Gasteiner Wasserfall
Salzburg: Hexenloch in Salzburg/Aigen
Salzburg: Lenzenschlucht bei Unken
Tirol: Hachleschlucht bei Imst
Vorarlberg: Rappenfluh bei Hittisau
Vorarlberg: Kirchle bei Dornbirn
Vorarlberg: Schlucht der Kobelach bei Dornbirn
Vorarlberg: Garneraschlucht bei Gaschurn
Vorarlberg: Engelschlucht bei Marul im Großen Walsertal
Vorarlberg: Kesselschlucht bei Weiler
Vorarlberg: Kuhloch bei Bludenz
Vorarlberg: Schlucht der Subersach bei Lingenau
Steiermark: künstliche Schlucht zwischen Toplitz- und Kammersee bei Grundlsee

Und nun ist es also bereits die dritte Auflage, die erscheint. War es bei der ersten das Bestreben, möglichst viele Gemeinden anzuschreiben und sie um ausgefüllte Fragebogen zu bitten, so konnte ich diesmal auch so manche Information aus dem Internet holen, aber bei jeder Auflage war es ein unumstößliches Ziel, durch ganz Österreich zu fahren und jede Klamm persönlich in Augenschein zu nehmen. Dabei führte ich viele Gespräche mit Einheimischen, mit kompetenten

Leuten und solchen, die sich ihre Meinung im Laufe der Jahre irgendwie zurechtgezimmert haben. Vieles Gelesene, Gehörte und Erlebte floss in das Buch, es ist eine herzhafte Mischung aus Fakten, Gefühltem und Gedachtem. Es soll Appetit machen auf die Natur, es soll informieren, bevor man eine Wanderung unternimmt, es soll die Erinnerung an schöne Stunden wach halten. Es ist nicht nur ein Wegbegleiter beim Wandern, es soll auch ein Lesebuch sein, wenn man vielleicht aus Altersgründen nicht mehr in die Berge gehen kann.

Klammen sind aber nicht nur ein Anziehungspunkt für Wanderer, sondern seit über zehn Jahren auch für besonders naturverbundene Menschen, die das Abenteuer suchen, oder wie man seit Arnold Schwarzenegger sagt: „Äktschn!", magische Stätten, Canyoning ist das „Begehen" von Klammen und Schluchten in der Richtung des fließenden Gewässers, also nur flussabwärts, wobei man einen hautengen, wärmenden Neoprenanzug anhat, einen Steinschlaghelm, einen speziellen Klettergurt um die Hüften und eventuell eine Schwimmweste und Handschuhe benützt, dazu noch Neoprensocken und gutes Schuhwerk, wenn möglich knöchelhoch, und Badekleidung. Vor allem aber geht man in der Gruppe mit einem erfahrenen Führer, so genannten Guides, die nicht nur alpin geschult sind, sondern oft auch die Ausbildung des europäischen Canyoningverbandes absolviert haben, manche sind Berg- und Schiführer mit einer Zusatzqualifikation. Wer diesen Abenteuersport ausüben will, meldet sich bei einem der vielen Outdoor-Unternehmen, kann sich dort die Ausrüstung ausleihen und dann geht es los. Nein, eigentlich nicht, denn erst muss man zu einer Schlucht hinkommen, die eher unbekannt bleiben soll, und das kann schon einige Zeit in Anspruch nehmen. Dann aber wird es wild: Man folgt dem natürlichen Lauf eines Gebirgsbaches, gleitet enge Rinnen und Rutschen hinunter, springt in eiskalte Tümpel, wird an Seil und mit Karabiner über hohe Felswände abgeseilt, wenn die Sprunghöhe zu gewaltig oder gefährlich ist. Gemeinsam geht es abseits der gepflegten Wege in einer Welt faszinierender Naturschönheiten, die ein Wanderer nie zu Gesicht bekommt, zum Ausstiegspunkt. Es ist die „geilste Dusche der Welt", wie ein Canyoning-Abenteurer einmal gesagt hat.

Natürlich gibt es auch da Abstufungen in der Schwierigkeit. Ich zitiere aus einem Canyoning-Angebot des Outdoorcamps „Gesäuse":

Level 1: Einsteigertour im geringen Schwierigkeitsgrad. Kurze, übersichtliche Abseilpassagen, leichte Zustiege, Dauer max. 3 Stunden, keine Vorkenntnisse notwendig.

Level 2: Einsteigertour im mittleren Schwierigkeitsgrad. Sportliche Konstitution, Schwindelfreiheit und Trittsicherheit sind Voraussetzung. Abseilhöhen bis zu 25 m, Sprungmöglichkeit max. bis 6 m, Dauer bis max. 4 Stunden.

Level 3: Touren im oberen Schwierigkeitsgrad, Teilnahme an zumindest einer Tour „Level 2" notwendig, gute Kondition, Trittsicherheit, Mut und Schwindelfreiheit, Abseilhöhen bis und über 50 m, lange Zu- und Abstiege. Dauer bis zu 7 Stunden.

Andere Betreiber teilen das Canyoning, manchmal auch Schluchting genannt, je nach Höhe der Schlucht, des Wasserfalls, der Wasserführung usw. in die Schwierigkeitsgrade C1 bis C5.

Die Touren sind natürlich witterungsabhängig. Bei Regenwetter, das sich naturgemäß auf den Wasserstand der Gebirgsbäche auswirkt, muss die Tour verschoben oder eine andere Schlucht, eine andere Location, ausgewählt werden.

Und damit sind wir beim Thema „Sicherheit". Ist Canyoning gefährlich? Ich zitiere wieder: *„Das Gefahrenpotential beim Canyoning ist hoch, kann jedoch durch vernünftige Tourenplanung, gute Ausrüstung und gut ausgebildete Führer minimiert werden. Dies ist einer der Gründe, warum wir die Tourenplanung immer kurzfristig ansetzen und bei uns keine bestimmte Tour Wochen vorher gebucht werden kann."* Es heißt also nicht: No risk, no fun, sondern: No risk, more fun!

Für Menschen, die Klammen lieben, die das Abenteuer suchen, die keine Höhenangst haben, ist es auf jeden Fall eine tolle Sache.

Egal, ob nun Canyoning oder Wandern, wir erleben die Konfrontation mit der Natur mit den Elementen Wasser, Stein und Luft:

die Steine, die dem brausenden Wasser Widerstand bieten,
das Wasser, das, in viele kleinste Teile zerstäubt, die Luft erfüllt,
die Luft, die zwischen den Felsen streift,
die Steine, die vom Wasser in Jahrtausenden „zersägt" werden,
das Wasser, das die Luft abkühlt und erfrischt und
das luftige Blau des Himmels, das oft nur in einem kleinen Ausschnitt zwischen den hochragenden Felsen sichtbar wird und manchmal sogar verschwindet.

Mit diesem Wanderführer möchte ich
- die Freunde des Wanderns informieren, was sie in einer Klamm oder Schlucht erwartet, damit sie sich gut darauf vorbereiten und richtig ausrüsten können,
- die Schönheiten Österreichs bekannter machen,
- den Menschen helfen, mit offenen Augen durch die Landschaft zu gehen, und
- die Liebe zur Natur und zu unserer Heimat vertiefen.

Frühjahr 2008   *Rudolf Speil*

ALLGEMEINER TEIL

Über die Entstehung von Klammen

Klammen im Oberlauf von Flüssen: *„Das auf steiler Fläche abfließende Wasser verfügt über Energien, welche in Erosion umgesetzt werden. Die Arbeit des fließenden Wassers im Oberlauf der Flüsse bzw. im Gebirge kann mit der Arbeit einer Säge verglichen werden. Wenn der Hang sehr steil und daher das Gefälle sehr stark ist, besitzt das Wasser starke Erosionskraft und schneidet eine tiefe, steilwandige Rinne in den Untergrund ein. Besteht der Untergrund aus hartem, widerstandsfähigem Gestein, so kommt es zur Ausbildung einer Klamm.“*

(Prof. Karl Novacek)

Durchbrüche, welche auch im Mittel- oder Unterlauf auftreten:

1. **Antezedenter Durchbruch:** Der Fluss ist älter als der durchflossene Gebirgsabschnitt und kann sich gegen die Hebung behaupten, indem er seine ganze Kraft für Tiefenerosion aufwendet (Gesäuse, Pass Lueg/Salzachöfen, z.T. Tormäuer).
2.1. **Epigenetischer Durchbruch:** Nach einer Talverschüttung sucht der Fluss abschnittsweise ein neues Bett, in welchem er nur Tiefenerosion ausübt, während flussauf- und flussabwärts das alte Tal nur ausgeräumt werden muss (Grades).
2.2. **Denudationsdurchbruch:** Ein widerstandsfähiges Gestein zwingt den Fluss, in diesem Abschnitt ausnahmslos Tiefenerosion auszuüben, sodass zwischen breiten Talabschnitten ein Engtal eingelagert ist (Liechtensteinklamm, Mödlinger Klause).
3. **Regressionsdurchbruch:** Durch die verstärkte rückschreitende Erosion kommt es zur Anzapfung eines anderen Tales und danach zu einem Oberlaufcharakter mitten im neuen Talverlauf (Hagenbachklamm).
4. **Überflussdurchbruch** (eigentlich besonderer Typ des Regressionsdurchbruchs bei Seeausflüssen): Der Fluss schneidet die Schwelle durch, und der Seespiegel sinkt dementsprechend ab; bei allen Gebirgsseen, z. T. auch bei Alpenrandseen zu beobachten.“ (Verfasst von Dr. Hubert Nagl)

Das Erscheinungsbild von Klammen und Schluchten

„Die Wände einer Klamm sind steil, manchmal überhängend und stehen eng nebeneinander. Manchmal sind die Talwände sogar zueinander parallel, so dass die Klamm oben und am Grund gleich breit ist. Bei fortschreitender Denudation (Entblößung der Talhänge von dem durch die Verwitterung angehäuften Lockermaterial) nimmt das Talprofil eine V-förmige Gestalt an. Werden die Talhänge von Felsen gebildet, so nennt man ein derartiges Tal eine Schlucht."

(Prof. Karl Nowacek)

Verschiedene Bezeichnungen für Engstellen

Klamm: Felsspalte mit Gießbach (bayerisches Dialektwort).
Schlucht: Enge, tiefe Höhlung oder Geländeeinschnitt, auch Schluft (mitteldeutsch).
Strub: Bezeichnung von Engstellen, vor allem in Salzburg, Oberösterreich und Tirol (vgl. sich sträuben; entstand aus der Wurzel „strub", d. h. rau sein, siehe auch Struwwelpeter!).
Wildnis: Bezeichnung für eine Landschaft mit Schluchtcharakter, kommt nur im oberösterreichischen Salzkammergut vor.
Öfen: Bezeichnung für Felstürme, deutet auf keltische Besiedlung hin: of (kelt.) bedeutet Loch; Ofen: ursprünglich ein Gefäß zum Kochen oder Bewahren der Glut. Salzachöfen und Lammeröfen nennen sich seit einigen Jahren Salzachklamm und Lammerklamm.
Tobel: Enge Waldschluchten (im süddeutschen, österreichischen und schweizerischen Raum, mit dem Wort „tief" verwandt).
Hölle: Wilde Schlucht, abgelegene, wenig einladende Stelle (mit „Hel", der griech. Todesgöttin, verwandt).
Klause: Engpass, etwas Abgeschlossenes, daher auch die Bezeichnung für Klosterzelle, Einsiedelei, (in Österreich hauptsächlich als Bezeichnung für Stauanlagen beim Triften verwendet).
Kluft: Felsspalte.

Grundsätzlich sind Klammen eher enger und Schluchten weiter und mächtiger. Beim Wort Klamm denke man nur an die Büroklammer, an die Wäscheklammer, an die Klammer als Satzzeichen, anklammern, klamm (eng, knapp, feucht, steif vor Kälte), klemmen, in der Klemme sein, klimmen, erklimmen, beklommen. In diesen Wörtern kommt immer eine „Beklemmung" zum Ausdruck, ein seitlicher Druck, wie wir das vielleicht auch in einer Klamm spüren. In dem Wort Schlucht ist der dominante Vokal U Ausdruck für das Tiefe, Unheimliche und weist auch in seiner Form auf diese Geländeform hin.

Wie nichtssagend oft die Namengebung ist, sollen die Namen dreier Engstellen zeigen:

Die Raggaschlucht in Kärnten ist keine Schlucht, sondern eine Klamm.

Die Donnersbacher Klamm ist keine Klamm, sondern eine Schlucht.

Die Salzaklamm bei Mariazell ist nicht einmal eine Schlucht, sondern ein weites Tal.

ZUM GEBRAUCH DES WANDERFÜHRERS

Aufbau

Der Wanderführer ist nach Bundesländern geordnet, das Burgenland und Wien besitzen keine Klammen. Eine Übersichtskarte für jedes Bundesland gibt an, wo sich die Klammen ungefähr befinden. Die Zahlen in den Kreisen weisen auf die großen und ausführlich beschriebenen Klammen hin, jene ohne Kreise geben den Ort der kleineren Klammen an.

Um die Entscheidung, welche Klamm Sie besuchen wollen, zu erleichtern, habe ich versucht, eine Bewertung der Attraktivität und der Schwierigkeit vorzunehmen.

* * * = außergewöhnlich sehenswert, es lohnt eine weite Anreise

* * = sehenswert

* = interessant, vielleicht auch die Umgebung der Klamm

Da es aber nicht nur auf die Schönheit einer Klamm ankommt, sondern auch darauf, wie groß die Schwierigkeiten beim Durchwandern sind, gibt es auch drei Schwierigkeitsgrade:

= leicht zu erreichen und zu durchwandern, auch für kleinere Kinder und wenig trittsichere Leute leicht zu bewältigen

= mäßige Schwierigkeit, etwas Trittsicherheit notwendig

= lange, große Wanderung mit erforderlicher Trittsicherheit und Schwindelfreiheit

Zunächst werden die bekannten und großen oder auch besonders reizvollen Klammen vorgestellt. Der Zugang in Metern, wenn eine Fahrstraße zur Klamm führt, in Minuten, wenn die Klamm nur zu Fuß erreichbar ist.

In einem eigenen Block werden dann die Daten über die Klamm angegeben: die Länge, der Höhenunterschied, der überwunden werden muss, die Dauer der Gehzeit und die Markierung bzw. die Wegnummer. Die Kartenangaben beziehen sich auf die Blätter der Österreichischen Karte des Bundesamtes für Eich- und Vermessungswesen im Maßstab 1: 50.000 (z. B. ÖK Blatt 35). Auch wenn auf dieser Karte die Klamm nicht eingezeichnet ist, so ist doch immer das Blatt angeführt, da ja der Verlauf des Gewässers erkennbar ist. Es folgt dann die Angabe, wie lange die Klamm geöffnet oder wann die beste Zeit für den Besuch ist. Falls eine Durchgangsgebühr eingehoben wird, ist dies ebenfalls vermerkt.

Im Anschluss an die genaue Beschreibung der Klamm wird noch auf einige Ausflugsziele in der Umgebung hingewiesen.

Nach der Vorstellung der großen Klammen eines jeden Bundeslandes gibt es Kurzbeschreibungen kleinerer Klammen.

Wegbeschreibungen
Die Bezeichnungen „linkes und rechtes Ufer" verstehen sich im Sinne der Gehrichtung und nicht im Sinne der Flussrichtung.

Zeitangaben
Die angegebenen Gehzeiten sind nur Richtwerte und sollen zusammen mit der Klammlänge gelesen werden. Gerade in Klammen schaut man viel, bleibt stehen, beobachtet das Wasser und fotografiert. Kinder wiederum stürmen gerne über die Stege und Brücken hinauf, weil sie gleichsam das Abenteuer lockt. Da ich alle Klammen und Schluchten selbst abgegangen bin und meine Gehzeiten nach oben

korrigiert habe, sind Abweichungen wahrscheinlich, aber doch im Rahmen bleibend.

Verhalten in Klammen und auf Steiganlagen

Das Begehen der Klammanlagen darf nur hintereinander erfolgen. Menschenansammlungen auf Stegen und Brücken haben zu unterbleiben.

Ein Aufsitzen auf den Steggeländern sowie das Hinauslehnen über diese Geländer ist untersagt.

Wer Steine in die Klamm wirft und stößt, gefährdet die anderen Wanderer.

Das Begehen der Klamm in Ruhe, ohne zu springen und zu laufen, erhöht den Genuss und verringert die Gefahr des Verknöchelns.

(Diese Hinweise sind aus der Seisenbergklamm in Salzburg.)

Praktische Hinweise für die Ausrüstung

Die Füße tragen uns auf die Berge, sie führen uns durch die Klammen und Schluchten. Daher ist auf das rechte Schuhwerk besonders zu achten. Schuhe mit hohen Absätzen oder glatten Ledersohlen sind in Klammen völlig ungeeignet. Am besten ist ein guter Wanderschuh mit griffiger Sohle, gutem Knöchelschutz und festem Halt, der uns auf den glitschigen Stegen, auf bemoosten Stellen und nassen Leitern oder Brücken die Sicherheit verleiht, die wir brauchen.

Klammen sind meist feucht, manchmal fällt ein feiner Sprühregen von oben auf die Besucher. Darum ist ein guter Anorak, der vor Wasser schützt und gleichzeitig atmungsaktiv ist, ein ideales Kleidungsstück. Ein Schirm ist für eine Klamm ungeeignet, da man öfters beide Hände frei haben muss.

Hinweis:

Autor und Verlag übernehmen keine wie immer geartete Verantwortung, falls Wege oder Stege nicht in ordnungsgemäßem Zustand sind und es daher zu einem Unfall kommen sollte.

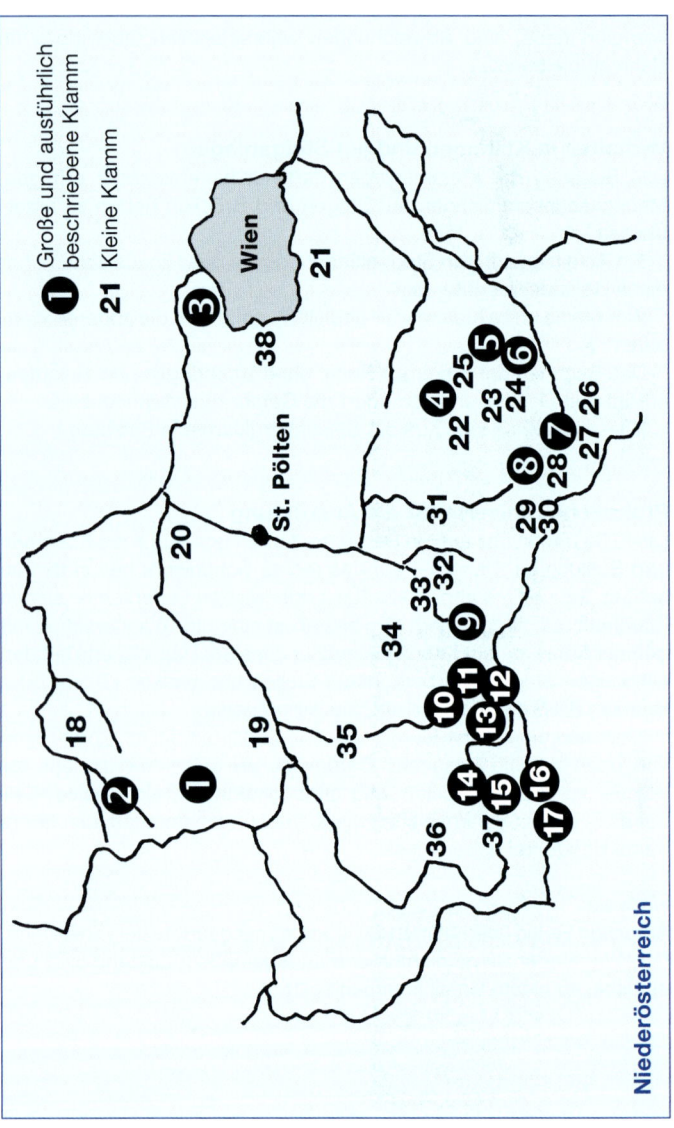

Waldviertel
1. Ysperklamm **
2. Lohnbachschlucht (-fall) **

Wienerwald
3. Hagenbachklamm **

Dürre Wand, Hohe Wand, Schneeberg, Rax
4. Steinwandklamm ***
5. Große Klause (Waldegger Klause) **
6. Johannesbachklamm **
7. Eng **
8. Weichtalklamm ***

Traisental
9. Falkenschlucht **

Erlauftal, Ybbstal
10. Vordere Tormäuer (mit Toreckklamm und Trefflingfall) **
11. Hintere Tormäuer (Stierwaschmäuer) **
12. Lassingfall *
13. Ötschergräben ***
14. Stiegengraben *
15. Die Noth (Steinbachklamm) *
16. Lahnbachgraben **
17. Die Klammen im Mendlingtal, Erlebniswelt Mendlingtal (Mendlinger Trift) ***

Kurzbeschreibungen kleinerer Klammen
Waldviertel, Donautal
18. Weißenbachklamm *
19. Steinbachklamm
20. Fuchsleitengraben *

Foto umseitig:
Erlebniswelt Mendlingtal

Wienerwald
21. Klause zwischen Mödling und Hinterbrühl

Dürre Wand, Hohe Wand, Schneeberg, Rax
22. Lange Brücke *
23. Schlucht der Balbersteine
24. Klamm von Scheuchenstein *
25. Dürnbachklamm *
26. Klamm/Semmering
27. Adlitzgräben
28. Höllental *
29. Saurüssel(brücke) *
30. Reißtalklamm

Halbachtal, Traisental
31. Rossbachklamm *
32. Eibentalklamm *
33. Sulzbachgraben *

Pielachtal, Erlauftal, Ybbstal
34. Taubenbachklamm *
35. Erlaufschlucht
36. In der Noth * *
37. Kogler Wasserfälle *

Wienerwald
38. Die Autobahnklamm in Pressbaum

1. Ysperklamm ✱✱

„Im Land der Druiden"

Zugang: Über das Weiten- oder das Yspertal nach Kammerbach, dort Wegweiser, Straße bis zum Klammparkplatz.

Klammlänge 1.500 m, Höhenunterschied 300 m, Gehzeit 40 min, Markierung rot, 606, ÖK Blatt 35.

Beste Zeit: Frühjahr bis Herbst.

Beschreibung: Die Ysperklamm ist wohl die schönste des Waldviertels, aber seit einigen Jahren gibt es im Anschluss an die Besichtigung noch etwas Besonderes, doch davon später! Gleich nach dem Parkplatz, auf dem sich eine gute Übersichtskarte befindet, beginnt der Steig, Felsen legen sich in den Weg, unregelmäßige Stufen leiten zur Höhe. Die ersten Geländer neben der Ysper tauchen auf, eine „Hendlstiege" lässt uns vorsichtig werden, schon nach wenigen Schritten wird es wild: Riesige Granitblöcke liegen im Bachbett. Über Wurzeln, Stege und Steinstufen geht es gleichmäßig höher. Bäume wachsen auf mächtigen Gesteinsblöcken, zwei Felsen liegen so nahe beieinander, dass man ohne Mühe ans andere Ufer springen kann. Bald endet der erste, leichtere Teil. Wer hier genug vom Steigen hat, kann da einen bequemen Abstieg einschlagen.

Das Tal weitet sich, aber die Felsen, an „Laberl" erinnernd, sind weiterhin mächtig, das Wasser stürzt in Kaskaden rauschend zu Tal. Nun wird es richtig steil, wir erklimmen eine „Himmelsleiter" und queren dann die Ysper auf einer Brücke. Weiter geht es bergauf, von oben winkt eine zweite Brücke. Von ihr sehen wir dann einen interessant geformten Felsblock: Er hat die Form eines lateinischen großen P, sein unterer Teil dürfte einmal weggebrochen sein. Eine letzte Steigung, und wir haben es geschafft. Ein weites Talbecken liegt vor uns, in einiger Entfernung verheißt ein Damm einen Teich, und dieser erzählt uns folgende Geschichte: Schon im Jahr 1599 wurde der Ödteich angelegt, damals Klausteich genannt. Seit 1661 gab es nachweislich Holzschwemmung auf der Großen Ysper. 1802 ließ Kaiser Franz I. neue Schwemmeinrichtungen erbauen. An einigen Stellen im Unterteil der Klamm erinnern noch künstliche Mauern an das Triften. Wenn die Schleusen des Ödteiches geöffnet wurden, polterten die Holzscheiter durch die Klamm, und dieser Lärm war kilometerweit zu hören. Denn im Gegensatz zu anderen Triftstrecken ist die Ysperklamm die steilste und jene, in der das Flussbett am meisten Widerstand bietet. Die

Ysperklamm ist ja, wenn man es genau nimmt, keine Klamm, sondern ein lang gezogener Wasserfall in einer Schlucht, man könnte auch sagen eine Klause; die Häuser beim Parkplatz heißen heute noch „Klaus". 1929 kam das Ende der Holztrift, 1956 brach der Damm des Ödteiches und wurde nicht mehr errichtet. 1952 wurde die Ysperklamm zum Naturdenkmal erklärt, da sie *„mit ihren vielen Wasserfällen, Stromschnellen und gewaltigen Granitblöcken einzigartig im Land"* ist.

Ist man früher am Ende der Klamm etwas ratlos gewesen, wohin man nun noch wandern soll, so bietet sich für gute Geher ein herrlicher Rundweg über den Kaltenberg an. Der Yspertaler Pfarrer Hans Wick gab den eigenartigen Steinformationen interessante Namen: „Phallus und Vulva", „Sitzender Hund", „Stehende Schale", „Äußerer und innerer Steinkreis", „Wohnhöhle", für mich der Höhepunkt, weil man in einem 6 m langen Gang in Laub und Erde nur kriechend vorwärts kommt, und die „Sphinx". Ein Problem ist dann vielleicht der steile und lange Rückweg. Eine Wanderung für gutes Wetter und Leute mit guter Kondition. Meine 10-jährigen Schüler packten das locker!

Ausflugsziele in der Umgebung: Strafrechtsmuseum Pöggstall, Ruine Wimberg.

2. Lohnbachschlucht (-fall) ★ ★

„Es lohnt, in die ‚Steinerne Stube' zu gehen"

Zugang: Von Pehendorf auf der Straße nach Schönbach 1 km, dann 2 km entlang des Baches, nicht in die Ortschaft Lohn!

Schluchtlänge 200 m, Höhenunterschied 20 m, Gehzeit 10 min, ÖK Blatt 35.

Beste Zeit: Frühjahr bis Herbst.

Beschreibung: Im Dreieck Rappottenstein – Arbesbach – Schönbach befindet sich ein kleines Wunder: der Lohnbachfall. Der Lohnbach zwängt sich in der so genannten Höll-Leiten zwischen dichtem Gehölz und hoch aufgetürmten Felsblöcken schluchtartig durch. Dieser versteckte Winkel, der schon 1930 zum Naturdenkmal erklärt wurde, ist wie ein Stück Paradies: verträumt, friedlich und fast unberührt. Mitten im Waldviertel, fast unbekannt und doch wert, aufgesucht zu werden.

Ein Wegweiser an der Straße Rappottenstein – Schönbach macht auf zwei Naturdenkmäler aufmerksam: auf den Lohnbachfall und auf die „Steinerne Stube". Allein der Weg dorthin ist ein Genuss. Ein einsamer Bauernhof, ein mäandrierender Bach, die Stille des Waldes, grüne, saftige Wiesen und dann die Lohnbachschlucht. Wir sehen eine von riesigen Steinblöcken erfüllte Schlucht, durch die der Lohnbach in Kaskaden herabstürzt. Seitlich führt ein Steig hinauf, Seile dienen zur Sicherung, sind aber nicht unbedingt vonnöten. Bald bemerken wir, dass der Bach neben uns nicht mehr plätschert, er fließt unterirdisch. Da ist das zweite Naturdenkmal, die „Steinerne Stube". Wieder Felsen, als hätten sie Riesen beim Spielen vergessen. Und am anderen „Ufer" befindet sich eine Höhle, ein Durchschlupf, den man mit etwas Gespür finden kann. Für mich war es auch ein Genuss, im wasserlosen Bett von Stein zu Stein zu springen. Ein Jungbrunnen! Ohne Wasser!

Ausflugsziele in der Umgebung: Der Höllfall auf der „anderen Seite" des Berges zwischen Pretrobruck und Arbesbach ist auch sehenswert, hat aber fast keinen Schlucht-Charakter. Unbedingt empfehlenswert ist der Besuch der vielen interessanten Steine in diesem Teil des Waldviertels. Für Arbesbach gibt es einen eigenen Folder. Burg Rappottenstein, Kirche Schönbach und der Ort Traunstein. Entdeckerparadiese für Kinder!

3. Hagenbachklamm ★ ★
„Die Mäanderklamm"

Zugang: Von St. Andrä vor dem Hagenthale (St. Andrä-Wördern) 1 km, von Unterkirchbach 40 min, von Hintersdorf 15 min.

Klammlänge 1.500 m, Höhenunterschied 100 m, Gehzeit 30 min, Markierung rot, 404, ÖK Blatt 40.

Beste Zeit: Ganzjährig begehbar.

Beschreibung: Die Hagenbachklamm ist eine beschauliche Klamm, da der Hagenbach sich nicht im Kalkgestein sein Bett bahnen musste, sondern nur im „weichen" Sandstein und daher viel mäandriert. (Das Wort „Mäander" stammt übrigens von einem Fluss in der Türkei, der in der Antike so geheißen hat, jetzt Menderes. Er macht halbkreisförmige Flusswindungen, er mäandriert.) Nicht seit jeher nahm aber das Wasser des Hagenbaches den heutigen Verlauf. Einst bog er nach Osten ab und bildete so den Oberlauf des Kierlingbaches. Da die tiefer liegende und daher auch stärker erodierende Donau das Tal anzapfte, änderte der Bach seine Richtung, und so entstand auch die Klamm, die uns jetzt mit einem Holzportal begrüßt. Auf rund zehn Stegen und Brücken, die Soldaten der Pioniertruppenschule errichteten, an einigen künstlichen Wasserfällen vorbei, die dem Bach die zerstörende Kraft nehmen, können wir bei seinem Verlauf eine interessante Feststellung machen: Im unteren Teil der Klamm ist das Tal relativ eng, im Mittelteil finden wir herrliche Mäander mit für den nördlichen Wienerwald imposanten sechs Felsriegeln. Hier befindet sich das Herz der Klamm. Im letzten Drittel fließt der Hagenbach in einem etwas weiteren Tal in engen und lieblichen Mäandern dahin. Dort, wo die Klamm die erste Engstelle aufweist, befindet sich eine Tafel, die auf den Wiederaufbau der Klamm hinweist: *„Zur Erinnerung an die Wiedereröffnung der Hagenbachklamm 1948; die Gemeinden St. Andrä-Wördern, Hintersdorf, Kirchbach und Zeiselmauer unter Mitwirkung der Wiener Naturfreunde."* Zum ersten Mal für Wanderer begehbar gemacht wurde die Klamm im Jahr 1908. Auf einem Sandsteinfelsen kann man noch *„Josef Schoiswohl – 23. V. 1927"* lesen, aber niemand weiß warum. Wer weiß, wie lang noch? An einer Stelle sieht man nämlich deutlich, wie der Fels langsam in Sand „zerrieselt".

Das geplante Abwasser-Kanalprojekt, bei dem von Unterkirchbach ein Kanal durch die Klamm gelegt werden sollte, ist Gott sei Dank aufgrund der Proteste nicht verwirklicht worden.

Auf etwas Anderes möchte ich noch hinweisen: Am unteren Ende der Klamm führte einst die Römerstraße Wien – Tulln (Vindobona – Comagena) vorbei, woran der Römerbrunnen (1921 in Stein gefasst) auf der flachen Wasserscheide Hagenbach – Kierlingbach erinnert.

Ausflugsziele in der Umgebung: Greifvogel-Zuchtstation nördlich der Klamm mit Ponyreiten und Kinderspielplatz, Naturpark Eichenhain, dessen Grenze die Hagenbachklamm ist, Maria-Lourdes-Grotte in Maria Gugging, der Planeten-Wanderweg, dessen Zentrum „die Sonne in Königstetten" ist, hat hier in der Klamm die Entfernung des Pluto. Unverständlich? Eine Tafel vor der Klamm erklärt alles!

4. Steinwandklamm ★★★

„Eine Klamm mit Extras"

Zugang: Von Weißenbach/Triesting 11 km, von Muggendorf 4 km, dann jeweils noch 10 min.

Klammlänge 1.000 m, Höhenunterschied 150 m, Gehzeit 45 min, Markierung blau, Rudolf Decker-Steig rot, ÖK Blatt 75.

Beste Zeit: Frühjahr bis Herbst, Eintrittsgebühr.

Beschreibung: Wenn ich an eine Klamm in Niederösterreich denke, so fällt mir immer die Steinwandklamm ein. Wenn ich als Wiener für den Sonntag eine Klamm empfehlen soll, so ist es wieder die Steinwandklamm. Dabei gibt es längere, wildere, engere und wasserreichere Klammen, aber davon später!

Es soll hier der Zugang vom Further Tal, einem Seitental des Triestingtales, beschrieben werden. Vom Gasthaus Reischer geht es weg, ein liebes Tal empfängt uns, und bald erreichen wir den Klammeingang, wo eine (meist unbesetzte) Hütte steht, bei der wir aber einen bescheidenen Erhaltungsbeitrag entrichten. Eine Tafel weist darauf hin, dass die Klamm am 8. Juni 1884 eröffnet wurde. Nun geht es auf gesicherten Stegen, für die die Mitglieder des Österreichischen Touristenklubs, Sektion Triestingtal, vorbildlich sorgen. Zehn Brücken mit einer Gesamtlänge von 108 m und 22 Stiegen mit insgesamt 248 Stufen führen uns in die dunkle Welt der Klamm. Und mitten in ihr erwartet uns eine Sensation: der Rudolf Decker-Steig. Dieser 1926 errichtete Steig führt zunächst über kleine Leitern und Stiegen steil aufwärts, bis man zu einer 13,40 m hohen Eisenleiter (selbst nachgemessen!) kommt, die fast senkrecht in die Höhe strebt und dann in einer Höhle verschwindet. Das Hinaufsteigen ist für Schwindelfreie kein Problem, der Einstieg in die Wildschützenhöhle aber verursacht doch bei dem einen oder anderen etwas „Bauchweh" oder ein Zittern in den Knien. Unsere kleinen Kinder nahmen wir immer ans Seil, und ein Erwachsener stieg außerdem direkt unter dem Kind. Ein Trick, die Angst zu verkleinern, ist: Schau nicht nach unten oder oben, schau gerade zur Felswand, die ist nämlich sehr nahe! Vielsagend ist der Ausspruch eines Einheimischen zur angebrachten Vorsicht an dieser Stelle: *„Do is no nia ana obigfoin!"* Leider trifft diese Behauptung nicht mehr zu. Eine Tafel weist darauf hin, dass am 28. 11. 2003 ein 34-jähriger Mann hier zu Tode gestürzt ist. Im Jahr 1983 wurde hier eine halb so lange und ungefährliche Leiter errichtet, auf der man die große Leiter umgehen kann. Für Trittsichere und Schwindelfreie ist es jedenfalls ein Genuss, weiter durch die Wildschützenhöhlen zu schlüpfen, noch einige Stiegen zu meistern und dann den Weg zu treffen, der durch die Klamm ungefährlich weiterführt, den auffallenden „Langen Stein" umgeht und vor der zweiten Sensation endet: dem Türkenloch!

Solch eine Naturschönheit sieht man selten: Man betritt ein über 2 m hohes Loch, wagt sich in die Finsternis weiter und glaubt, am Ende einer Höhle zu sein. Noch ein Schritt – und da schimmert von links oben ein Lichtstrahl. Über Steinstufen, den Kopf eingezogen und an einem Sicherungsseil stolpert man weiter, und bald steht man hoch über der Steinwandklamm, überblickt den Steinwandgraben, ist gefangen genommen von der Tatsache, dass mitten in dieser waldreichen Umgebung solch großartige Felsgebilde vorhanden sind. Das Türkenloch, diese ansteigende S-Kurve im Berg, diente den Menschen immer wieder als Unterschlupf. So auch 1683, dem Jahr der zweiten Wiener Türkenbelagerung, als die Bauern der umliegenden Höfe in dieser Höhle Schutz suchten. Es wird berichtet, die Türken hätten den aus der Höhle aufsteigenden Rauch, verursacht durch ein Kochfeuer, bemerkt, und damit sei das Schicksal der Versteckten besiegelt gewesen.

Der einladende Beginn

Sobald wir das Türkenloch verlassen haben, geht es noch einige Stufen hinauf, dann erreichen wir eine Hochfläche, das Kreuth (das Gerodete), von dem der Schneeberg und die steirisch-niederösterreichischen Kalkalpen betrachtet werden können. Das Gasthaus Jagasitz und das Touristenheim Almesbrunnberg laden zur Rast ein; im Tal des Mirabaches aber rufen die Myrafälle. Die Dreiheit Steinwandklamm – Türkenloch – Myrafälle ist immer wieder einen Besuch wert. Bisher war es ein Problem, Steinwandklamm und Myrafälle hintereinander zu besuchen, wenn man aus dem Triestingtal gekommen ist, denn da hätte man einen Riesenumweg über Leobersdorf und Wöllersdorf machen müssen. Nun gibt es eine Verkehrsverbindung, die man benützen sollte. Anstelle der steilen Privatstraße mit Fahrverbot von Furth zum Jagasitz wurde eine „private Passstraße" mit acht Haarnadelkurven angelegt. Es ist daher günstig, durch die Klamm zurückzugehen und über die Passstraße zu den Myrafällen zu fahren.

Ich möchte an dieser Stelle einen kurzen geschichtlichen Rückblick einfügen, der zwar konkret die Steinwandklamm betrifft, aber doch die Entwicklung der Touristik in den letzten 130 Jahren in groben Zügen schildert.

Zu Beginn des 19. Jahrhunderts gab es noch keine Touristen, nur vereinzelte „Narrische", die sich in das unwegsame Gebirge vorwagten. Mit dem Bahnbau (Wien – Gloggnitz, 1841) wurde die Möglichkeit geschaffen, näher zu diesen unbekannten Höhen zu gelangen und sie zu erforschen. Im Frühsommer 1883 durchkletterten einige Männer die Steinwandklamm mit dem Ergebnis, dass sie beschlossen, einen Touristenverein zu gründen. Und schon ein Jahr später, am 8. Juni 1884, waren die Stege errichtet, die Klamm wurde eröffnet und eingeweiht, die Myrafälle übrigens nur ein Jahr später am 9. August 1885.

In den darauf folgenden Jahren um die Jahrhundertwende stand nun die Touristik in Hochblüte: Die Wanderer konnten auf Pferdefahrzeugen und Kutschen, auf Stellwagen der gräflichen Wimpffenschen Gutsverwaltung oder – wie die meisten – zu Fuß die 11 km von Weißenbach zur Klamm zurücklegen. Der Erste Weltkrieg machte dem Touristenstrom ein jähes Ende, und nach dem Krieg war die Steinwandklamm, bedingt durch die wilden Holzschlägerungen, in völlig zerstörtem Zustand. Die Steiganlagen mussten neu angelegt werden. Am 10. Juni 1923 wurde die Klamm wieder der Öffentlichkeit übergeben. Sie erlebte nun die zweite Blütezeit, was durch den Bau des Rudolf Decker-Steiges im Jahr 1926 unterstrichen wurde. Zehn Groschen pro Person

Immer einen Besuch wert!

war die Gebühr, die in Sammelbüchsen unten beim Eingang und oben beim Türkenloch eingehoben wurde. Der Strom jener, die die Steinwandklamm durchwanderten, wuchs ständig. Jeweils der zehntausendste Besucher jedes Jahres erhielt ein kleines Geschenk. An manchem Sonntag wurden bis zu 800 Personen gezählt. Aber auch diese Hochblüte ging vorbei.

Nach dem Zweiten Weltkrieg war die Klamm wieder völlig zerstört, aber schon 1946 konnte man sie wieder gefahrlos besuchen. In den Sechziger- und Siebzigerjahren wurden alle Brücken umgebaut, sie liegen nun auf Eisenbahnschienen. Die orkanartigen Stürme zu Beginn des Jahres 1976 warfen unzahlige Bäume in die Klamm, die dadurch wieder vollkommen unpassierbar wurde. Unter Mithilfe von Bergrettungsmännern und der Further Feuerwehr mussten die Bäume einzeln mit einer Seilwinde über die Felswände hinaufgezogen und über einen eigens am Berghang angelegten Weg abtransportiert werden.

Wie wir sehen, erfordert die Erhaltung einer Klamm viel Mühe, Kosten und Idealismus. Wir wollen diesen Männern für ihre Tätigkeit wirklich von Herzen dankbar sein und den Erhaltungsbeitrag zahlen, auch wenn kein Klammwart anwesend ist.

Ausflugsziel in der Umgebung: Die Myrafälle (Mirafälle) waren zu Beginn des 20. Jahrhunderts tot. Ihre *„wundertätige Wasserkraft wurde der Elektrizitätserzeugung dienstbar gemacht, und traurig starrt uns jetzt die öde Schlucht an, wo einst die munteren Gewässer in aufbrausender Gischt über die Felsen stürzten.“* Seit Jahren fließt wieder genug Wasser, ja, in den Sommermonaten sind die Myrafälle am Samstag, Sonntag und Feiertag bis 22 Uhr beleuchtet und laden zu einem romantischen Spaziergang ein.

5. Große Klause (Waldegger Klause)★★
„Gehört sie zu den Klammen?“

Zugang: Von Waldegg im Piestingtal ins Dürnbachtal 3 km; vom ehemaligen Gh. Stickler auf der Hohen Wand 30 min.
    Länge 1.000 m, Höhenunterschied 300 m, Gehzeit 45 min, Markierung blau, ÖK Blatt 75.
Beste Zeit: Ganzjährig, aber im Winter nicht zu empfehlen.
Beschreibung: Im Gegensatz zur Kleinen Klause, die auch Dürnbacher Klause genannt wird, da sie der Rotte Dürnbach näher liegt, befindet sich die Große Klause näher dem Ort Waldegg.
    Noch nie waren wir so schnell und mühelos auf dem Plateau der Hohen Wand wie damals, als wir zum ersten Mal den Anstieg durch die Große Klause wählten. Der Aufstieg bietet dem Wanderer aber auch landschaftliche Schönheiten, da die Klause zu den so genannten Trockenklammen gezählt werden kann. Sie bildet ein enges Tal, dessen Höhenunterschied mit Hilfe von acht Leitern bewältigt wird. Brücken und Stege sind nicht vorhanden, trotzdem hinterlässt die Große Klause einen bleibenden Eindruck. Gleich der Beginn in Dürnbach ist bemerkenswert: Eine mächtige Felsszenerie macht auf den Einstieg aufmerksam. Zwei steile Leitern überwinden die erste Geländestufe, dann folgt ein kurzes Waldstück, eine Schotterhalde. Nun verengt sich das Tal, und das zweite Steilstück wird wieder mit Hilfe von Leitern überwunden. Jetzt treten wir in das Herzstück der Großen Klause ein: Linker Hand entdecken wir ein Naturdenkmal, die ehemalige „Waldegger Tropfsteinhöhle“. In den Jahren 1920 bis 1940 war sie öffentlich zugänglich, und die kleinen Hallen mit ihren Tropfsteingebilden konnten mit einem Führer besichtigt werden. Jetzt ist

Kleine Klause: „Klamm" und Klettersteig in einem

sie leider zerstört, es erinnern nur die traurigen Reste von Lichtleitungen an eine schöne Vergangenheit. Mit einer Taschenlampe kann man aber ein Stück in der rutschigen Höhle „forschen".

Neben der Höhle führen drei später angebrachte Leitern über eine weitere Geländestufe hinauf – bis zum Jahr 1976 gab es hier noch Drahtversicherungen – und wir weichen dadurch einer „Felssperre" aus. Bei einer weiteren Stufe finden wir eine kleine Höhle, dann folgt ein ebenes Stück Weg, an dessen Ende man nicht vergessen sollte, links am Felsen einen Durchschlupf aufzusuchen. Nur noch zwei Leitern, und dann haben wir die in den Jahren 1895–1897 angelegte Steiganlage hinter uns gebracht. Die Große Klause ist nichts für bequeme Spaziergänger, aber Touristen und besonders Kinder ab sechs Jahren werden ihre helle Freude daran haben.

Ausflugsziele in der Umgebung: Auf dem leicht ansteigenden Weg nach der Großen Klause auf das Plateau der Hohen Wand gelangt man nach ungefähr einer Viertelstunde zu Windloch und Gipsloch. Das Windloch liegt linker Hand gleich neben dem Weg, ein rutschiger Abstieg, eventuell mit Seilsicherung, ist für Kinder ein interessantes Erlebnis, da es doch 10 m in die Tiefe geht, wo es auch im Sommer sehr kühl ist. Das Gipsloch ist schwer zu finden: Es ist schräg gegenüber auf der rechten Seite des Weges am Ende eines Jungwaldes in einer kleinen Felswand, die man von unten sieht. Es führt aber ein Pfad zu der Höhle, die interessant ist.

Die **Kleine Klause**, die am 27. Juli 1924 durch den Naturfreundesteig zugänglich gemacht wurde, hat keinen Klammcharakter. Gleich zu Beginn ein etwas anspruchsvoller versicherter Felsensteig, der Kindern unheimlich Spaß macht, im weiteren Verlauf ein ansteigendes Tal, dessen Wände nicht so steil sind, dass die Bezeichnung „Klamm" gerechtfertigt wäre. Für Wanderer mit tüchtigen Kindern empfehlenswert ist eine Rundwanderung: Parken in Dürnbach, Aufstieg durch die Kleine Klause, Hohe Wand, Plateau mit Aussichtswarte, Tiergehege, Gh. Postl, eventuell Frauenlucke, Skywalk (2005 errichtet), Dollfuß-Kirche, Saugraben, Gipsloch, Windloch und Große Klause. Während das Auto geholt wird, kann noch die Dürnbachklamm (S. 55) besucht werden. Eine anstrengende, aber beglückende Wanderung, die ich mit meinen Kindern und Schülern immer wieder unternommen habe.

6. Johannesbachklamm ⭐⭐

„Gemütlichkeit zwischen zwei Jausenstationen"

Zugang: Von Würflach 500 m, vom Parkplatz 3 min, von Greith bei Grünbach am Schneeberg 1500 m.

Klammlänge 1.000 m, Höhenunterschied 20 m, Gehzeit 30 min, Markierung gelb, 2, ÖK Blatt 75.

Beste Zeit: Ganzjährig begehbar.

Beschreibung: Dieses Naturdenkmal ist wirklich eine gemütliche, aber romantische Angelegenheit. Die Begehung ist problemlos, die sechs Brücken und die wenigen Stege sind völlig ungefährlich. Ja, ich konnte sogar vor vielen Jahren beobachten, wie ein Mopedfahrer durch die Klamm ratterte, obwohl natürlich absolutes Fahrverbot besteht. So ungefährlich die Klamm heute zu begehen ist, so problematisch war sie noch vor 100 Jahren. Wollte man die kürzeste Verbindung zwischen Greith und Würflach benützen, so musste man zeitweise von Stein zu Stein springen. Auch das Hochwasser bildete immer wieder eine Gefahr für die Würflacher, so dass 1928 eine Staumauer errichtet wurde und ein See entstand, auf dem man sogar, wie ein Bild zeigt, mit Booten fahren konnte. Tafeln in der Klamm künden uns von Unglück und Tod. Eine weitere Tafel erzählt uns, dass die Johannesbachklamm im Jahr 1902 durch die Wiener Naturfreunde gangbar gemacht wurde. Dazu schreiben Hubert Peterka und Willi End in ihrem Buch „Wiener Hausberge" folgende köstliche Begebenheit: *„Im kleinen Greith gab es damals viele Willkommtafeln für die Gäste, von den Bauern angeschlagen, alle reichlich mit Blumen geschmückt und mit Farbbändern behangen, aber nur wenige Tafeln trugen eine Beschriftung. Von diesen wenigen Tafeln mit Schriften fiel eine besonders auf, denn sie verkündete:*

HOCH LEEVEN DIE DUR RISTEN

Dies war bäuerlich naiv, einfach, unorthographisch – bedeutete aber doch mehr als viele große Worte!"

Noch weiter zurück führt uns die „Viehlucka": Während der Türkenzeit sollen die Würflacher ihr Vieh in diese Höhle getrieben haben. Der kleine Abfluss an der Ostwand der Höhle war Anlass einer Sage, die berichtet, dass eine Ente durch die Viehlucke geschwommen und in der Flatzer Tropfsteinhöhle, die 4 km weiter südlich ist, wieder ans Tageslicht gekommen sei. 2.000 Jahre zurück führt uns der „Marientritt", wo eine fußförmige Vertiefung in der Felswand diesen Namen bekam.

Einladend sind die beiden Einkehrmöglichkeiten am Beginn und am Ende der Klamm, dazwischen gibt es viel zu sehen und zu lesen. Man hat den Eindruck, dass die Würflacher alles Interessante in die Klamm verlagert haben: einen Tanzplatz und eine Bar, die ehemalige Pechhütte für „Festln", eine Art Totem und einen Kinderspielplatz am Beginn der Klamm. Bei den ersten Felsen, die wir passieren, hat ein Mönichkirchner Künstler vier interessante Metallgebilde unter dem Titel EX USE (einst gebraucht) gestaltet und dort befestigt, zwei Blumenbilder auf Kacheln haben Würflacher Schüler gemalt und angebracht, der anlässlich der 900-Jahrfeier der Gemeinde Würflach im Jahr 1994 angelegte Naturlehrpfad mit selbst gemalten Bildern ist bereits wieder verschwunden, im Sommer gibt es einen Klammlauf, im Winter einen Adventmarkt, dazwischen ein Feuerwehrfest. Ja, eine Klamm ist eben immer attraktiv. Eine Kuriosität zum Schluss: Der Johannesbach ist ein Bach ohne Mündung. Er versickert im Steinfeld …

Ausflugsziele in der Umgebung: Ruine Schrattenstein, sehr steil von Greith aus. Übergang zu den leichten, versicherten Felsensteigen und Wegen der Flatzer Wand über das Lärchbaumkreuz. Besser zuerst Flatzer Wand, zum Schluss Johannesbachklamm. Problem des Rückweges!

7. Die Eng ★★
„Eine 'Riese'nüberraschung"

Zugang: Von Payerbach über das Schneedörfl 1st, von Reichenau zum Thalhof 2 km, Parkplatz, Wiesenweg, Kaisersteig sehr steil zum Mariensteig 30 min.

Klammlänge 1.000 m, Höhenunterschied 300 m, Gehzeit 40 min, Markierung rot, ÖK Blatt 105.

Beste Zeit: Frühjahr bis Herbst.

Beschreibung: Die Eng, schon 1344 erstmals bei einer Grenzziehung erwähnt, hat ihre Besonderheit in der Tatsache, dass hier noch die letzten Reste einer großen Holzriese, d.h. einer Holzrutsche, vom Schneeberg herab nach Reichenau, genauer gesagt vom Krummbachstein bis zum Thalhof, zu sehen sind. Langsam vermodern die

Holzstämme, Schnee, Eis und Regen, Sturm und Temperaturschwankungen lassen befürchten, dass in einigen Jahren nichts mehr von dieser ehemaligen Form der Holzbringung zu sehen sein wird. Die Riese war kunstvoll angelegt, die 8 m langen Baumstämme wurden ohne Metall miteinander verbunden, nur in den Kurven gab es Eisenplatten, die das kräftige Anprallen der sausenden Stämme zu mildern hatten. Teilweise führte die Riese auf Stützen in Kopfhöhe, damit das Gefälle gleichmäßig bleibt. Die Riese war wohl zur Zeit ihrer Entstehung ein Meisterwerk ersten Ranges, seit sich aber die Forststraßen ins Gebirge fressen, haben die Riesen ihre Bedeutung verloren.

Vom Bahnhof Payerbach-Reichenau geht es rot markiert (Weg 834) zum Schneedörfl, wo wir nach 20 Minuten ankommen, wir wandern weiter und erkennen bald zwischen der Schnalzwand und den Felsabstürzen des Saurüssels die wasserlose Schlucht der Eng. Ein zweiter Zugang führt von Reichenau zum Hotel Thalhof und dann über den Kaisersteig zum Scheiterplatzl, wo die Baumstämme nach ihrer „Reise" gelagert und dann wegtransportiert wurden. Wir gelangen in jedem Fall zum Seil gesicherten Mariensteig, der vom Österreichischen Touristenklub im Jahre 1878 erbaut wurde, wovon heute noch eine Tafel kündet. Der Mariensteig umgeht den ersten Engpass, nach kurzer Zeit befinden wir uns im Talboden der Eng. Leider sind in den letzten zehn Jahren die Baumstämme der Riese fast vollständig vermodert, aber gleich am Anfang sieht man noch einen Stamm, in dem aus der Ecke ein Stück herausgeschnitten wurde, um die Verbindung zum nächsten Stamm zu ermöglichen. Es geht steil und steinig bergauf. Nach einiger Zeit erreichen wir den Höhepunkt der Eng. In einer Unterstandshütte lesen wir über die Holzriese: *„Zur Erinnerung an die schwere und gefährliche Holzbringung im Gebirge wurde dieses Teilstück von der Stadt Wien im Jahre 1981 erneuert. Ursprüngliche Länge: 7 km, letzte Holzbringung: 1957."* Und hier können wir die Konstruktion der Anlage bestaunen. Aber leider beginnt das Holz auch hier schon stellenweise zu vermodern und die neue Riese sieht so aus wie die alte vor 20 Jahren. Wer Genaueres über Holzriesen und Holztriften erfahren möchte, kann sich bei der Hubmer-Gedächtnisstätte in Nasswald informieren (siehe S. 58).

Am Weiterweg ist nun das besterhaltene Stück Riese zu sehen, sogar ein Metallstreifen zur Verstärkung hat „überlebt", rechts ist eine mit Laub gefüllte Höhle, und nach gut einer halben Stunde Gehzeit ab Mariensteig teilen sich nun der Graben und auch die Riese. Links aus dem Promisque-Graben stößt ein Seitenast der Holzriese dazu, was aber nicht leicht zu erkennen ist. Aber *„was ich weiß, das sehe ich"* (Goethe). Die Wanderung durch die Eng ist nun zu Ende, der Wanderer kann zum Schneeberg weiterziehen, einen Rundweg über den Laka-boden, die Bodenwiese und das Waldburgangerhaus zurück nach Payerbach unternehmen oder Übergänge nach Kaiserbrunn wählen.

Ausflugsziele in der Umgebung: Kammerwandgrotte am Beginn des Mariensteiges (Quelle unter überhängender Wand, wenig lohnend), Bodenwiese (ausgedehnte Almwiese).

8. Weichtalklamm ★ ★ ★

„Nur für Harte!"

Zugang: Vom Weichtalhaus bei Kaiserbrunn im Höllental 30 min.

Klammlänge 1.500 m, Höhenunterschied 600 m, Gehzeit 1 bis 2 st, Markierung rot, ÖK Blatt 74.

Beste Zeit: Frühjahr bis Herbst, nur bei Schönwetter.

Beschreibung: Durch die Weichtalklamm führt meines Erachtens der interessanteste Aufstieg auf den Schneeberg. Die Klamm führt zwar kein Wasser, sie bietet aber etwas Einmaliges: Achtmal verengt sich das Weichtal, achtmal geht es zwischen den Felswänden wieder ein Stück höher, und jedes Mal hat die Engstelle einen anderen Charakter.

Die Weichtalklamm, in manchen Wanderkarten als „Weichtal" bezeichnet, ist schon seit langem als Anstieg zum Schneeberg bekannt. Zunächst gab es ganz primitive Versicherungen, die von Jägern stammen dürften, nach der ersten touristischen Durchwanderung am 13. Juni 1880 durch Fikeis wurden Steigbäume in die Klamm gelegt, an deren kurzen, abgeschnittenen Ästen man sich emporziehen konnte.

Heute ist die Durchquerung der Klamm für jeden ein unvergessliches Erlebnis: So etwas Urwüchsiges, Wildes und Naturbelassenes finden wir in den Ostalpen als Wanderweg selten. Die Wände, die über 50 m hoch zu beiden Seiten des Tales aufragen und oft nur 2 m Zwischenraum lassen, der Wechsel zwischen Dunkelheit und freundlicher Helle, die kühnen Steiganlagen und schließlich die Ankunft bei der Kienthaler Hütte zählen zu den tiefen Erlebnissen in der weiteren

Umgebung von Wien. Leider hat der Orkan, der um die Jahreswende 1975/76 hier tobte, seine Spuren hinterlassen. Wegen des jetzt fehlenden Baumbestandes ist man mehr der Sonne ausgeliefert.

Alle, die bergunerfahren sind, seien gewarnt. Ich kenne keine andere Klamm, die so schwierig, kräfteraubend und manchmal auch gefährlich ist. Trittsicherheit und Schwindelfreiheit sind hier Voraussetzung. Wichtig ist, beide Hände frei zu haben.

Vom Weichtalhaus geht es zunächst rund eine halbe Stunde in einem weiten, verwachsenen, aber Fels durchsetzten Graben zuerst allmählich, dann jedoch beschwerlich hinauf, bis wir uns den Felswänden nähern. Schon etwas ermüdet erreichen wir die Klamm mit ihrer überaus langen ersten Engstelle. Reste von einem Steigbaum, Eisengriffe und zwei Leitern helfen uns, den Höhenunterschied zu überwinden. Danach weitet sich das Tal wieder, rechts taucht eine Höhle auf, und bald gelangen wir zu einem Felsendom, der nach oben fast abgeschlossen ist. Hier in der zweiten Engstelle befindet sich die Schlüsselstelle der ganzen Weichtalklamm. Ein 5 m hoher, gewundener, meist feuchter Kamin mit glatten Wänden und aus dem Fels gehauenen Trittstufen muss mit Hilfe zweier Ketten überwunden werden. Hier ist wirklich Vorsicht geboten! Lieber umkehren, nichts riskieren und den parallel zur Weichtalklamm führenden Ferdinand-Mayr-Weg benützen! Der geht allerdings schon unten beim Weichtalhaus weg!

Die dritte Engstelle bietet uns nichts, die vierte Enge hingegen weist wieder Trittnischen und eine Kette auf. Auch hier besteht zeitweise Rutschgefahr. Wieder wird das Tal weiter und leitet uns zur fünften Enge, die ebenfalls nicht schwierig zu meistern ist. In der sechsten Verengung finden wir eine über 4 m lange Eisenleiter, die uns wieder in ein grünes Tal entlässt. Von hier sehen wir erstmals die Felswände des Schneebergs. Einen letzten Höhepunkt stellt die siebente Engstelle dar. Zunächst meint man, das Tal wäre zu Ende, doch dann sieht man rechter Hand den schmalen „Einstieg" in die Klamm. Über uns bedrohen uns zwei riesige, eingeklemmte Felsblöcke – den zweiten kann man auch überqueren –, zu unseren Füßen befinden sich ein Steigbaum, Steinstufen und eine unscheinbare Quelle, die das Terrain aber doch rutschig werden lässt. Die achte Enge durchwandern wir problemlos, und damit haben wir die Klamm gemeistert. Nach ein paar Schritten erreichen wir eine Forststraße, und nach weiteren 100 m lädt die Jakobs-Quelle zu einer wohlverdienten Rast ein. Wenn auch schon müde, sollte man doch den 30 Minuten langen steilen Aufstieg zur Kienthaler Hütte auf sich nehmen. Dort hat man eine prachtvolle Sicht auf die Rax und die Berge der Voralpen, und es erhebt sich neben der Hütte der 36 m hohe Turmstein, den man mittels einer bis zum Gipfelkreuz führenden Kette und vieler Eisenklammern und Leitern besteigen kann. Der Steig ist zwar etwas ausgesetzt, aber für Trittsichere und Schwindelfreie ein krönender Abschluss der Weichtalklamm-Wanderung.

Ausflugsziele in der Umgebung: Übergänge von der Kienthaler Hütte über den Nördlichen Grafensteig zur Sparbacher Hütte oder über den Südlichen Grafensteig zum Baumgartnerhaus und zur Zahnradbahn. Weniger anstrengend ist der Besuch von Nasswald und Hinternasswald (s. S. 58/59).

9. Falkenschlucht ★ ★

„Abgeschieden, fern, schwer erreichbar – eigentlich schade!"

Zugang: Von Türnitz in die Weidenau-Rotte 5 km, dann noch 45 min auf Forststraße; von Ulreichsberg erst sehr steil, dann über einen Sattel in ein Tal 90 min.

Klammlänge 1.000 m, Höhenunterschied 150 m, Gehzeit 30 min, Markierung rot, 3, ÖK Blatt 73.

Beste Zeit: Frühjahr bis Herbst.

Beschreibung: Die Falkenschlucht im Türnitzer Raum zählt zu den Besonderheiten, ist aber sehr schwer erreichbar. Von Ulreichsberg ist der Weg schön, aber lang (die alte Möglichkeit über die Forststraße besteht nicht mehr, weil sie über Privatgrund führt) und dann stellt sich die Frage, wie man zum Auto zurückkommt; am besten, man lässt sich beim „Eisernen Tor", einer schluchtartigen Enge in Weidenau, abholen. Von dieser Seite aber geht man wieder 3 km auf einer Forststraße und hat dann den schwierigen Aufstieg vor sich. Die dritte Möglichkeit wäre, den Besuch der Falkenschlucht mit einer Wanderung auf das Annaberger Haus zu verbinden, aber auch das ist nicht ganz einfach. Dabei ist das Naturdenkmal Falkenschlucht wirklich einen Besuch wert. Die Steiganlage wurde schon am 21. Juni 1903 eröffnet, aber immer wieder durch Hochwasser zerstört. Drei Tafeln zeugen von dieser Problematik in den letzten 25 Jahren. Pioniere arbeiteten 1981 an der Instandsetzung, 1992 an der Wiedererrichtung und 1994 an der

Wiederherstellung der Steiganlagen. Interessant die feinen sprachlichen Unterschiede auf den Erinnerungstafeln!

Zu Beginn begrüßt uns gleich eine imposante Pforte, die Felsszenerie ist eindrucksvoll, eine Holzbrücke führt uns in ein weites Tal, es geht in Serpentinen steil bergauf zu einer zweiten Enge. Wir queren den Bach, das Tal wird wieder weiter, und wir gehen abermals steil bergauf. Es wird auf die Nixhöhle hingewiesen, aber wo die Tafel hängt, sieht man keine, dann erkennt man linker Hand eine längliche Höhlung. Ob sie das ist? „Nix" bedeutet übrigens „weiße Bergmilch". Erreicht man endlich eine Holzterrasse, dann hat man das Ziel erreicht. Es geht ein paar Schritte bergab direkt in das Herz der Schlucht. Eine rund 80 m lange Brücke führt zwischen den Felsen über den Bach. Nach dieser „Dunkelklamm" erreichen wir das letzte Stück: Steilwände ragen links und rechts empor, eine Leiter, eine Brücke, dann verlässt der Weg die Talsohle und ein steiler Geröllsteig führt zur Forststraße hinauf, vor der wir schön in die Falkenschlucht zurückblicken können.

Übrigens wurde im Jahr 1821 in der Falkenschlucht der letzte Bär in Niederösterreich erlegt. Er kann im Stift Lilienfeld besichtigt werden. Jetzt sind Bären wieder in dieser Gegend unterwegs – ohne Abschussgefahr!

Ausflugsziele in der Umgebung: Walster Ursprung, Tiroler Kogel, Eibl Lifte mit Alpine Coaster und Roller.

10. Vordere Tormäuer (mit Toreckklamm und Trefflingfall) ★★

„Herrliche Stunden im Naturpark"

Zugänge: Eibenboden über Kienberg und Gaming, Treffling über Puchenstuben, Trübenbach über Annaberg/Reith, St. Anton/Jessnitz.

Klammlänge 5.000 m, Höhenunterschied 50 m, Gehzeit 90 min, Markierung gelb, ÖK Blatt 72.

Beste Zeit: Frühjahr bis Herbst, Eintrittsgebühr.

Beschreibung: Begonnen hat es mit dem Naturpark, wie so oft, mit Kraftwerksplänen. Die NEWAG, Vorläufer der EVN, plante in den Sechzigerjahren des vorigen Jahrhunderts, eine 80 m hohe Staumauer zu errichten, durch die etwa 20 km der Vorderen Tormäuer trockengelegt werden sollten. 500.000 Unterschriften gegen dieses Projekt und 500.000 S an Investitionen ermöglichten es, dass am 27. Juni 1970 der etwa 95 km² große Naturpark eröffnet werden konnte. Vier Eingänge (von Puchenstuben, Trübenbach, St. Anton/Jessnitz und Kienberg/Gaming aus zu erreichen) bringen uns in die schon im Jahr 1955 zum Landschaftsschutz-Gebiet erklärten Tormäuer. Die schönsten Punkte des Naturparks sind das Hochbärneck, eine Bergalm mit herrlicher Sicht auf den Ötscher und große Teile des Naturparks, die Teufelskirche, ein pyramidenförmiger, unten ausgehöhlter Felsturm als Zeugnis merkwürdiger Verwitterung (Naturdenkmal!) und Kraftplatz unserer Vorfahren, der herrliche Trefflingfall, eine 300 m lange Kette von Wasserfällen, deren Höhenunterschied von 120 m man auf gesichertem und kühn angelegten Steig überwinden kann, und schließlich das Toreck, eine besonders markante, 100 m lange Schlucht, die engste Stelle der Tormäuer, die dem gesamten Tal den Namen gegeben hat. Außerdem gibt es mehrere Unterstandshütten, unzählige Rastplätze, Informationstafeln mit Sagen und insgesamt 24 km Wanderwege. Illustrierte Naturparkführer und Pläne liegen bei allen Eingängen, wo auch ein geringer Erhaltungsbeitrag zu entrichten ist, auf. In der Schule von Trübenbach am Rande des Naturparks wurde ein Holzknechtmuseum eingerichtet, das dem interessierten Besucher eine wertvolle Ergänzung über das Leben in dieser großartig-wilden Landschaft bietet. An mehreren Stellen werden Taxi-Rückbringdienste angeboten, geht man aber denselben Weg zurück, sollte man trotzdem die eindrucksvolle Panoramastraße zwischen Puchenstuben und Trübenbach besuchen. Hinzuweisen wäre noch auf die Ötscher-Tropfsteinhöhle, 2 km vor dem Eingang Eibenboden. Sie ist von der Schindelhütte in 45 Minuten zu erreichen.

11. Hintere Tormäuer (Stierwaschmäuer) ✶✶

„Imposantes Zwischenspiel"

Zugang: Von Reith bei Annaberg – Erlaufboden, 5 km.
 Klammlänge 4.000 m, Höhenunterschied 50 m, Gehzeit 75 min, Markierung gelb, ÖK Blatt 72.
Beste Zeit: Frühjahr bis Herbst, Eintrittsgebühr.

Beschreibung: Die Vorderen Tormäuer mit dem großartigen Treffling-fall und die berühmten Ötschergräben sind vielleicht die attraktiveren Schluchten, dennoch sollte man auch einmal den Hinteren Tormäuern einen Besuch abstatten. Ein gelb markierter Steig führt vom Erlaufboden entlang der Erlauf, auch Erlaf genannt, zum Stausee Stierwaschboden. Die wilde Schönheit dieser ungefähr 4 km langen Schluchtstrecke mit relativ wenig Wasser wird leider etwas durch eine Starkstromleitung beeinträchtigt. Betroffen macht ein Kreuz, das vom plötzlichen Tod eines jungen Mannes erzählt, der hier auf einer Wallfahrt von Arbesbach nach Mariazell im Juli 1994 zusammenbrach und verstarb. Im weiteren Verlauf des Weges fällt die rote Färbung des Bodens auf, was auf Eisenhältigkeit hinweist. Gegenüber einer langen, eher flachen Betonstiege erhebt sich eine mächtige Felswand mit einer gewaltigen Schotterhalde. Zweimal überqueren wir dann die Erlauf, es gibt absturzgefährdete Stellen. Im letzten Teil der Hinteren Tormäuer, Stierwaschmäuer genannt, fallen in der Felswand am anderen Ufer zwei Öffnungen auf, zuerst ein Stolleneingang, etwas später ein „Fenster". Darüber konnte ich etwas Interessantes in Erfahrung bringen: Während des Zweiten Weltkrieges bestand der Plan, in den Hinteren Tormäuern eine Staumauer zu errichten. Die Naturschützer bekämpften dieses Projekt, weshalb der Stausee in das Gebiet des Stierwaschbodens zurückverlegt wurde. Ein Tunnel, der die Wasser der Erlauf überleiten sollte, bestand aber schon, und so kam man auf die Idee, diesen Tunnel zu erweitern und darin ein Montagewerk für Flugzeugmotoren zu errichten. Auch dazu kam es nicht, es wird aber gemunkelt, dass in den letzten Kriegstagen wertvolle Gemälde in dem rund 60 m langen Tunnel bombensicher versteckt worden seien.

Am Ende des Stausees liegt das E-Werk, das von dem Stausee in Wienerbruck gespeist wird. Hier kann man über den Lassingfall weiter wandern oder die eigentlichen Ötschergräben besuchen.

Von Interesse mag auch die Herkunft des Namens „Stierwaschmäuer" sein. Eine Sage berichtet uns Folgendes: Einem Bauern in der Umgebung war der Stier durchgegangen und über die Felsen in die Schlucht gestürzt. Das Tier überlebte jedoch und wurde bald „wie gewaschen" in der Erlauf gefunden.

12. Lassingfall ✱
„Das Geschenk eines Abtes"

Zugang: Von Wienerbruck 30 min, von den Parkplätzen 20 min.
Länge 1.000 m, Höhenunterschied 150 m, Gehzeit 30 min, Markierung rot, ÖK Blatt 72.

Beste Zeit: Sommer bis Herbst, Eintrittsgebühr.

Beschreibung: Am Ende bzw. Beginn der Hinteren Tormäuer beim E-Werk der EVN zweigt der Weg zum Lassingfall ab. Ein Abstecher auf dem „Pyrkersteig" nach Wienerbruck ist sehr lohnend. Oder man parkt in Wienerbruck und wandert über den Lassingfall zu den Ötschergräben und verlässt diese beim Ötscher Hias in Richtung Erlaufklause, wo man in ein paar Minuten mit der (übervollen) Mariazeller-Bahn nach Wienerbruck zurückkehrt. Eine meiner Lieblingstouren! Doch zurück zum Lassingfall. Ladislaus Pyrker, ein patriotisch-historischer Dramatiker in der ersten Hälfte des 19. Jahrhunderts, der auch als Zisterzienser zum Abt von Lilienfeld ernannt wurde, ließ im Jahr 1813 den Steig zum Lassingfall errichten. Über letzteren berichtet ein Touristenführer aus dem Jahr 1903: *„Der Lassingfall, erst 1813 entdeckt, befindet sich in geringer Entfernung von der Straße"* (in Wienerbruck) *„und wird auf einem wohlgebahnten Wege erreicht, der sich dann am rechten Ufer des Falles als schmaler Fußsteig zur Schlucht der Erlauf hinabsenkt, die man vom 25 Min. entfernten Fall in ¼ St. erreicht. Um den Fall zu sehen, muß man die oberhalb desselben befindliche Brücke (mit prächtiger Ansicht des Ötschers und der Stierwaschmäuer-Schlucht) überschreiten und dann zu den beiden Pavillons hinabgehen, die an der linken Seite der Schlucht errichtet sind; von denselben gewährt der fast 90 m hohe Fall, der in drei Absätzen herabstürzt, den schönsten Anblick. Den größten Wasserreichtum besitzt der Fall im Frühjahre, doch ist der Besuch jederzeit lohnend; die Schönheit des Wassersturzes wird gesteigert, wenn man, was häufig geschieht, den Bach schwellen läßt, zu welchem Zwecke eine Klause oberhalb des Falles erbaut ist. Für die Vornahme der Schwellung ist bei Burger in Wienerbruck eine zu wohltätigen Zwecken bestimmte Gebühr (4K) zu entrichten."*

Pavillons und Klause bestehen nicht mehr, Reste davon kann man allerdings erkennen. Heute wird das Wasser vom Stausee Wienerbruck in einer 1,4 km langen Druckleitung in das Kraftwerk geführt, und der Lassingfall wird nur vom überschüssigen Wasser gespeist. Trotzdem

ist der Weg durch die vier Tunnels, am Fall vorbei, durch die abschlie-
ßende Waldschlucht nach Wienerbruck ein schönes Erlebnis, das
rund eine Stunde beansprucht.

13. Ötschergräben ★★★

„Gewaltig und gefährlich"

Zugang: Vom Bahnhof Erlaufklause bzw. Parkplatz Erlauf-Stausee
über das Hagengut 60 min/45 min.

Schluchtlänge 7.000 m, Höhenunterschied 200 m, Gehzeit 2 st,
Markierung gelb, ÖK Blatt 72.

Beste Zeit: Sommer bis Herbst, nicht bei Schlechtwetter, Eintrittsgebühr.

Beschreibung: Die Ötschergräben sind meines Erachtens die schönsten und gewaltigsten Schluchten Niederösterreichs. Keine Straße
und keine Technik stören die majestätische Landschaft. Zwei Stunden
kann man auf einem bisweilen schmalen Pfad, der meist kein Geländer aufweist, entlang der glitzernden Wasser des Ötscherbaches,
an Wasserfällen vorbei, über Stege und Brücken ein Naturerlebnis genießen, das seinesgleichen sucht. Allerdings seien nicht ganz Schwindelfreie und wenig Trittsichere gewarnt. Ein unbedachter Schritt kann
für den Wanderer unabsehbare Folgen haben, noch dazu, da immer
wieder Abrutschungen nach Regenfällen das Begehen des Weges oft
ungemein erschweren, wenn nicht sogar unmöglich machen.

Einige markante Punkte seien herausgegriffen: die Raststätte Ötscher Hias, von der man die Ötschergräben Richtung Erlaufklause
verlassen kann. Hier macht wohl jeder Rast, einerseits, weil hier die
einzige Einkehrmöglichkeit zwischen Ötscher-Schutzhaus und Erlaufboden besteht, und andererseits, weil das Tal mit seinem Steg einfach einlädt, einmal zu rasten, den Forellen zuzusehen und die herrliche Bergwelt zu genießen. Ein zweites Ziel ist der Mirafall, der
schleierartig zu Tal fällt.

Die Schluchten Tormäuer und Ötschergräben, die sich halbkreis-
förmig um den Ötscher legen, werden manchmal auch „Niederösterreichisches Gesäuse" oder gar „Österreichs Grand Canyon" genannt.
Sie muss jeder Bergwanderer und Naturliebhaber kennen. Sie sind
einfach großartig!

14. Stiegengraben *
„Zwischen Lunz und dem Hochkar versteckt"

Zugang: Von Lunz 8 km, von Göstling 5 km; von der Haltestelle Stiegengraben 1 km.

Klammlänge 1.000 m, Höhenunterschied 100 m, Gehzeit 20 min, Markierung 5, 6, 8, ÖK Blatt 71.

Beste Zeit: Frühjahr bis Herbst.

Beschreibung: Der Stiegengraben gehört zu den versteckten Naturschönheiten Niederösterreichs. Obwohl er im eigentlichen Sinn keine Klamm ist, darf er doch in diesem Buch nicht fehlen, da das Tal einen schluchtartigen Charakter aufweist. Gleich zu Beginn begrüßt uns linker Hand eine hohe Felswand, die in ihrem obersten Teil eigenartig geformt erscheint: Sie sieht so aus, als hätte eine mächtige Hand ein Felsenband herausgemeißelt. Später kommen wir zu der Stelle, wo diese Wand, an den schräg stehenden Gesteinsschichten erkennbar, die Talsohle des Stiegengrabens erreicht und einen sich weit hinziehenden Unterschlupf bildet. Wir wandern an einer ehemaligen Mühle vorbei und erspähen von fern eine Holzbrücke. Links plätschert der Bach in kleinen Katarakten herab, und immer wieder fällt auf, dass im Bachbett unendlich viele Terrassen zu sehen sind (Stiegen). Dann kommen wir zur ersten Besonderheit: Von einem breiten Felsband fällt das Wasser in ein steinernes Becken. Nach wenigen Schritten weitet sich das Tal, man glaubt, die Naturschönheit gehe zu Ende, aber nein, der Karrenweg führt durch einen Tunnel, während links davon ein Wasserfall zu Tal rauscht. Nun haben wir das Naturdenkmal durchwandert, aber es lohnt sich, noch ein paar Schritte auf dem rechten Weg weiter zu gehen, da wir hier nach kürzester Zeit eine weitere Naturerscheinung kennen lernen. Gleich links neben dem Weg befindet sich eine Quelle, die von unten gespeist wird, eine so genannte Karstquelle: ein Krater von rund 3 m Durchmesser, und in dessen rechter Hälfte die Vertiefung, aus der das Wasser zufließt. Die Oberfläche ist fast bewegungslos, und man erwartet keine große Ergiebigkeit der Quelle. Blickt man aber unter der Brücke zum versteckten Abfluss, so ist man erstaunt, wie viel Wasser doch aus dieser Karstquelle zu Tage tritt. Diese Wanderung ist auch für kleine Kinder zu empfehlen, denn sie sollen lernen, dass sich Anstrengungen bezahlt machen!

Ausflugsziele in der Umgebung: Steinbachmauer, die Noth und das Steinbachtal.

15. Die Noth (Steinbachklamm) *
16. Lahnbachgraben * *

„Ganz bequem und ganz extrem"

Zugang: Von Göstling Richtung Lunz 1 km, dann noch 3 km in das Steinbachtal.

Klammlänge 200 m, kein Höhenunterschied, ÖK Blatt 71.

Beste Zeit: Im Winter nicht zugänglich.

Beschreibung: Der Steinbachgraben bei Göstling ist das schönste und interessanteste Tal der Umgebung. Dieser alte Wallfahrerweg wurde im Sommer 1994 noch attraktiver gemacht: Unter dem Titel *„Die Kraft des Wassers"* werden in 17 Stationen historische Zeugnisse und Naturerscheinungen in Wort und Bild dem Betrachter nahe gebracht. Einige Beispiele davon: die Holztrift, eine Turbine, ein Kalkofen, eine Karstquelle, der ehemalige Holzrechen, die Fischteiche des Baron Rothschild, die 2. Wiener Hochquellenwasserleitung und der Bau des Lueger-Stollens durch das Hochkar. Herzstück dieses Wander- und Radweges ins Steinbachtal ist und bleibt jedoch die Steinbachklamm, auch Noth genannt.

An einem „gespaltenen" Felsen ist eine Tafel angebracht, die uns von der Geschichte der Noth erzählt: *„Der Weg war früher, vor dem Bau der Straße und des Tunnels im Jahre 1965, der einzige Zugang zu den Häusern im hinteren Steinbachtal. Die Nothschlucht ist im Winter extrem gefährlich. Oft verschütteten gewaltige Lawinen die Straße, die immer wieder frei geschaufelt werden musste, dabei war es Aufgabe des ältesten Holzknechtes im Tal, Posten zu stehen und bei der nächsten Lawine Alarm zu schlagen."*

Im Jahr 1994 ließ die Gemeinde Göstling die Brücke in der Noth wieder aufbauen. So können wir die Besonderheiten der Reihe nach betrachten. Nach Karstquelle und Tunnel kommen wir zu der Brücke über den Steinbach. Unter uns befindet sich ein wildes Flussbett mit riesigen Felsblöcken.

Wir nähern uns der Enge und sehen im Wasser die Piloten der alten Straße, die langsam vermodern. Blickt man aber am rechten Felsenturm empor, so fällt einem am höchsten Punkt eine Gämse auf. Ist sie echt? Nein, der zuständige Jagdpächter ließ sie zur Freude und Verwirrung der Besucher dort oben aufstellen. Als nächstes fällt ein ungefähr 10 m langes, verrostetes Stahlseil auf, an dem sich Geübte hinauf zu einer Höhle, in die wieder von oben Licht einfällt, ziehen kön-

nen. Aber Achtung auf dem Rückweg! Man hat die spärlichen Tritt-
möglichkeiten nicht vor Augen!

Die nächste Besonderheit hat mir der Bauer von Bernlehen erzählt:
Auf der anderen Seite der Klamm befindet sich ein Loch, eher eine
Schale. Wenn man in sie drei Steine wirft und diese bleiben drinnen,
so hat man einen Wunsch frei. Das spielten sie früher als Kinder.
30 Jahre lang war das nicht möglich, da ja die Straße weggerissen
war. Vor Jahren hab ich's probiert, aber es fielen mehr Steine heraus
als ich hineingeworfen hatte. Im Jahr 2005 schaffte ich es problemlos, aber nun steht auf einer Tafel, dass man nur einen Stein hinein-
werfen muss. Die Anforderungen werden auch immer geringer! Links
sehen wir noch eine alte Tafel, die davon zeugt, dass die Noth ein
Naturdenkmal ist, und rechts fließt der Steinbach nun ganz ruhig dahin. Seine Arbeit ist getan.

Ganz bequem konnten wir die Steinbachklamm erleben, als Gegen-
stück biete ich den Klammenfans eine unbekannte Attraktion: den
Lahnbachgraben. Zu Fuß, per Rad oder mit dem Auto geht es bis zum
ehemaligen Rothschildschen Jagdschloss, von dort zu Fuß auf einer
Forststraße geradeaus weiter in die Windischbachau. Nach 1 km passieren wir das Aquädukt der 2. Wiener Hochquellenwasserleitung und
überqueren dann den Bach auf einem schmalen Steg. Eine Rastbank
und noch ein Aquädukt – dann stehen wir am Beginn des Lahnbach-
grabens, eine großartige Klamm, durch die nur ein schmales, teilweise verwachsenes Steiglein führt. Oftmals wird das Bachbett gequert,
die nassen und mit Geröll versehenen Trittstufen muss man suchen
und dann prüfen; Wasserfälle müssen umgangen werden. Gras und
Wurzeln, Erde und Steine – Vorsicht ist geboten, aber der Genuss ist
fantastisch! Eine Felsnadel, steile Wände, glasklares Wasser, „Bade-
becken" – Natur pur! Den letzten Wasserfall haben wir nicht mehr geschafft, auch die Jungen nicht. Daher sind wir links den steilen
Grashang hinauf geklettert und haben einen alten Karrenweg erreicht.
Diesen geht es weiter nach oben zur Forststraße. Nun gibt es zwei
Möglichkeiten für den Rückweg. Bequem, aber uninteressant führt ein
Weg nach rechts über die Brücke weiter bergauf und dann ins Tal über
die Traxlergrabenstraße zum Jagdschloss. Wir wählten einen anderen Weg: die Forststraße nach links hinunter, eine kurze Gegensteigung
über einen Sattel und in den Frejngraben. Bevor die Forststraße wieder ansteigt, muss man rechts neben dem Bach den alten, etwas verwachsenen Weg suchen. Nach kurzer Zeit gelangen wir zu den Resten

einer alten Holzriese, und dann treffen wir schon auf den Weg zum Tremmel. Vor uns liegt der Talkessel der Windischbachau, wir passieren die letzten Stationen des Lehrpfades *„Die Kraft des Wassers"* und erreichen dann den Ausgangspunkt der Wanderung. Eine wunderbare Sache – ein Geheimtipp –, aber nur bei Schönwetter!

Ausflugsziele in der Umgebung: Palfauer Wasserlochklamm, Stiegengraben, Lunzer See.

17. Die Klammen im Mendlingtal, Erlebniswelt Mendlingtal (Mendlinger Trift) ***

„Mit Genuss auf dem Holzweg, denn: Hic habitat felicitas – nihil mali intret!"

Zugang: Lassing an der Straße Göstling – Palfau, Parkplatz, Hinweistafeln, 15 min steil über eine „Nase" zum Mendlingbach. Jausenstation Herrenhof in Hof an der Straße Lassing – Hollenstein/Ybbs 10 min.

Klammlänge 2.500 m, Höhenunterschied 20 m, Gehzeit (und Schauzeit) 2 st, ÖK Blatt 101.

Beste Zeit: Von Mai bis Oktober täglich ab 9 Uhr geöffnet, die Schautriftvorführung ist jeden 1. Sonntag und 3. Samstag von Mai bis September/Oktober, Beginn um 13.30 Uhr bei der Klause und um 14 Uhr am Triftrechen. Eintrittsgebühr.

Beschreibung: Ich weiß nicht, wie ich Ihnen dieses Natur- und Menschenwunder in der Beschreibung anbieten soll: vom unteren Eingang oder, der Trift gemäß, flussabwärts. Ich beschreibe zunächst die vielen Köstlichkeiten flussaufwärts und dann die Trift flussabwärts.

In Lassing, nicht zu verwechseln mit dem Ort Lassing in der Steiermark, wo das furchtbare Grubenunglück war, beginnt der Zugang beim Dorfteich, führt über eine „Nase" steil hinunter ins Tal, wo sich gleich neben der Kassa mehrere Sehenswürdigkeiten befinden: das Schmiedegesellenhaus mit seinen „Rauchkuchln" und der Fotodokumentation über die Lebensumstände der Schmiedegesellen und Holzknechte, die beeindruckende Venezianer-Brettsäge und ein Hammerwerk. Nun beginnt der Erlebnisweg Mendlingtal über Rechen, Klause und die drei Klammen und bringt uns zu einer Getreidemühle bei der Karstquelle, der Großegger-Quelle. Sägewerk und Mühle sind an den Trifttagen in Betrieb, die ehemaligen „Gewerbetreibenden" erzählen

Mit Genuss auf dem Holzweg

über ihre Arbeit und die wunderschönen und funktionstüchtigen „hölzernen Fabriken". Auf den letzten 300 Metern sehen wir noch Fischteiche, die Jausenstation Herrenhof, einen Kinderspielplatz, ein Backhaus und die Hammerherren-Kapelle; ein Hochofen und eine Esse sind geplant. Doch nun zurück zum Triften, das nur zum Transport in Bächen diente, in Flüssen wurde geflößt. Jetzt fällt uns die lateinische Inschrift auf, die ich im Motto erwähnt habe:

Hier wohnt das Glück – nichts Böses möge eintreten!

Wir betreten den Grund von Johann Baptist Staudinger, seit 1840 Familienbesitz. Zwei schön gestaltete Stege bringen uns zur ersten Schlucht, der Großen Klamm. Die Steganlage führt mehrmals von einer Seite zur andern und ist ein wunderbares Fotomotiv. Bald erreichen wir einen Stausee und die Klause. 5,3 m beträgt die Stauhöhe, eine so große Wassermenge benötigt man, um die weiter unten gelagerten Baumstämme zum Triften (Treiben) zu bringen. Ich hoffe, ich verrate kein Geheimnis: Es sind immer dieselben Baumstämme, die (schau)getriftet werden: Sie werden mit Lastautos bei der Unterstandshütte zum Mendlingbach gebracht.

Es geht weiter: Nach einer kleinen Engstelle gelangt man in die Au, eine Talweitung, wo der Pfad auf Holzpiloten durch sumpfiges Gelände führt. Nun aber kommt endlich der Höhepunkt: der Rechen und der Triftkanal. „Holzknechte" haben bisher die Baumstämme weiter geleitet, nun müssen sie rechts vom Rechen in den hölzernen Triftkanal, der mich immer an einen „unendlichen Waschtrog" erinnert. Überschüssiges Wasser rinnt über die Hauptwehr oder tritt seitlich vom Triftkanal aus, ja rinnt sogar ein wenig über den Steg, der direkt neben dem 120 m langen „Ländkanal" verläuft. Wir überqueren den Mendlingbach, sehen den Mühlgang für die Säge abzweigen und müssen jetzt noch zum Ende der „Baumstamm-Reise". Der Triftkanal verliert sein ganzes Wasser, und die Baumstämme kollern herunter auf die Lände. Faszinierend die Technik der „alten Zeit"! Dass nicht nur früher Unfälle zu beklagen waren, zeigen zwei köstliche „Votivtafeln" bei der Klause und beim Rechen:

„Unser Viktor, ein armer Häuter,
flog heute von der langen Leiter.
Nun nimmt ihn Rosmarie, die Seine,
ganz kurz an eine starke Leine.
13. Mai 1998"

„Hier vom Wasser Wehr
fiel der Herr Innenminister.
Es war ein echter Grusel,
denn mit ihm fiel auch Viktor Gusel.
Anno Domini 1997"

Zur Erläuterung: Viktor Gusel ist der Göstlinger Bürgermeister, in dessen Amtszeit diese großartige Fremdenverkehrsattraktion geschaffen wurde. Karl Schlögl war der damalige Innenminister und oftmaliger Besucher von Göstling. Das war wohl der Tribut an den Klammgeist!
Ausflugsziele in der Umgebung: Wasserlochklamm.

17a. Opponitzer Schluchtenwanderweg ✱ ✱ ✱ (neu, s. Anhang)

Kurzbeschreibungen kleinerer Klammen

WALDVIERTEL, DONAUTAL

18. Weißenbachklamm ✱

Erst beim vierten Anlauf konnte ich die Weißenbachklamm auskundschaften, da erst 1977 die Beschilderung ausreichend angebracht wurde. Die Klamm liegt versteckt in einem Seitental des Kamp. Von Zwettl nach Gschwendt und dann zur Uttissenbachmühle, dort ist der erste Hinweis. Man ist irritiert, da der Weg zur Hochfläche weist, aber nach einem markanten Felsen linker Hand geht es auf verwachsenem Pfad ins Tal hinunter. Ein einsamer Wald nimmt uns auf, und wenn man meint, jetzt könne doch keine Klamm mehr kommen, taucht zum Erstaunen des Wanderers eine Tafel mit der Inschrift „Weißenbachklamm" auf. Die Klamm ist eher eine Blockhalde, durch die der Weißenbach fließt, den man zweimal auf den typischen Waldviertler Rundlingen überspringen muss. Wieder eine Tafel „Weißenbachklamm" – das war´s! Fast interessanter als die Klamm ist der Jahnfelsen. Er ist mehrgliedrig. Der eine Teil erweckt den Anschein, als hätte er sich gerne selbstständig gemacht, aber der darüber liegende Felsen dürfte „Da bleibst!" gerufen haben, und so blickt der untere Felsen sehnsüchtig zu Boden, während der obere trotzig sein Kinn vorschiebt. Ein echter Fall von Unterdrückung!

19. Steinbachklamm (Überarbeitung s. Anhang)

Die Steinbachklamm in Marbach/Donau verdient diesen Namen nicht. Der Graben, der in die Nähe von Maria Taferl hinaufführt, wird zwar zweimal auf Wegweisern erwähnt, ist aber keine Klamm, auch wenn das Bachbett steinig ist und ein Mini-Wasserfall zu sehen ist.

20. Fuchsleitengraben *

Eher als exotischer Hinweis sei der Fuchsleitengraben erwähnt. In Mautern bei Krems führt eine Straße vom Kriegerdenkmal in der Melkerstraße entlang der früheren „Weinberg'stetten" in einen Graben, der in einer Lössschlucht endet. Löss ist ja bekanntlich – deshalb der exotische Hinweis! – ein gelblicher, lehmähnlicher Sand, der aus dem Osten, vielleicht aus der Wüste Gobi, in der Eiszeit herangeweht und in Niederösterreich (im größten Teil des Weinviertels, stellenweise am Ostrand des Waldviertels, im Alpenvorland und im nördlichen Wiener Becken) abgelagert wurde und daher eine optimale Grundlage für den Weinbau bildet. Typisch für die Lösslandschaft sind die steil eingeschnittenen Trockentäler, die so genannten „Racheln", und die Hohlwege mit senkrechten Wänden, die oft zu Kellergassen ausgestaltet sind.

Der Fuchsleitengraben ist so ein Trockental, eine Lössschlucht, in der auch ein geologischer Lehrpfad mit über 80 Exponaten und Übersichtstafeln angelegt ist. Interessant ist die Tatsache, dass neben den Lösswänden auch Konglomeratwände zu sehen sind. Bei einem Kreuz, dessen Balken halbierte Baumstämme sind, ist die kurze Wanderung zu Ende. Hier sieht man auf Und, Mautern, Krems und Stein.

WIENERWALD

21. Klause zwischen Mödling und der Hinterbrühl

Bekannt, wenn auch nicht besonders attraktiv, ist die Klause zwischen Mödling und der Hinterbrühl bei Wien. Ihre Umgebung weist eine Fülle von schönen Ausflugszielen auf: die echte Ruine Mödling, auf der

Walter von der Vogelweide weilte; die unechten Ruinen Schwarzer Turm, Pfefferbüchsel und Amphitheater aus der Zeit der Romantik um 1830, die Feste Liechtenstein, ein Aquädukt der 1. Wiener Hochquellenwasserleitung, unter dem sich ein Chronogramm befindet, d. h. die größer geschriebenen römischen Zahlzeichen ergeben das Jahr der „Errichtung" 1837, Kirche und Karner in Mödling, das ehemalige Gipsbergwerk Seegrotte, in das Wasser eingedrungen ist und jetzt den größten unterirdischen See Europas beherbergt, ein Klettersteig, den auch geschickte Kinder bewältigen können, beim Aufstieg zur Ruine Mödling, usw. Mödling und seine Klause sind immer wieder einen Besuch wert. Leider ist durch die Verbreiterung der Straße viel von der einstigen Romantik verloren gegangen.

DÜRRE WAND, HOHE WAND, SCHNEEBERG, RAX

22. Lange Brücke *

Kommt man nach Gutenstein aus der Richtung Pernitz, so durchfährt man eine Felsenenge am Beginn der Ortschaft, verlässt man Gutenstein in Richtung Haselrast durch das Tal der Steinapiesting, so gelangt man wieder in eine kurze Klamm, die den seltsamen Namen „Lange Brücke" trägt. Das Flüsschen Steinapiesting ist hier nicht zu sehen, da sich eine 98 m lange Brücke über die ganze Breite der Felsenenge spannt. Das Felsgebilde, das schon im Jahr 1937 zum Naturdenkmal erklärt wurde, besteht aus Hauptdolomit. Eng verbunden mit dieser Klamm ist die darüber liegende Ruine Gutenstein, die eine wechselvolle Vergangenheit aufzuweisen hat. Namen wie Leopold VI., Rudolf von Habsburg, Friedrich der Schöne, Otto von Maissau und Matthias Corvinus spielen in ihrer Geschichte wichtige Rollen. Seit einigen Jahren ist man bemüht, die Ruine vor dem Verfall zu bewahren. Der Aufstieg befindet sich beim Rathaus. Neben der „Langen Brücke" führt ein Steig zur Höhe und hinunter ins Klostertal. – Das Waldbauernmuseum in Gutenstein ist unbedingt sehenswert, ebenso die enge und gewundene Straße über die Haselrast; die sollte man einmal gefahren sein!

23. Schlucht der Balbersteine

In dem empfehlenswerten Wanderbuch „Wiener Hausberge" von Renate und Thomas Deininger wird auf die Schlucht mit Naturbrücke der Balbersteine im Miesenbachtal hingewiesen. Vor vielen Jahren habe ich sie problemlos besucht, im Jahr 2005 erfolglos gesucht. Kein Hinweis, kein Weg, keine Markierung. Schade! Warum kann niemand die Nachfolge des alten Gemeindearbeiters antreten, der sich um die Freihaltung des Weges gekümmert hat?

24. Klamm von Scheuchenstein *

Der kleine und liebliche Ort Scheuchenstein bei Miesenbach ist durch den Maler Friedrich Gauermann bekannt geworden. Neben einer Besichtigung des Geburtshauses und des Friedhofs, wo er begraben ist, bietet sich noch der Besuch der Klamm unterhalb der in Felsen und Bäumen versteckten Ruine an, was in 10 Minuten zu bewältigen ist. Dieses Naturdenkmal und das ehemals gefürchtete Raubritternest sind für Kinder ein Erlebnis. Leider ist der Zugang zur Ruine wegen Steinschlags seit Jahren gesperrt.

25. Dürnbachklamm *

Im Dürnbachtal, südlich von Waldegg, gegenüber dem Einstieg in die Große Klause weist eine Tafel auf einen Wasserfall hin. Es ist aber mehr: Es ist eine „niedliche", liebenswürdige Klamm, die auch schon von kleinen Kindern begangen werden kann. Am Beginn der Enge steht eine interessante Tafel, auf der zu lesen ist, dass der „ZERSTÖRTE-ZUGANG" im Juni 2002 von den Feuerwehren des Bezirkes Wr. Neustadt wieder errichtet und am 18. April 2004 errichtet und eingeweiht (!) wurde. Vom leicht ansteigenden Weg kann man die Reste der Vermurungen erkennen und gelangt bald an das Ende der Enge, wo ein respektabler Wasserfall herabstürzt. Und hier hat sich die Gemeinde Waldegg etwas Köstliches einfallen lassen: Man montierte eine Tafel, die wert ist, hier zitiert zu werden. „DIE WASSERFALLANLAGEN *wurden im August 1896 neu hergestellt und sind zum Schutze des P.T. Publicums bestens empfohlen – Verschönerungs-Verein Waldegg und*

*Wasserfall mit
Kuriositäten*

Umgebung". Vielleicht ist es aber angebracht, der jüngeren Generation das p. t. zu erklären: Es bedeutet „pleno titulo" – „mit vollem Titel". Also dass zur Kaiserzeit nicht versäumt wurde, auch die Naturliebhaber mit der ihnen gebührenden Ehrerbietung anzusprechen. Und es gibt noch eine Kuriosität, die man erst beim Rückweg erkennt. An einem glatt geschliffenen Felsen steht in einem Rechteck, mit ungelenken Buchstaben geschrieben, das Wort WASSERFALL. Ist hier einer nach Regenfällen? Ich glaube, die Dürnbachklamm sollte mehr besucht werden, denn so viele Kuriosa gibt es sonst nicht auf einem Fleck!

26. Klamm/Semmering

Der Ort Klamm im Semmeringgebiet ist dank seiner Lage, seiner Kirche und Ruine sehenswert. Den Namen dürfte er übrigens von den unterhalb der Ortschaft liegenden Adlitzgräben erhalten haben. Auf dem Friedhof sind die Toten des Semmeringbahn-Baues begraben. Mich berühren immer die Inschriften auf dem Friedhof: Beim Eintritt lese ich PAX TECUM. (Der Friede sei mit dir.), beim Ausgang CRAS TIBI (Morgen dir, d.h. Morgen du!).

27. Adlitzgräben

Die Adlitzgräben zwischen Schottwien und dem Semmering können auf einer guten Straße durchfahren werden. Das schluchtartige Tal des Haidbaches wird von mächtigen Felsen gesäumt, und oben drüber verläuft auf Viadukten und in Tunnels die kühne Trasse der Semmeringbahn, sie übersetzt beim „Kalte-Rinne-Viadukt" die Straße. Einen unvergesslichen Ausblick in die Adlitzgräben und die Semmeringbahn erlebt man von der Aussichtswarte auf dem Doppelreiterkogel in der Nähe der Station Wolfsbergkogel, die wiederum am Bahnwanderweg von Semmering nach Gloggnitz liegt.

28. Höllental *

Zwei Historien sind mit dem Höllental untrennbar verbunden: Die faszinierende Geschichte des Georg Hubmer, des „Raxkönigs" aus Gosau, der das Höllental erschloss, um die Holztriftung zu ermöglichen, und der gegen Mensch und Natur ankämpfte, um sich und den Seinen eine neue Heimat zu schaffen. Dieses Schicksal hat Ottokar Janetschek in seinem Roman „Der Raxkönig" packend in Worte gefasst. Die Hubmer-Gedächtnisstätte in Nasswald ergänzt anschaulich diese interessante Schilderung des Lebens zu Beginn des 19. Jahrhunderts (siehe unten). Als zweites erinnern wir uns an die Hochquellenwasserleitung. Schon 1732 wurde bei der kaiserlichen Jagd zwischen Rax und Schneeberg die gute Qualität des Wassers festgestellt, so dass sich der Kaiser vom „Kaiserbrunn" wöchentlich das gute Quellwasser nach Wien bringen ließ, was 60 Stunden dauerte. 141 Jahre später wurde dann am 24. Oktober 1873 die „1. Wiener Hochquellenwasserleitung" zum Wohl aller Wiener eröffnet. Auch darüber gibt es mehr im Wasserleitungsmuseum in Kaiserbrunn zu erfahren.

Seit dem Jahr 1998, aus Anlass des 125-jährigen Bestehens der 1. Wiener Hochquellenwasserleitung, gibt es nun einen wunderschönen Wasserleitungsweg von Kaiserbrunn bis Gloggnitz und von Bad Vöslau bis Mödling. Der attraktivste Teil ist natürlich das Höllental zwischen Hirschwang und Kaiserbrunn. Er ist beschildert und beginnt auf einem kleinen Parkplatz bei der Windbrücke in Hirschwang. Es geht über einen Steg bei einem Wehr, zunächst entlang der Schwarza, dann hinauf auf einen Sattel, wo sich eine Rastgelegenheit bietet. Im Verlauf des Weges wird es felsig, Stiegen und Geländer helfen uns, den Pfad sicher zu bewältigen. Nach diesem ersten „felsigen Höhepunkt" kommt bald der nächste. Wir befinden uns direkt an der grün schillernden Schwarza und sehen eine imposante Felswand vor uns. Sie lange zu studieren lohnt, denn allmählich erkennt man Ketten und Traversen vom alten Triftsteig. Der Weg führt über eine Holzbrücke, eine weitere Steigung ist angesagt, und nach ungefähr 90 Minuten erreicht man Kaiserbrunn, wo sich das Wasserleitungsmuseum der Stadt Wien befindet. Der Wanderweg ist eine echte Bereicherung, denn bisher konnte man ja eigentlich nur mit dem Auto durch das Höllental, dem großartigen Durchbruch zwischen Rax und Schneeberg, fahren. Eine Kuriosität zum Schluss, gelesen auf einer Tafel bei der langen Stiege: *„Zu seinem 60er trugen die Kollegen von der MA 31 den ‚Wasserer' Fritz Allitsch auf einer Sänfte über den romantischen Wasserleitungsweg von Hirschwang nach Kaiserbrunn."* Ein Foto beweist es. Alle Achtung!

29. Saurüssel(brücke) *

Bei einem Besuch in Nasswald sollten wir den Saurüssel, auch Saurüsselbrücke genannt, aufsuchen. Von der lehrreichen und überaus ansprechend gestalteten „Hubmer-Gedächtnisstätte" mit Holzriese, Triftanlage, Informationshütte, Sommertheater und dahinter eine 600 m lange Museums-Waldbahn sind es nur ein paar Schritte zu der sehenswerten Straßenenge. Schon der Name ist interessant. Er kommt in den Alpen öfter vor, und man kann aus der Form eines Schweinerüssels gut auf die Geländeform schließen. Der Nasswalder Saurüssel ist in seiner geschichtlichen Entwicklung besonders aufschlussreich. Ursprünglich floss der Nassbach in seiner ganzen Breite durch die Enge, und die Hinternasswalder Bevölkerung musste die Klamm auf einem schmalen und gefährlichen Steig oberhalb des Saurüssels überwinden. Diesen Pfad sieht man von der Straße aus, und ihn kann man auch heute noch

„bekraxeln". Als aber die 1. Wiener Hochquellenwasserleitung gebaut wurde, genügte dieser unsichere Weg nicht mehr. Man beschloss, dem Nassbach einen eigenen Stollen zu graben und im Saurüssel eine Brücke zu schlagen. Dies geschah im Jahr 1880. Die Trasse der Wasserleitung erkennt man übrigens auch auf der anderen Seite des Baches. Es gibt also genug zum Schauen und Staunen.

30. Reißtalklamm

Einsamkeit befällt einen in Hinternasswald, dort hinter Rax und Schneeberg, woher ein Teil des Wiener Wassers kommt, wo man fast ausschließlich vom Holz lebt. Holz, Wasser, Felsen und Stille, das ist Hinternasswald. Hier sieht man schon von ferne die mächtigen Felsen, die die Reißtalklamm bilden. Eine Forststraße führt durch sie zur „Rückseite" der Rax. Es gibt nichts Außergewöhnliches zu sehen, nur eine Gedenkstätte am Ende der Klamm. Auf fünf Tafeln finden wir dankbare Erinnerungen an den Bergführer Konrad Kain, geboren in Nasswald, der unzählige Berggipfel in Korsika, Kanada, Neuseeland und Amerika bezwang und in der Ferne starb, und an Daniel Innthaler, dem Erschließer der Kahlmäuer, den Nordabstürzen der Rax.

HALBACHTAL, TRAISENTAL

31. Rossbachklamm *

2 km nördlich der „Kalten Kuchl", direkt an der Straße, befindet sich die Rossbachklamm. Man erkennt sie sofort an den gewaltigen Gutensteiner und Wettersteinkalken entlang der Straße, unter denen sich ein Parkplatz befindet. Wir sehen eine vierteilige Info-Tafel, auf der beharrlich „Hallbachtal" mit zwei L steht, ein kleines Bächlein und überhängende Felsen (ein Pferdekopf?). Der Bach fließt nun unterirdisch in einem Rohr, und im Felsgestein finden wir unzählige Höhlungen und Löcher, die in alle Richtungen weisen. Nach 70 m ist die Felsenenge zu Ende, das Tal weitet sich wieder, ein kleiner Holzrechen soll vor Verstopfung des Wasserrohres schützen, und man kann auf der Straße Richtung Rohr im Gebirge weiter wandern. In diesem Ort steht übrigens ein Wegweiser, der auf die Klamm hinweist. So „be-

rühmt" ist die Rossbachklamm! Beim Rückweg fällt unser Blick auf das originale Mühlrad von 1820 mit dem Mühlgang. Da die Mühle wegen des Straßenausbaus 1985 abgerissen wurde, ließ die Familie Rieder aus der „Kalten Kuchl" mit Unterstützung der Gemeinde Kleinzell das Mühlrad 1990 wieder aufstellen und 1997 nachbauen.

Auf der besagten Tafel steht übrigens noch etwas: *„Hallbachtal – das schönste naturbelassene Tal in Niederösterreich."* Ja, jeder liebt seine Heimat! Unbedingt sehenswert sind drei ganzjährig in Betrieb stehende Kohlenmeiler auf der linken Seite der Straße Kalte Kuchl – Schwarzau, ungefähr 3 km von der Rossbachklamm entfernt.

32. Eibentalklamm (Übelbach) *

Zwischen Moosbach und Türnitz liegt die kleine Ortschaft Dickenau (dichte Au). Gleich neben der Bundesstraße liegt die kleine Eibentalklamm versteckt. Kein großes Erlebnis, aber vielleicht dazu geeignet, eine kleine Rast während einer längeren Fahrt einzulegen, frische Luft zu atmen, die Kinder herumlaufen zu lassen.

Der Zugang zur Klamm gleicht einem Weg in die Vergangenheit: ein Holzschuppen, direkt über dem Bach, der Eisenbahnübergang mit den völlig verwachsenen Schienen und der Dickenauer Tunnel fallen auf, über dessen Portal zu lesen steht: NÖLB 1908. Dies bedeutet, dass im Jahr 1908 dieser Tunnel der Niederösterreichischen Landesbahn zwischen Freiland und Türnitz fertiggestellt wurde. Ein paar Meter noch, dann sehen wir die Klamm, die auch Übelbach genannt wird. Die Straße ist über dem Bachbett gebaut, die Felsen erinnern teilweise an Baumschwämme und Schiffsbüge, eine Lichtleitung ist zwischen den Felsen gespannt, die Felsschichten sind leicht erkennbar, Höhlen und Löcher sind für Kinder interessant. Nach 200 m ist die Enge vorbei.

33. Sulzbachgraben *

An der Bundesstraße in Türnitz steht ein Wegweiser, der auf den Sulzbachgraben hinweist. Dieses Tal weist in einem kurzen Abschnitt klammartigen Charakter auf und ist einen Besuch wert. Ein beschaulicher Spaziergang führt uns zu einem Mühlenidyll. Links empfängt uns die Kalksödermühle. Gegenüber steht zwischen den Bäumen eine kleine Kapelle, an der in ungeschickten, aber liebenswürdigen Worten ihre Entstehung geschildert wird: *„Michael und Gertrud Schrittwieser haben sich versprochen, wegen Krankheit und Feuersgefahr die Kapelle zu erbauen. – 1865."* Gehen wir den rot markierten Weg (Nr. 3) weiter, so gelangen wir rechter Hand zu einer zweiten Mühle, der Schafluckmühle. Hier errichtete im Oktober 1995 ein Privatmann eine neue Wasserkraftanlage für ein k. u. k. Museum. Ihr gegenüber stehen die letzten Felsen des Grabens, davor eine Bank, und man fühlt sich wie in der Monarchie. Der „dunkle Tunnel", bedingt durch Felsen und Bäume, ist zu Ende.

PIELACHTAL, ERLAUFTAL, YBBSTAL

34. Taubenbachklamm *

Kurz hinter Frankenfels im Pielachtal, das ja durch seine Nixhöhle bekannt ist, hat mich auf der Bundesstraße eine Tafel überrascht: „Zur Taubenbachklamm 5 min." Obwohl man zuerst im verwachsenen Graben entlang eines Waldlehrpfades nicht viel erwartet, gibt es dann doch eine Besonderheit: den Hirschensprung. Auf einem „Lesepult" liegt ein „Buch", das folgende Geschichte berichtet: *Vermutlich von einem wildernden Hund aufgescheucht, wollte im Herbst 1960 ein Hirsch die Engstelle der Taubenbachklamm überspringen und stürzte in die Klamm, wo er verendete. Der Jäger Anton Kalteis fand ihn nach dem Pirschgang. Seither meidet das Wild die Taubenbachklamm."* Daneben, auf der „freien Seite", hat jemand ganz leicht „Jägerlatein" dazu geschrieben. Egal, zwei Dinge erfreuen uns nun: Aus einem Baumstamm hat ein bäuerlicher Künstler einen Hirschkopf herausgeschnitzt und ein echtes Geweih daraufgesetzt. Und ein paar Schritte weiter sieht man in den engen Spalt der Taubenbachklamm hinein. Der steile Weg führt weiter hinauf zum Ortsblick und zum Bergbauernmuseum.

35. Erlaufschlucht

Nördlich von Purgstall fließt die Erlauf durch ein Durchbruchstal. Zu beiden Seiten des Flusses führen Wege, am rechten Flussufer wurde der Lehrpfad „Wald- und Flurgehölze" angelegt, und 2005 wurden zwei Aussichtsterrassen über dem Wasser erbaut. Die Landschaft entlang der Erlauf hat dort den Namen „Prater", wahrscheinlich von lat. pratum, die Wiese, und der Steg heißt auch Pratersteg. Er ist sehr interessant, weil er eine überdachte Bogenbrücke mit einem Kupferbild vom hl. Martin ist. Zwei Bildtafeln neben der Bundesstraßenbrücke über die Erlauf erläutern anschaulich Schlucht und Lehrpfad. Extra hinfahren muss man aber deswegen nicht.

36. In der Noth **

In Ybbsitz finden wir ein Engtal, genannt „In der Noth". Vergangenheit und Gegenwart bilden hier eine liebenswürdige Symbiose. Wir befinden uns hier in der „Eisenwurzen", d.h. im weitesten Umkreis des steirischen Erzberges, wo sich die Eisen verarbeitende Industrie angesiedelt hat. Hammerwerke erzeugten die Dinge des täglichen Lebens wie Sensen und Sicheln, aber auch Schnallen und Ösen, Dinge, die wir täglich gebrauchen, die uns aber gar nicht auffallen. In Ybbsitz gab

Die asymmetrische Brücke

Die Erlebnisbrücke muss man erleben!

und gibt es heute noch Hammerwerke im weiten Tal (es gibt Schau-vorführungen!), die Produkte mussten aber vor der Auslieferung noch geschliffen werden. Diese Schleifen, die nicht viel Platz brauchten, weil nur ein bis zwei Männer in den Hütten arbeiteten, fanden in der Schlucht der Noth gerade genug Platz. Auf einer Länge von 570 m im Abstand von 10 bis 70 m befanden sich 13 Schleifwerkstätten. Der Transport des zu schleifenden Werkzeugs erfolgte auf Kleinwagen, die mit Hunden oder Ziegen bespannt und gelegentlich auch von Kindern geführt wurden. Diese Information und noch viel mehr finden wir auf dem netten, kurzen Wasserfallweg, bei dem wir noch andere interessante Dinge entdecken: eine Druckleitung, die gegen Stein-schlag mit einem Holzschutz versehen ist, eine Höhle mit der Nummer 1827/9, ein kleines Mühlrad, einen Rastplatz mit eingelassenem Schleifstein und als Höhepunkt den Wasserfall mit der Ybbsitzer Erlebnisbrücke. Elegant spannt sie sich asymmetrisch über den Bach. *„Die Schwere des Werkstoffes wird mit der Leichtigkeit der Seele ver-bunden."* Wir sehen noch Reste des Brückenkopfs des alten Steges und des E-Werks. Diesmal empfiehlt es sich, auf der Straße zurück-zugehen, denn wir passieren dabei die Schönkreuzkapelle, wo wir ein Dutzend im Boden eingelassene Schleifsteine entdecken. Am Beginn der Noth sehen wir schließlich noch einen Pavillon, den der Verein „Ybbsitz gestalten" errichtet hat, wo Wissenswertes über die Noth in Bild und Wort zusammengetragen wurde. Man gewinnt dort eine neue Beziehung zu Heimat und Natur!

37. Kogler Wasserfälle *

Auf der Straße von Göstling nach Palfau zweigt am Ortsende von Göstling rechter Hand die Straße nach Siebenhütten ab. In der ersten Haarnadelkurve beginnt der Wasserfallweg (5) in die Kogler Wasserfälle. Auf den ersten 100 Metern gewinnt man schon Einblicke in eine bewaldete Schlucht. Dann geht es scharf nach rechts. Hier erleben wir etwas Köstliches: eine halbseitige Klamm. Links ist ein bewaldeter Graben, aber rechts stehen steile Felswände mit gut sichtbaren Felsbändern. In Kaskaden plätschert der Bach, durchströmt eine fast kreisrunde „Badewanne" und fällt am Ende über eine respektable Felswand. In Serpentinen führt der Weg zur Straße nach Siebenhütten zurück. Ein netter Spaziergang.

38. Ein Kuriosum zum Schluss:
Die Autobahnklamm in Pressbaum

Ich gestehe es: Diese „Klamm" ist keine, trotzdem ist sie ein Abenteuer für Kinder im Volksschulalter, wie man es heutzutage nur selten findet. Ich habe diese Idee vor vielen Jahren einmal in einem Buch gefunden, kann aber nicht mehr eruieren, welches das war. Inzwischen habe ich diese „Geisterbahngeschichte" zweimal gemacht und denke mir, dass Kinder so etwas Wildes und Gruseliges brauchen, um erwachsen zu werden. Also, wo und wie?

Im Ort Pressbaum im Wienerwald an der Westbahn gibt es mehrere Ampeln. Bei der zweiten, wenn man von Purkersdorf kommt, biegt man links ab, dort, wo auf die Hauptschule und die evangelische Kirche hingewiesen wird. Nach zwei Kurven stößt man zur Fünkhgasse, dort links und gleich am Waldrand das Auto abstellen. Ein Pfad führt zu einem Waldweg und einer Holzwehr, die den „Klammbach" bei Hochwasser im Zaum hält. Ein paar Schritte nach links und dann führt ein Steig Richtung Autobahn. Über einen kleinen Abhang geht es hinunter, wir unterqueren ein Aquädukt der zweiten Wiener Hochquellenwasserleitung, und dann stehen wir vor der „Klamm": Sie ist ein Durchlass für den Bach und hat acht Gefällestufen, an der Seite sind Tritthaken angebracht, und so ergibt es irgendwie das Erscheinungsbild einer Klamm, statt Felswände gibt es eben Betonwände. Zunächst geht es noch, es müssen nur die Spinnennetze weggewischt werden, doch in der Mitte wird es immer dunkler, man weiß nicht, wo man hintritt, die rostigen Tritthaken „beleidigen" die Handflächen, manchmal tritt man ein wenig ins Wasser. Meiner 12-jährigen Tochter hat es zum ersten Mal im Leben gegruselt – hoffentlich liegt kein totes Tier am Boden! Hoffentlich greife ich nicht in eine Spinne! Bei den letzten beiden Stufen ist es schon heller, leider ist damit die Begehung zu Ende, denn ein Wildzaun verhindert das Weitergehen. Kalkhaltiges Wasser hat einen schmutzigen Hügel gebildet, wir blicken zurück. Man muss nicht in die weite Welt reisen, manchmal liegen Abenteuer ganz in der Nähe!

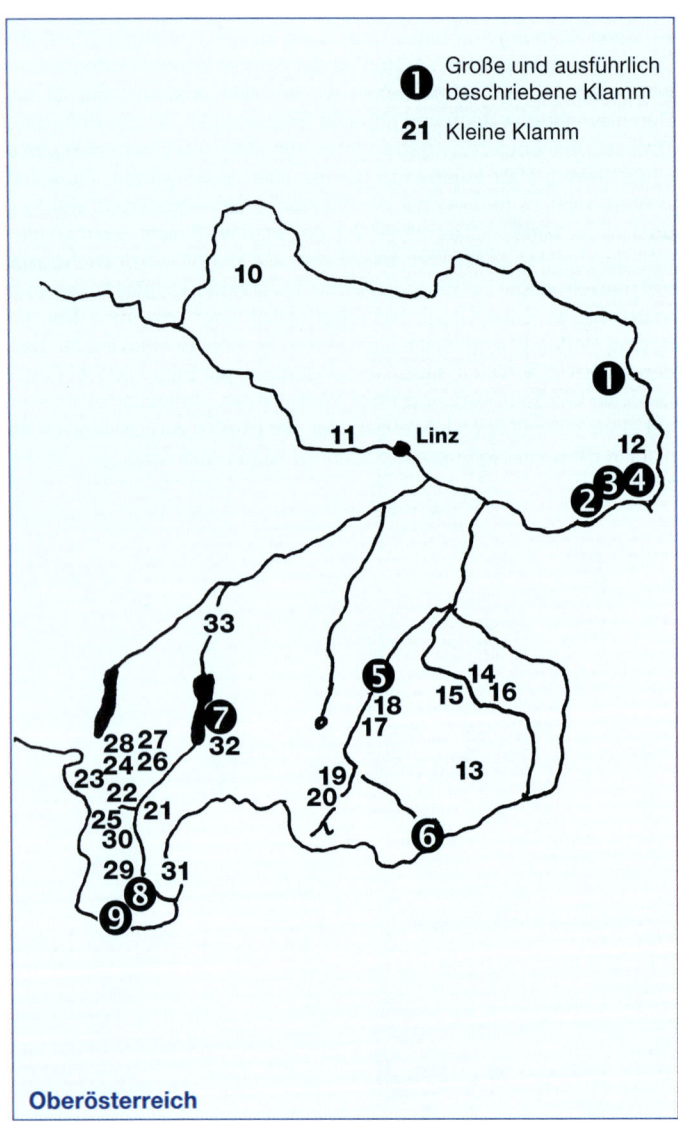

Große und ausführlich beschriebene Klamm

21 Kleine Klamm

Oberösterreich

Oberösterreich

Mühlviertel

1. Klammleiten * *
2. Klamschlucht *
3. Wolfsschlucht * *
4. Stillensteinklamm * *

Steyrtal, Pyhrngebiet

5. Rinnerberger Klamm *
6. Dr. Vogelgesang-Klamm * * *

Salzkammergut

7. Kaltenbachwildnis * *
8. Die Hölle (Mühlbachschlucht) * *
9. Waldbachstrub * * *

Kurzbeschreibungen kleinerer Klammen

Mühlviertel

10. Sausende Schlucht *
11. Pesenbachtal *
12. Gießenbachklamm

Ennstal, Steyrtal

13. Triftsteig in der Großen Schlucht im Reichraminger Hintergebirge * * *
14. Kesselfallklamm
15. Notklamm im Klausgraben
16. Höll-Leitenbach – Wasserfall *
17. Steyrdurchbruch *
18. Steyrschlucht *
19. Heindlbödenschlucht *
20. Stromboding *

Foto umseitig:
Dr. Vogelgesang-Klamm

Salzkammergut

21. Rettenbachwildnis (-klamm) *
22. Zimitzwildnis
23. Dittelbachwildnis *
24. Kienbachklamm
25. Schwarzenbachklamm
26. Maria an der Klamm (Maria Klamm am Höllbach) *
27. Gimbach-Kaskaden *
28. Nixenfall *
29. Gosauzwang *
30. Chorinskyklause *
31. Koppenschlucht *
32. Rindbacher Wasserfall *
33. Traunfall *

1. Klammleiten ★★
„Verstecktes Idyll im Mühlviertel"

Zugang: Von Königswiesen auf der Straße nach Arbesbach Hinweistafel, auf der Nebenstraße 1200 m.

Klammlänge 2.500 m, Höhenunterschied 200 m, Gehzeit 1 st, Wegnummer 10, ÖK Blatt 35.

Beste Zeit: Frühjahr bis Herbst.

Beschreibung: Die Klammleiten zu finden, wenn man mit dem Auto unterwegs ist, ist gar nicht so einfach, denn vor einer Steigung auf der Nebenstraße geht es rechts zum Kraftwerk Ebner hinein, aber der Wegweiser ist unter dem Laub etwas versteckt. Vom Parkplatz beim E-Werk beginnt der Pfad, aber es naht eine Enttäuschung: Es geht einen Hang steil hinauf, und ist man dann auf dem Waldweg, so vermisst man im Tal den Klammleitenbach, der aber auch schon unterirdisch floss, bevor das Kraftwerk gebaut wurde. Wir passieren eine bewachsene Lichtung und sehen links oben die Waldandacht, ein Kreuz unter der Einsiedelmauer. Bald erreichen wir die Teufelsmühle und den Kindlstein, von dem wir eine Sage auf einer Tafel lesen können. Will man sich mit Trinkwasser stärken, so halte man Rast beim Coburg-Bründl. Nach wenigen Schritten erreichen wir den ersten Höhepunkt: den Gfluderkopf. Es soll ein großes Dankeschön an die Gemeinde Königswiesen gesagt werden. Hier wurde im Jahr 2002 eine „technische" Einrichtung erbaut, die uns den Holztransport in früheren Jahrhunderten nahe bringt. Von 1755 bis 1937 wurde in der Naarn und deren Nebenbächen Holz getriftet. Mit Schlitten wurde das Holz im Winter zu den Bächen gebracht, und zur Tauwetterzeit arbeiteten bis zu 3.000 Personen daran, das Holz in Richtung Donau nach Wien und Budapest zu befördern. Nun floss, wie schon erwähnt, der Bach hier eine lange Strecke unterirdisch, und daher musste ein „Gfluder", eine Holzrutsche, auch „Riese" genannt, diese Strecke überbrücken. Ursprünglich war dieses Bauwerk viel länger, aber um das Prinzip zu zeigen, genügen auch rund 20 m. Eine Info-Tafel berichtet viel Wissenswertes darüber. Vom Holz-Gfluderkopf, dem Einlaufwerk, geht es in 2 Minuten zum Gfluderkopf des Kraftwerkes. Doch nun kommen weitere Höhepunkte: Die Himmelsleiter, ein Steilstück an einer Felswand mit Seilsicherung, bringt uns zum Kanzelstein, einer schönen Steinformation, die man auf einer Leiter besteigen kann. Kurz nach dieser Attraktion kommt man zur Herberge, einst die Behausung ei-

Die Vergangenheit wieder belebt!

nes alten Bauern, ein überhängender Fels, unter dem zwei Bänke aufgestellt sind. Vorbei an der Ruine einer alten Hausmühle, nimmt der Wanderweg beim Güterweg Diesenreith ein Ende. Aber man sollte noch ein paar Schritte zur Reindlmühle machen, sie wurde 1998 restauriert, und bei ihr dreht sich noch das Mühlrad. Auch hier gibt es interessante Informationen.

Eine Sage über die Entstehung der Klammleiten soll hier auch berichtet werden: *In uralter Zeit war in der Gegend der heutigen Klammleiten ebenes und fruchtbares Land. An dem Bach, der durch die grünen Wiesen floss, stand eine große, schöne Mühle. Der Müller war gestorben, die Witwe aber war eine reiche Frau, die kein Herz für Notleidende hatte. Sie ließ sich eine große Truhe machen und legte in diese jedes Mal ein Stück Brot, wenn Arme um eine Gabe baten. Die Armen wurden ohne Almosen weggeschickt. Die Müllerin sagte: „Wenn ein Jahr um ist, mache ich die Truhe auf und füttere mit dem ersparten Brot ein Schwein fett." Nach Ablauf eines Jahres warf die Frau einem Schwein das Brot vor. In diesem Augenblick wurde die Müllerin selbst in ein schwarzes Schwein verwandelt und von den Dienstboten verjagt. Gleichzeitig zog ein schweres Gewitter auf und verwüstete die Gegend. Die Mühle versank unter Tosen und Krachen. Felsen bedeckten jene Stelle, wo sie gestanden war. So entstand die Klammleiten. An einem Platz beim Kindlstein hört man das Rauschen des unterirdisch fließenden Wassers besonders deutlich, und man meint, es drehe sich das Mühlrad. Die Leute sagen: „Der Teufel mahlt in der versunkenen Mühle weiter." Diese Stelle in der Klammleiten bezeichnet der Volksmund seit alter Zeit als die Teufelsmühle.*

Ausflugsziele in der Umgebung: Königswiesen; es bekam schon mehrmals den Preis für den schönsten Ort Oberösterreichs, Wackelsteine und Pechölsteine in und um Königswiesen; Burgruine Ruttenstein.

2. Klamschlucht ★
„Inferno nach Damaskus"

Zugang: Vom Ort Klam in südlicher Richtung 5 min.

Klammlänge 1.000 m, Höhenunterschied 10 m, Gehzeit 15 min, Markierung rot, ÖK Blatt 52.

Beste Zeit: Ganzjährig begehbar.

Beschreibung: Vor 20 Jahren machte man Werbung für die Klamschlucht, in dem man ein „m" dazu schmuggelte und sie auf Tafeln als „Klammschlucht" bewarb. Das wäre doch ein Hit: Klamm und Schlucht zugleich! Aber sie ist nach der Burg Clam und dem Ort Klam benannt und eine echte Schlucht. Die Klamschlucht ist ein weites Tal, das vor dem Auslaufen ins Machland bizarre Felsszenerien aufweist. Die Schlucht ist schnell beschrieben: Anfang und Ende sind sehenswert, dazwischen liegt ein „fades" Tal. Von Klam kommend passieren wir das Haus mit der Anschrift „Schlucht 1", einmalig in Österreich, eine ehemalige Hammerschmiede, und entdecken rechter Hand ein Marienbild mit der Inschrift „Maria in der Schlucht". Dominierend aber steht hier der Leostein, der bei entsprechender Beleuchtung dem Profil des Papstes Leo XIII. ähneln soll. In einer Leserreaktion wurde ich vor Jahren extra auf eine andere Deutung aufmerksam gemacht: „Da ist Leo!" heißt es beim Fangerlspiel, wenn man sich zu einer vorher ausgemachten Stelle retten kann. Ein Kaiser Leo(pold) gewährte unschuldig Verfolgten Asyl. War hier auch ein „Leostein"? Wir wandern unterhalb der Burg, die braune Farbe des Wassers und das Grün des Laubes begleiten uns zum zweiten Höhepunkt. Ein Steg und wieder Felspartien, die gewaltiger und interessanter als am Beginn sind. Der Steig führt neben dem Bach, und beim Rabensteinblick soll eine Sage in Erinnerung gerufen werden: Im Drachenloch, einer Höhle vor der Enge in halber Höhe des Berges, ging alljährlich am Fronleichnamstag die steinerne Tür für bestimmte Personen auf, die dann in der Höhle Gold und andere Kostbarkeiten in Truhen fanden. Die Sage berichtet, dass einmal eine Frau mit dem, was sie schon an Schätzen besaß, unzufrieden war und noch weiter raffte, obwohl sich die Türe schon wieder zu schließen begann. Als sie dann doch noch aus der Höhle eilte, hatte sie nur Kohle in ihren Taschen. Es gibt dort auch einen Wetterstein, von dem die Einheimischen wussten, dass er ihnen das Schlechtwetter anzeigte. Wenn er nass war (vermutlich durch Kondensieren der Luftfeuchtigkeit), galt das als Anzeichen, dass es bald regnen würde.

Doch zurück zu den Schönheiten der Schlucht. Links zweigt ein „toter" klammartiger Felsgang mit einem verklemmten Felsblock ab. Der Steg verläuft nun in Längsrichtung, rechts rauscht ein breiter, künstlicher Wasserfall, damit sind wir am Ende der Klamschlucht, in der Ortschaft Saxen, was wiederum „Felsen" heißt.

Um aber das Motto der Klamschlucht zu verstehen, müssen wir nochmals nach Klam zurück und die Straße, die zur Burg führt, aufsuchen. Dort steht das so genannte Stöckl, Haus Nummer 31, auf dem uns eine Inschrift Folgendes zu lesen gibt: *„In diesem Haus wohnte August Strindberg, der große schwedische Dichter, während der Zeit seines Aufenthaltes im Strudengau 1893–1897.“* Von hier aus wanderte der Dichter oftmals in die Klamschlucht. Das Erlebnis des urgewaltigen Naturzaubers dieser Landschaft fand seinen dichterischen Niederschlag in den berühmten Werken *„Inferno“* und *„Nach Damaskus“*. Hier durchlebte er auch die Wandlung vom Atheisten zum gläubigen Menschen. Strindbergs zweite Frau, Frida Uhl, stammte vom Schloss Dornach (6 km südöstlich von Klam an der Donau). Zur Erinnerung an den Dichter gibt es auch ein Museum in Saxen.

Zum Schluss noch das Zitat eines Mannes, der um die Wende vom 19. zum 20. Jahrhundert die Klamschlucht so einschätzte: *„Wäre sie bei einer Großstadt und müsste jeder Passant einen Heller Weggeld bezahlen, so wäre ich ein reicher Mann.“*

Ausflugsziele in der Umgebung: Die Burg Clam, eine der bedeutendsten österreichischen Burganlagen mit Führungen durch die sehenswerten Innenräume. August Strindberg-Museum in Saxen.

3. Wolfsschlucht ⭐⭐

„Anton Bruckners Zuflucht“

Zugang: Von der Straße Grein – Bad Kreuzen in der Linkskurve vor der Steigung 2 km vor Bad Kreuzen, von der Burg oder vom Ort 15 min.

Klammlänge 200 m, Höhenunterschied 50 m, Gehzeit 20 min, Wegnummer 5a, Kulturpfad – Wolfsschlucht, ÖK Blatt 53.

Beste Zeit: Frühjahr bis Herbst.

Beschreibung: Und wieder ist in Österreich ein Wunder geschehen, dass man eine Schlucht, die ein bescheidenes Dasein führte, aus ihrem Dornröschenschlaf erweckte und revitalisierte. Und das war in diesem Fall eine leichte Aufgabe, denn die adelige und gutbürgerliche Gesellschaft nahm ab Mitte des 19. Jahrhunderts im nahe gelegenen Bad Kreuzen ihre Kur- und Erholungsurlaube, wobei die Wolfsschlucht aufgesucht wurde, um dort kalte Bäder und Kneippkuren zu machen. Die Kaltwasserheilanstalt wurde am 10. Mai 1846 eröffnet. Und so erinnerte man sich der Lokalitäten mit ihren köstlichen Namen, meißelte sie in Stein, und nun können wir folgende Ortsbezeichnungen lesen: „Greiner Duschen", „Linzer Wellen", „Prießnitz-Bächlein", „Wiener Wellen", „Anton Bruckner-Zuflucht", „Felsentor", „Herrendusche" „Neptun-Grotte", „Herzogsquelle", „Damendusche", „Bärensprung", „Damenbad" und „Badestein". Im oberen Teil der Schlucht zweigt nach links ein zweiter Weg ab, der den Bachverlauf verlässt und folgende Lokalitäten aufweist: „Herkulesfels", „Ernstens Ruhe" und „Jägersitz". Und dazu gibt es doch einige interessante Besonderheiten zu sagen: Vinzenz Prießnitz, ein schlesischer Naturheilkundler, konnte hier seine Ideen im Jahr 1845 umsetzen. Die Damen mussten nicht weit gehen und vor allem keine Stufen steigen, wenn sie die neu entdeckten medizinischen Errungenschaften an sich erproben wollten. Anton Bruckner verbrachte acht Monate wegen eines Nervenleidens in Bad Kreuzen, hörte eines Tages eine böhmische Musikantengruppe, hielt das nicht aus und suchte „Erlösung" im Rauschen des Wasserfalles, wo man ihn nach längerem Suchen wieder fand.

Der Weg durch die Schlucht ist romantisch, steil, aber mit Stufen und Geländer versehen. Unten kann man von einer 15 m langen Aussichtsbrücke einen Wasserfall betrachten. Oberhalb der Schlucht sollte man aber auf jeden Fall die Burg Kreuzen besteigen, von der man einen wunderbaren Ausblick auf das untere Mühlviertel, das Donautal und das Alpenvorland hat.

Auch hier ist eine Sage angesiedelt: Ein Kaplan wurde einmal bei einem Versehgang von einem Wolf angefallen. Der Geistliche konnte sich durch einen Sprung über die Felsblöcke retten, der Wolf, in einer anderen Version ist es ein Bär, jedoch stürzte ab. Der Priester hatte aber die Gefäße zur Krankensalbung und die Sprache verloren. Er gelobte, als Einsiedler in der Schlucht zu leben, wenn er die Sprache wieder fände. So geschah es auch. Daher der Bärensprung in der Wolfsklamm.

Ausflugsziele in der Umgebung: Stillensteinklamm, St. Thomas am Blasenstein mit der Bucklwehluckn und der Mumie, dem „luftgeselchten Pfarrer".

4. Stillensteinklamm ★★

„Die Klammen-Krönung der Böhmischen Masse"

Zugang: Von Struden bei St. Nikola/Donau 200 m (große Hinweistafel).

Klammlänge 1.500 m, Höhenunterschied 100 m, Gehzeit 30 min, Markierung rot, 9, ÖK Blatt 53.

Beste Zeit: Ganzjährig begehbar.

Beschreibung: Die Stillensteinklamm ist für mich die schönste und romantischeste Schlucht des Mühlviertels, ja des ganzen Gebietes Waldviertel und Mühlviertel, das die Geologen „Böhmische Masse" nennen. Man sollte sie unbedingt kennen lernen. Von der Bundesstraße, unter dem mächtigen Viadukt der Bahn hindurch, gelangt man zu einem großen Parkplatz neben einer Mühle mit einem Mühlrad. Auf einer Forststraße geht es los, wir passieren Felsen, die an einen Kopf im Profil erinnern. Eine zweite Engstelle geht rasch vorbei, und wir befinden uns in einem weiten, freundlichen Tal, in dem wir 15 Minuten wandern. Dann gelangen wir zu einer massiven Brücke, und hier beginnt endlich die Klamm. Steinstufen und Geländer leiten uns zu einer Aussichtsterrasse bei einem respektablen Wasserfall. Auf gut gesicherter Stiegenanlage besteigen wir jetzt die „Steinerne Stube". Der Gießenbach fließt unterirdisch, ist aber hörbar. Über uns wölbt sich ein mächtiger Fels in Form eines Baldachins. Der Felsblock, auf dem wir stehen, ist als Rastplatz gestaltet und ragt ins Leere hinaus. Aber keine Angst! Er ist so groß, dass wir keine Angst haben müssen abzustürzen. Von unten sieht er wie eine Kanzel aus. Hier muss man einfach eine Pause einlegen, um die Schönheiten der Natur richtig genießen zu können.

Rechts zweigt der Jägersteig nach St. Nikola und Struden ab. Wir aber wandern talaufwärts weiter, denn jetzt wird´s urig: Wir kommen zum „Stillen Stein". Der Bach ist nicht mehr zu hören, wir befinden uns in einem Felskessel, und der Weg sucht seine Fortsetzung zwischen den umherliegenden Felstrümmern. Haben wir das „Herz der Klamm" verlassen, so wird das Tal freundlicher, wir sehen den Bach wieder und steigen hinauf zu einem Wegweiser. Von hier sind es 2,7 km auf dem Höhenweg zurück zum Parkplatz beim Klammeingang. Wir können aber auch auf einem gemütlichen Waldweg, der durch die Rohrtrasse des E-Werkes gebildet wird, 300 m bis zu einem Stausee zurücklegen, der recht romantisch liegt. Hier in der Stillensteinklamm wurde das Problem Naturschutz gegen Stromerzeugung eigentlich optimal gelöst. Durch den Bau des Elektrizitätswerkes bei Struden ist zwar der Gießenbach von November bis April fast wasserlos, die übrige Zeit muss aber tagsüber genug Wasser rinnen. Durch den Bau dieses Werkes konnte der Höhenweg geschaffen werden, und der erwähnte Stausee entstand ebenso. Ein Fels liegt so im Wasser, dass er sich zu einem Herzen spiegelt. Ein wunderbares Fotomotiv!

Auch über die Entstehung der Stillensteinklamm wird folgende Sage erzählt: Vor langer Zeit verunglückte der Müller der Gießenbachmühle. Als auch die Müllerin erkrankte, herrschte große Not. Der Müllersbub wagte sich einmal beim Beerensammeln zu weit in die Schlucht hinein und jammerte, weil er Hunger hatte. Da stand plötzlich eine Fee neben ihm und fragte, was ihn so bedrücke. Er schilderte ihr die Not in der Mühle, worauf ihm die Fee den Korb mit Lebensmitteln und Heilkräutern füllte. Sie versprach ihm weitere Hilfe, nur dürfe er beim Heimweg nicht zurückblicken. Als der Bub ein Stück gegangen war, plagte ihn die Neugier, und er wagte einen Blick nach hinten. Daraufhin hörte er ein fürchterliches Getöse, und sein Korb wurde sehr schwer. Er verließ fluchtartig die Schlucht und konnte zu Hause feststellen, dass sich die Lebensmittel in Edelsteine verwandelt hatten und die Mutter wieder gesund war. Nach einiger Zeit getraute er sich wieder in die Schlucht und fand sie durch Felsblöcke versperrt.

Ausflugsziele in der Umgebung: Grein, „die Perle des Strudengaus", Schifffahrtsmuseum, Theater, Schloss Greinburg.

5. Rinnerberger Klamm *
„Entzücken und Enttäuschung"

Zugang: Von Leonstein 1 km Richtung Grünberg bis zur Hinweistafel der Naturfreunde, dann links in Richtung Pernzell 2 km.

Klammlänge 1.000 m, Höhenunterschied 100 m, Gehzeit 30 min, Markierung 25, ÖK Blatt 68.

Beste Zeit: Frühjahr bis Herbst.

Beschreibung: Das Motto nimmt schon viel von dem vorweg, was uns erwartet. Zunächst wird nur auf einen Wasserfall hingewiesen, erst später auch auf die Klamm. Von der Asphaltstraße zweigt links ein steiler Karrenweg ab, wo auch die gelben Wegweiser stehen. Der Weg führt bergauf, weg vom Wasser – Enttäuschung. Dann geht es bergab zu einer Brücke über einen klammartigen Bach – Entzücken. Doch es geht so weiter: Steil hinauf müssen wir, wir passieren das Eisloch, aus dem es eiskalt „herauszieht", und gelangen zu einem weiteren Steilstück. Nach dieser Passage hören wir bald den Rinnerberger Wasserfall, dessen Höhe wir auf einer 57-sprossigen Metallleiter überwinden. Der 16 m hohe Wasserfall rauscht über eine Hornstein führende Felswand und ist durch Gebüsch etwas verdeckt, was das Fotografieren erschwert. Nun macht sich wieder Enttäuschung breit, das Tal weitet sich, und der Rinnerbach schlängelt sich zwischen Sträuchern und Unterholz dahin. Man ist geneigt umzukehren. Doch nach einer Linkskurve lesen wir ein Schild: „Klamm 1 Min". Also war das, was wir bisher gesehen haben, doch nicht die Klamm! Entzücken! Wir steigen ab und stehen vor einer echten Klamm, aber sie ist nicht begehbar, unglaublich in diesem sonst so freundlichen Waldgebiet. Die 40 m lange Klamm aus härtestem Jurakalk ist ein mächtiges Naturdenkmal mit wunderschönen Auswaschungen. Haben wir noch genügend Kraft, so sollten wir den Weg nach Altpernstein einschlagen. In sechs steilen Kehren erreichen wir die Klammschulter, ohne allerdings einen Blick in die Tiefe werfen zu können. Wir passieren eine kleine Höhle und blicken dann in ein liebliches Tal. In ihm plätschert mitten in saftigen Wiesen der Rinnerbach, von dem man nicht annehmen würde, dass er solch eine tiefe und enge Klamm in jahrtausendelanger Arbeit geformt hat.

Ausflugsziele in der Umgebung: Steyrdurchbruch, Steyrschlucht, „Rinnende Mauer", Nationalpark Kalkalpen, Maultrommel-Herstellung in Molln.

6. Dr. Vogelgesang-Klamm ★★★
„Die schönste und längste Felsenklamm Oberösterreichs"

Zugang: Von Spital/Pyhrn 3 km zum Klammeingang, Hinweistafeln im Ort.

Klammlänge 1.500 m, Höhenunterschied 300 m (ca. 500 Stufen), Gehzeit 45 min, Markierung 2, ÖK Blatt 99.

Beste Zeit: Geöffnet von Mai bis Ende Oktober, Eintrittsgebühr.

Beschreibung: Die Dr. Vogelgesang-Klamm gehört in das Programm eines jeden, der sich im Erholungsgebiet Pyhrn-Priel aufhält. Sie wird als die schönste und längste Felsenklamm Oberösterreichs bezeichnet, seit einiger Zeit sogar als zweitlängste Klamm Österreichs und – es ist zum Schmunzeln – als Felsenschlucht mit Doktortitel! Eine Gedenktafel weist auf den Erbauer der Klamm hin: *„Erschlossen durch den Gemeindearzt Dr. M. Vogelgesang im Jahr 1906."* Dr. Moritz Vogelgesang war auch Obmann des örtlichen Verschönerungsvereins, wie das damals hieß, und man könnte sagen, er sorgte sich um Leib und Seele seiner Mitbürger.

Im immer enger werdenden Tal befinden sich mehrere Parkplätze, dann geht es bei einer Schwefelquelle vorbei, und in 15 Minuten ist man beim Haus des Klammwartes. Noch ein paar Schritte im weiten Tal, dann wird es eng. Wir sehen die erwähnte Tafel, die uns berichtet, dass zwei Jahre nach dem – damals nur teilweisen – Ausbau die Klamm durch Hochwasser zerstört und erst in den Jahren 1926 und 1927 neu ausgebaut wurde. Eine lange gerade Stegstrecke, dann zwei Brücken, wo wir noch Traversen-Reste des zweites Ausbaues sehen, wieder auf der linken Seite gerade weiter. Wir erkennen gut die glatt geschliffenen Auswaschungen im Felsen, sehen die vier Wasserfälle, müssen immer wieder bergauf, überqueren den Bach und gelangen allmählich zum Klammende. Nun folgt ein gemütlicher, aber doch fel-

Dr. Vogelgesang:
Der Doktor für
Leib und Seele

Keine Klamm, sondern ein großartiges „Waschbecken"

siger Waldweg, neben dem Bretter und andere Materialien bereitgehalten werden, die zur Instandsetzung der Stege und Leitern benötigt werden. Mit einer Seilbahn werden sie von der Straße in das Tal heruntergebracht. Bevor es nun in steilen Kurven mit Seilsicherung hinauf zur Straße geht, sei noch auf einen Baum hingewiesen, der bei der Einmündung eines Baches steht. Eine doppelstämmige Buche umklammert mit ihren Wurzeln einen Felsen, und man wundert sich, woher der Baum seine Nahrung, seine Kraft nimmt. Will man den Aufstieg kurz unterbrechen, so lohnt ein Abstecher zu einem hörbaren, aber zunächst nicht sichtbaren Wasserfall, über den sich ein Steg spannt. Noch 5 Minuten, und wir sind auf der Straße zur Bosruckhütte, die in einer Viertelstunde erreichbar ist. Zurück geht es dann auf dieser Straße zu den Parkplätzen. Bei Nässe ist dieser Abstieg unbedingt zu empfehlen, sonst ist der Abstieg durch die Klamm natürlich interessanter.

Ausflugsziele in der Umgebung: In Spital/Pyhrn sind die Kirche und das Felsbildmuseum im anschließenden Stiftsgebäude unbedingt sehenswert, daneben möchte ich aber auf zwei Besonderheiten in der Umgebung hinweisen, denen man unbedingt einen Besuch abstatten sollte. Der Gleinkersee, auf einer schmalen Straße von Spital aus zu erreichen, ist ein wunderschöner, klarer, warmer und unverbauter Badesee, der im Schatten des Warschenecks still und verträumt da liegt. Eine kleine Sensation ist aber der in Rossleithen befindliche Pieß-ling-Ursprung, die größte Karstquelle der Ostalpen, die je nach Jahreszeit 300 bis 2.000 Liter/Sekunde abgibt. Aus einem 60 m tiefen natürlichen Felsschacht quillt kristallklares Wasser hervor und liegt dann scheinbar ruhig in einer schalenförmigen Höhle. Wirft man aber ein Steinchen ins Wasser, so stellt man erstaunt fest, dass es nur langsam und fast taumelnd zu Boden fällt, da das emporströmende Wasser ein schnelles Sinken verhindert. Das gewaltige Aussehen erhält die größte Steigquelle der Nördlichen Kalkalpen aber durch eine mächtige Felswand, die sich über dem Pießling-Ursprung erhebt. Dieses Naturdenkmal sollte sich niemand entgehen lassen! Von Rossleithen aus ist man in 20 Minuten bei der Quelle.

Von Rossleithen sieht man hinüber zum Panoramaturm auf dem Wurbauerkogel in Windischgarsten. Sessellift, Sommerrodelbahn und Alpine Coaster sind zusätzliche Attraktionen für Kinder.

7. Kaltenbachwildnis ★★

„Etwas ganz Anderes"

Zugang: Von Gmunden an der Ostseite des Traunsees bis zum Gasthof Hoisen 5 km, 100 m vor dem Ende der Straße ist linker Hand der Aufstieg, von dort bis zum Beginn der Kaltenbachwildnis noch 45 min.
Länge 500 m, Höhenunterschied 200 m, Gehzeit 30 min, Markierung 416, ÖK Blatt 66.
Beste Zeit: Frühjahr bis Herbst.
Beschreibung: Die Kaltenbachwildnis war eine der größten Überraschungen auf der Suche nach Klammen und Schluchten. Das Faszinierende an ihr liegt in der Tatsache, dass man zwischen dem Klotz des Traunsteins und dem Traunsee niemals einen derartig großartigen Talkessel – so tritt nämlich die „Wüdnis" in Erscheinung – erwarten würde.

Von der Straße geht es in steilen Kehren bergauf, doch bald lacht uns ein nettes Hinweisschild mit der Inschrift *„Kaltenbachwildnis"* entgegen. Der Wanderer ist verwundert, stand doch am Beginn des

Weges: 1 Stunde. Wir erreichen eine Schotterstraße, die einen bequemen Aufstieg im ersten Teil ermöglicht, da sie vom Ende der Traunseeuferstraße allmählich an Höhe gewinnt. Jenseits der Straße und dann noch zweimal locken wieder Hinweisschilder, und man hat den Eindruck, sie sollen den vielleicht müde gewordenen Wanderer sein Ziel nicht vergessen lassen. Nachdem der Steig (für Geübte) auf den Traunstein abgezweigt ist, gehen wir durch einen stillen Wald, und zwischen den Bäumen lugt das helle Gestein des „Wächters über dem Traunsee" hindurch. Auch wir müssen noch ein unangenehmes Steilstück überwinden, bis wir den Punkt erreicht haben, von wo wir den ersten Einblick in den Kessel der Kaltenbachwildnis tun können. Noch einen „Stock" höher müssen wir, dann aber haben wir eine Rast verdient. Ein Bankerl abseits des Weges lädt zum Schauen ein. Der Traunsee und das Höllengebirge liegen majestätisch vor uns. Die Augen trinken sich satt an solcher Schönheit, und wir erkennen, dass das Salzkammergut wirklich eines der schönsten Landschaftsgebiete Europas ist. Doch weiter! Vorbei an einem Holzhäuschen, das den Alpinisten dient, betreten wir von oben den grandiosen Kessel der Kaltenbachwildnis. Ein sicherer und bequemer Weg, in Serpentinen angelegt, teilweise betoniert, führt uns langsam zu Tal. Von der ersten Bank erblicken wir eine Felsnadel, an deren Spitze Eisenklammern zu sehen sind. Andere Felsformationen erinnern an die geheimnisvollen Köpfe der Osterinsel, einer an General de Gaulle. Der Kaltenbach stürzt über eine Felswand und versickert nach kurzer Zeit. Wir überschreiten eine kleine Brücke, entdecken jene Stelle, die klammartigen Charakter aufweist, um die Aufnahme in dieses Buch zu rechtfertigen, falls diese Schlucht überhaupt einer Rechtfertigung bedarf. Ein „Blick zum Adlerhorst" wird uns angekündigt. Inzwischen haben wir schon viel an Höhe verloren und stehen mitten im Talrund, die bizarren Felsformen umgeben uns fast von allen Seiten. Im Süden ragen die höheren, helleren und in der Sonne strahlenden Abhänge des Traunsteins über die dunkleren Vorberge empor.

Bei der ersten Steinschlagtafel erkennen geübte Augen links eine interessante Felsbildung. Unter einer Felsbrücke hat sich ein Block so aus der Wand gelöst, dass das Gestein wie ein Tor mit einer Scheinarchitektur aussieht. Wir durchschreiten einen Tunnel, nehmen dankbar ein Schutzdach gegen Steinschlag wahr und gelangen an den Fuß jenes Felsturmes „Adlerhorst". Hier findet man meist Kletterer, und man sieht auch die vielen Haken im Fels. Bald sind wir wieder auf der oben erwähnten Schotterstraße. Wir überqueren noch einmal den Kaltenbach, der uns als kühle Quelle erfrischt. Bald haben wir wieder den Wanderweg erreicht. Ein unvergesslicher Rundgang hat sein Ende gefunden. Bei weiteren Besuchen der Kaltenbachwildnis zog ich es jedoch vor, die Wanderung in der anderen Richtung zu machen. Erstens ist der Anstieg leichter, weil er länger und weniger steil ist, und zweitens ist die überraschende Aussicht auf den Traunsee und seine Umgebung beim Verlassen der Kaltenbachwildnis ein wunderbares Erlebnis.

Ausflugsziele in der Umgebung: Unbedingt empfehlenswert, besonders mit Kindern, ist der am Traunseeufer auf und ab führende Miesweg, der zur Lainaustiege führt. Dort erreicht eine gewaltige, meist wasserlose Schlucht den Traunsee. Als Rückweg schlage ich die Forststraße durch die zwei Tunnel vor. Ein erlebnisreicher Abschluss eines abenteuerlichen Tages!

8. Die Hölle (Mühlbachschlucht) ★★

„Hallstatt – einmal anders"

Zugang: Von Hallstatt 60 min, (eventuell Seilbahn).
  Klammlänge 500 m, Höhenunterschied 300 m, 1 st, ÖK Blatt 96.
Beste Zeit: Frühjahr bis Herbst.
Beschreibung: Die „Hölle" in Hallstatt ist ein Stiefkind unter den Sehenswürdigkeiten. Wenige Urlauber machen sich die Mühe, dieser interessanten Schlucht einen Besuch abzustatten. Man blickt zwar von den Parkplätzen der beiden Tunnelstraßen auf den Mühlbach und seinen imposanten Wasserfall im unteren Teil der „Hölle", doch mehr Beachtung wird dieser Schlucht nicht geschenkt, dabei gibt es in ihrem Umkreis eine Fülle von interessanten Gegebenheiten. Zunächst sollte uns die Tatsache klar werden, dass Hallstatt seine Existenz dem Mühlbach verdankt. Dr. Friedrich Morton schreibt darüber: *„Ganz ungeheuer sind die im Laufe der Zeit vom Mühlbache herabgebrachten Schuttmengen. Der höchste, ungefähr 75.000 bis 85.000 m³ umfassende Teil des Schuttkegels trägt den Marktplatz und die angrenzenden Häuser, das übrige liegt unter dem Seespiegel."*

  Um die Schönheiten dieser Klamm besser kennen zu lernen, sollten wir auf die bequeme Auffahrt mit der Standseilbahn verzichten und einen etwas beschwerlichen Rundweg in Kauf nehmen. Der Aufstieg beginnt – welch eine Versuchung! – neben der Seilbahn, führt zu einer Brücke und überwindet dann die 300 Höhenmeter in vielen Serpentinen, wobei ich zugeben muss, dass wir bei diesem Teil der Wanderung mit der „Hölle" nicht mehr in Berührung kommen. Trotzdem gibt es eine Reihe von Überraschungen: ein Salettl, genannt „Zur alten Hallstatt" (= Salzstätte); den „Geschriebenen Stein", der vermeldet, dass *hie hat gerast der hohlöblich rö kunig maximilia alls er gangen ist die saltzperg zu besehen den 5. tag januarj Ao 1504";* den Franz-Josef-Stollen, der am 13. Oktober 1856 von Kaiser Franz Joseph I. „aufgeschlagen" wurde (er ist der unterste Salzbergstollen und liegt nur 735 Meter über dem Meeresspiegel).

Wir passieren einige Bergbauanlagen und sehen die letzten der unzähligen Steinschlag- und Lawinenschutzbauten, die Hallstatt vor Zerstörungen bewahren. Ein Ablassen von Steinen ist strengstens verboten! Nach einer Stunde Gehzeit erreichen wir den Rudolfsturm, einen alten Wehrturm, der zu einem Restaurant umgebaut wurde. Von hier aus eröffnet sich uns eines der großartigsten Bilder von der Umgebung Hallstatts.

Hier auf dem Salzberg treffen wir den großen Touristenstrom, dem wir uns zunächst bestimmt anschließen. Nach Besichtigung der Sehenswürdigkeiten (Gräberfeld, Salzbergwerk) verlassen wir die Massen wieder und steigen neben dem Aufgang zum Rudolfsturm zum Soleleitungsweg ab. Hier sieht man auf einem blauen Würfel km 0 des Weges. Bald begleiten uns die Röhren der Soleleitung, die die Sole in das rund 40 km entfernte Ebensee zur Saline bringen. Von einer Brücke sehen wir die Falkenhayn-Sperre, eine der zahlreichen Sperren, die anlässlich der großen Mühlbachverbauung errichtet wurden. Nun liegt die „Hölle" unter uns, eine wilde Klamm mit großen Felsblöcken. Über Steinstufen geht es hinab, einmal blicken wir in den Ort und zum See, dann wieder lernen wir das Gruseln, wenn wir das brausende Wasser des Mühlbaches betrachten. Wir passieren noch zwei Förderstollen, dann biegt der Soleleitungsweg in nördlicher Richtung ab. Nach kurzer Zeit verlassen wir auch ihn und steigen über die Marienruhe in den Ort ab. Wir gelangen direkt zum Friedhof und seinem berühmten Karner, der ja angelegt wurde, weil der Friedhof zu klein war und die Toten nach einer bestimmten Zeit exhumiert wurden. In dem „Seelenkammerl", wie er auch genannt wird, liegen neben Beinknochen rund 1800 Schädel, gebleicht und verziert.

So bieten uns die „Hölle", von der man annimmt, dass sie einst ein Kultplatz der Kelten war, und der Mühlbach, der noch im vergangenen Jahrhundert Mühlen betrieb, einen unvergesslichen Tag abseits des Touristenstroms.

Ausflugsziele in der Umgebung: Hallstatt ist Weltkulturerbe- und Naturerbegebiet! Krippenstein mit Dachsteinseilbahn, Gosauseen usw.

9. Waldbachstrub ★★★

„Im rauschenden Talkessel"

Zugang: Von Hallstatt über Lahn ins Echerntal 2 km, dann noch 45 min. Markierung rot, Malerweg 641, ÖK Blatt 96.

Beste Zeit: Frühjahr bis Herbst.

Beschreibung: Der Waldbachstrub ist eine Wasserfallklamm, die jeder Hallstatt-Besucher kennen lernen sollte. Der Zugang durch das Echerntal mit seinen steil aufragenden Wänden ist allein schon ein Erlebnis. Wir wollen den Waldbachstrub genau kennen lernen, gehen daher in der Nähe des Simony-Denkmals den Malerweg und steigen dann zum wieder hergerichteten Gletschergarten auf. Diese Landschaft ist unbedingt sehenswert, vor allem das Felsentor ist großartig. Wir erreichen die Forststraße, passieren einen Tunnel, werfen einen Blick zurück auf das Echerntal und den Hallstätter See und erreichen nach 45 Minuten den Waldbachstrub. Über die wilde Klamm und ihre Wasserfälle spannt sich eine Brücke, von der wir wieder eine großartige Aussicht genießen. Von hier aus könnte man einen Abstecher zum Waldbachursprung unternehmen, einer Karstquelle, die aus einer niedrigen Felsnische hervorbricht und gleich darauf in Kaskaden zu Tal stürzt. Das Wasser des Waldbachs kommt, so sagen einige Wissenschafter, vom Hallstätter Gletscher, andere meinen, dass ein Teil des Hinteren Gosausees unterirdisch zum Waldbachursprung abfließt, was ungefähr eine Woche dauert. Haben wir uns an der wilden Schönheit des Waldbachstrubs satt gesehen, so bleiben uns zwei Möglichkeiten zur Rückkehr: Entweder der Weg durch den Gletschergarten zum unteren Teil des Waldbachstrubs oder der schönere, aber nur für Trittsichere und Schwindelfreie empfehlenswerte Rückweg: noch 5 Minuten weiter auf der Straße, bis rechter Hand der wildromantische und kühn angelegte Gangsteig abzweigt. Sind Kinder vorsichtiges Gehen gewohnt, so können sie diesen durch Geländer und Seile abgesicherten Steig ohne weiteres begehen. Nach Durchquerung der Wand gelangen wir ebenfalls in den tobenden Kessel des Waldbachstrubs. Fast 100 m hoch ist der dreiteilige Wasserfall in der Klamm. Rechts davon bildet der Lauterbach einen Schleierfall, und zwischen den beiden Fällen geht nach Regenwetter noch ein dritter Wasserfall nieder. Ein Flecken, den man nie mehr vergisst, noch dazu, wo die Gemeinde Hallstatt Interessantes aus Natur und Kultur in vorbildlicher Weise beschildert hat: Am Malerweg den von Karren bedeckten Felsblock, den der Dachsteinforscher Simony den „Runenstein des Echerntales" benannt hat, den Kreuzstein, auf den früher eine Leiter zu einem Holzhäuschen geführt hat und an dessen Vorderseite eine große „bescheidene" Tafel an einen Forstrat erinnert; das Eulenloch u. a. Hallstatt hat mehr zu bieten als die einzigartige Lage des Ortes und das Salzbergwerk.

Ausflugsziele in der Umgebung: Hallstatt, Krippenstein mit Dachstein, Gosauseen.

Kurzbeschreibungen kleinerer Klammen

MÜHLVIERTEL

10. Sausende Schlucht *

Die Sausende Schlucht bei Peilstein im Mühlviertel hat wohl den schönsten aller Namen von ganz Österreich. Leider hat die Schlucht in den letzten Jahren so viel an Wasser verloren, dass es dort nicht mehr saust, aber trotzdem einen Besuch wert ist. Es gibt nämlich dort bei Flatting mehr zu sehen und zu erleben: Es führt ein Vogelstimmenweg durch die Schlucht, bei dem Feldlerche, Buchfink, Zaunkönig, Wintergoldhähnchen, Goldammer und Gimpel aus Vogelhäusern ertönen, nachdem man auf einen Schalter gedrückt hat. Der Weg durch die Schlucht ist nett, aber nicht aufregend, am Ende befinden sich ein steinerner, schmaler Tisch und eine Bank, eigentlich zwei Straßen-Randsteine, dann liest man auf einer Tafel eine Sage von der Entstehung der Schlucht, auch „Höll" genannt. Doch zurück zum Beginn: Dort steht auf einer Holztafel Folgendes: *„Das RAD (Reichsarbeitsdienst)-Lager Peilstein wurde hier 1939 errichtet und 1943 mit 11 Baracken fertig gestellt. 200–500 Jungmänner wurden hier in halbjährigen Turnussen im Gebrauch und Umgang mit Waffen ausgebildet und dann der Wehrmacht überstellt. Beim Einmarsch der US-Truppen am 1. Mai 1945 wurde das Lager in Brand geschossen und zerstört."* Darunter sieht man einen Lageplan des Lagers. In dieser friedlichen Landschaft zwischen Vogelgezwitscher und Bachrauschen – Erinnerungen an den Zweiten Weltkrieg.

11. Pesenbachtal *

Das Naturschutzgebiet Pesenbachtal nördlich von Bad Mühllacken birgt eine Fülle von Naturschönheiten, darunter eine „schwarze Klamm", die jedoch nicht wirklich sehenswert ist. Bald nach dem Parkplatz, der sich beim Waldbad befindet, gelangen wir zur Heilig´ Brunn Kapelle, in der die Geschichte der Entstehung von Bad Mühllacken erzählt wird. Wir überqueren eine Brücke, die am 12. August 2002 durch Hochwasser zerstört und wieder errichtet wurde. (Dieses Datum haben wir doch schon in den Lammeröfen gelesen!) Übrigens kommt Pesenbach vom „bösen Bach"! Im zweiten Teil der Wanderung häufen sich die Attraktionen: der „grüne Tümpel", ein 5 m breites Becken unter einem Wasserfall, dann die „schwarze Klamm", eine Engstelle, die leicht zu übersehen ist. Bald kommt der erste Höhepunkt: die „blaue Gasse". Zwischen Granitwänden entdeckt man bläuliches Basaltgestein, das, weil es weicher ist, ausgeschwemmt wurde und eine Rinne hinterließ, der Teufelsboding (Bottich), von dem man früher sagte, der Teufel bade hier seine Hexen. Die Felsformationen „Gaißkirche" und „Steinernes Dachl" erfreuen unser Auge, und schließlich gelangen wir nach mehr als 5 km zum Höhepunkt des Tales, dem 12 m hohen Kerzenstein, der an der engsten Stelle nur 2,5 m breit ist. Es ist sehr selten, dass sich im Granit so eine hohe Säule bildet. Nur Kletterer können da hinauf und sich oben ins Gipfelbuch eintragen. In der Heilig´ Brunn Kapelle steht geschrieben: *„Danket Gott für dieses Tal!"* Dem kann man nur beipflichten!

12. Gießenbachklamm

Da war man in der Stillensteinklamm, geht bis zum Auwirt weiter und dann noch 100 m darüber hinaus und findet nach einer Brücke den Hinweis auf die Gießenbachklamm. Voll Hoffnung auf eine schöne Fortsetzung geht man auf asphaltierter Straße und erreicht bald eine weitere Tafel. Aber ach, das weite Tal mit dem verblockten Bach ist eine Enttäuschung. Durch Hochwasser noch zerstört, keine Brücke. Auf der anderen Seite ist an einem Baum eine Tafel: Wasserfall. Das ist notwendig, denn sonst hätte ich ihn übersehen. Lieber zurück in die Stillensteinklamm!

ENNSTAL, STEYRTAL

13. Triftsteig in der Großen Schlucht im Reichraminger Hintergebirge ★ ★ ★

Es gibt ein Schluchtenparadies in Österreich – fernab der Zivilisation, einsam, fast unberührt: das Reichraminger Hintergebirge. In den Achtzigerjahren des vorigen Jahrhunderts tobte dort ein Kampf zwischen Kraftwerksbauern und Kanonenschießplatz-Planern einerseits und Naturschützern andererseits. Gott sei Dank konnte diese großartige Landschaft gerettet werden. Herzstück darin ist die Große Schlucht, in der der alte Triftsteig im Jahr 1987 revitalisiert wurde. Aber Achtung! Er ist ein Klettersteig, auf eigene Gefahr zu begehen, und er birgt eine Fülle von heiklen Stellen, die Ungeübte in Gefahr bringen können. Glücklicherweise sind die beiden Einstiege schon Kriterien; wer sie schafft, wird wahrscheinlich auch die Felswände, den Kamin mit den Seilen zu beiden Seiten, die Tritteisen und die schmalen, absturzgefährdeten Stellen schaffen, die ihn zum Triftsteigbuch führen. In den bewaldeten Abschnitten kann man das wunderbar glasklare Wasser genießen, dann wieder die verrosteten Traversen des alten Triftsteiges sehen. Heute sind 2,5 km Seil und 550 Eisenhaken in der anspruchsvollen Steiganlage verarbeitet. Nun aber ist die Begehung nicht das einzige Hindernis, fast noch problematischer ist die Frage, wie man zur Großen Schlucht gelangt. Von Reichraming sind es 18,5 km Forststraße, der andere Zugang über Altenmarkt, Unterlaussa, Mooshöhe nach Weißwasser – ab hier Fahrverbot für PKW – ist für Radfahrer anstrengend, Wanderer müssen dafür ab Weißwasser noch 4 km auf der Forststraße gehen. Wenn man aus dieser Richtung kommt, ist der Einstieg leicht zu übersehen. Kurz nach dem Schleierfall zweigt vor einer Brücke und einem Tunnel der Steig nach rechts ab. Für die Begehung des Triftsteiges braucht man rund 90 Minuten, da der Große Bach in vielen Kurven fließt, aber dafür schöne Fotomotive liefert. Der Rückweg durch die drei Tunnel dauert unglaublicherweise nur eine Viertelstunde, bei einem vierten (versperrten) Tunnel liegen noch zur Erinnerung an die Waldbahn ein paar Meter Schienen. Seit ein paar Jahren gibt es aber in Reichraming an der Zufahrtsstraße in das Hintergebirge einen Fahrradverleih, bei dem man sich allerdings anmelden muss. Außerdem muss man beachten, dass die Forststraße nur vom 15. April bis 31. Oktober ganztägig befahrbar ist, allerdings erst 2 Std. nach Sonnenaufgang bis 1 Std. vor Sonnenuntergang.

Ein paar Sätze noch zur Geschichte dieses Gebietes. Schon 1604 wird die Große Klause erwähnt. Sie befindet sich vier Kilometer vor der Großen Schlucht. Ein kurzer Halt bei dieser kurzen Klamm ist empfehlenswert. Seit dem 14. Jahrhundert bis zum Jahr 1936 gab es den Holztransport auf dem Wasserweg, seit 1920 ratterten die Waldbahnzüge durch die Täler, bis am 2. Juni 1971 das endgültige Aus für die Bahn feststand. Nun wurden die Straßen verbreitert, die Tunnel erweitert – und die „Romantik" war dahin. Aber etwas Paradiesisches ist trotzdem geblieben!

14. Kesselfallklamm

In Losenstein im Ennstal gibt es den Nagelschmiedweg, der uns in zehn Stationen zu Schmieden bringt, in denen im 16. Jahrhundert über 1000 Meister, Gesellen und Lehrlinge in einer Woche 4,5 Mio. Nägel schmiedeten. Im Jahr 1956 ging der letzte Nagelschmied in Pension. Ein kurzes Stück des eineinhalbstündigen Weges führt durch die Kesselfallklamm unterhalb eines kleinen Stausees. Leider hat das schreckliche Hochwasser im Sommer 2005 große Verwüstungen entlang des Weges angerichtet.

15. Notklamm im Klausgraben

Die Notklamm am Ende des Klausgrabens bei Losenstein kann Ziel eines kleinen Spazierganges sein. Es geht flussabwärts neben der Bahn zu einem Bauernhof, von wo man auf den Ort, seine Ruine und die Enns blicken kann. Eine Tafel warnt, dass dies ein anspruchsvoller Steig im Naturschutzgebiet ist. Es ist alles ziemlich verwachsen, Holzstufen führen zu Felsen, an denen Seile befestigt sind. Dann kommt schon der Höhepunkt: An der engsten Stelle der Klamm führt eine Brücke an das andere Ufer, dann geht es im wilden Graben hinauf. Am oberen Ende des Tales gibt es einen Wasserfall, schöne Felsszenerien und die Nixhöhle („Nix" ist die Bergmilch). Auf asphaltierter Straße geht es wieder nach Losenstein zurück.

16. Höll-Leitenbach – Wasserfall ✳

Im Pechgraben, nordwestlich von Großraming, findet sich auf der Straße nach Laussa auf der linken Seite der bescheidene Hinweis: „Wasserfall, 30 min". Von einem Parkplatz ist man in 15 Minuten bei einer sehenswerten kleinen Klamm mit wunderschönen Auswaschungen und einer Holztreppe. Doch wenn man hier in der Gegend ist, muss man sich unbedingt das Buchdenkmal ansehen: eine geologische

Eine unbekannte
Liebenswürdigkeit

Sensation. Mitten im Flyschgestein stehen hier Granitblöcke. Ich zitiere aus der Informationstafel: *„Die grobkörnigen Granitblöcke sind in diesem Gebiet fremdartiges Gestein. Im Gegensatz zu den Sedimentgesteinen der Umgebung, die aus Meeresablagerungen gebildet wurden, ist der Granit durch Erstarrung geschmolzener Gesteinsmassen im Erdinnern entstanden. Nach unserem heutigen Wissen wurde diese Granitscholle etwa aus dem Raum der Zentralalpen vom Untergrund mitgerissen, als bei der Bildung der Alpen die Sedimentgesteine der Nördlichen Kalkalpen über die Zentralalpen hinweg aus dem Süden in ihre heutige Lage geschoben wurden.“* Mitgerissen? Ich bin etwas ratlos! Eine monumentale Inschrift gedenkt des Forschers Leopold von Buch, der aber für diese martialische Huldigung nicht verantwortlich ist. Sie wurde drei Jahre nach seinem Tod in den Fels gehauen.

17. Steyrdurchbruch *

Die Steyr durchbricht 3 km nordöstlich von Klaus in einer 45 m tiefen Konglomeratschlucht in einer Länge von 1 km das Bergland, das aus Hauptdolomit besteht. Dieser Durchbruch, das sei vorweggenommen,

Leider nur ein Blick
von der Brücke!

Das Jugendstil-Kraftwerk in der Schlucht

ist nicht begehbar, aber er lohnt einen Besuch, da beim Neuausbau der Steyrtal-Landesstraße in den Jahren 1968/69 eine Aussichtsterrasse angelegt wurde. Auf einem Gedenkstein, der anlässlich der Brückeneröffnung aufgestellt wurde, steht viel Interessantes über die Entwicklung dieses Verkehrsweges. Die Tiefgrabenbrücke der ehemaligen Steyrtalbahn (Steyr – Klaus) wurde 1908 errichtet und 1991 restauriert. Sie dient heute als Wander- und Radweg, da man die Trasse der Bahn nach ihrer Einstellung als bequemen Radweg umgestaltet hat. Im Gegensatz zu den „modernen Brücken" liegt das alte Elektrizitätswerk aus dem Jahr 1908 fast schüchtern im Tal der Steyr. Es ist köstlich, wie es sich, einem Schlösschen gleich, mit einer überdimensionalen Rutsche, einem Fischsteig, einem dunklen, bedrohlichen Rohr und anderen Anlagen in das Tal drückt und nicht auffallen möchte. Was ich jetzt emotional so beschrieben habe, ist ein Bauwerk des Jugendstils und ein Architekturjuwel europäischen Ranges. Wer aber Steyrdurchbruch und E-Werk in ganzer Schönheit sehen möchte, der muss in die Mitte der Straßenbrücke gehen, dort liegt beides, Natur und Technik, majestätisch vor ihm. Die Aussichtsterrasse genügt leider nicht!

18. Steyrschlucht *

Im Familienferiendorf Molln, das im Nationalpark „Kalkalpen" liegt, wurde in den Neunzigerjahren des letzten Jahrhunderts ein Naturwanderweg entlang der Steyr flussabwärts angelegt. Er beginnt bei der großen Brücke über den Fluss neben dem Gasthaus Roidinger, erfordert ein bis zwei Stunden Gehzeit, wobei es bergauf und bergab geht – gutes Schuhwerk und Trittsicherheit sind unbedingt erforderlich – und endet beim Flötzersteig oder bei dem Naturwunder „Rinnende Mauer". Doch davon später! Mehrere Tafeln erzählen uns Interessantes über das Steyrtal: *„Sie sind hier am richtigen Weg, in kurzer Zeit werden Sie am Fluss sein – an der Steyr. Man meint dort, eine eigene Welt zu betreten. Eine Welt voll Rauschen und Vogelgezwitscher, mit urigen Farnen und knorrig-verwurzelten Bäumen. Tief eingeschnitten und begrenzt von unzugänglichen Konglomeratwänden, als habe die Steyr sich aus Angst vor allzu häufigen Besuchen dort verstecken wollen. Gehen Sie mit offenen Augen durch die Schlucht, und gehen Sie behutsam um mit ihr."* Und tatsächlich – die „Konglomerat-Baldachine" mit ihren gelben Flechten, Zeichen von sauberer Luft, das klare Wasser der Steyr, das frische Grün der Bäume, all das tut der Seele gut, während sich der Körper abmüht, denn der Weg ist keine bequeme Flusspromenade. Gelangt man zur Brücke über die Krumme Steyrling, wo der Flötzersteig nach Molln abzweigt, so ist eigentlich der Schluchtweg zu Ende, denn nun geht es steil bergauf zur Talschulter, aber man sollte trotzdem weiter gehen, denn nach mehreren herrlichen Tiefblicken zur smaragdgrünen Steyr gelangt man zu einem außergewöhnlichen Naturphänomen, zur „Rinnenden Mauer". Hier befindet sich in einer 50 m breiten und 7 m hohen, überhängenden Konglomeratwand – übrigens, die Nachbarwand vorher ist vor kurzem eingestürzt, die Trümmer müssen umgangen werden, und meine Überlegungen, ob diese Wände auch so fest wie andere Felswände sind, bekommen neue Nahrung – eine wasserundurchlässige Schicht, so dass das Wasser in vielen Öffnungen zutage tritt und im Winter zur Eiswand wird. Unterhalb sprießt saftiggrünes Moos, und auch andere seltene Pflanzen haben hier ihr Zuhause. Am Nachmittag blitzen die Wassertropfen in der Sonne und der Eisvogel versteckt sich vor den Besuchern. Es ist dies die einzige Stelle, wo das Wasser aus der Schluchtwand kommt, es ist auch generell nichts Vergleichbares bekannt. Ihr Glück und unser Problem ist die schwere Erreichbarkeit, obwohl Markierungstafeln den Weg hin und zurück gut anzeigen. Auf jeden Fall sollte man in Molln die Erlebnisausstellung „Verborgene Wasser" im Nationalparkzentrum und die Maultrommelherstellung im Schaubetrieb Wimmer besuchen.

19. Heindlbödenschlucht *

Für den oberösterreichischen Wanderer sind die Heindlböden ein Begriff. Von der Steyrbrücke in St. Pankraz/Kniewas (beim Wilderermuseum) auf der Straße nach Hinterstoder zweigt nach 300 m rechts ein Karrenweg ab, der ins Weißenbachtal leitet. In rund einer Stunde erreicht man dann einen teilweise verwachsenen Steig, der allmählich zur Höhe leitet, Felsnasen umgeht, wegen Rutschgefahr Seilsicherung bietet und uns zu einer Leiter bringt, die uns ins Tal zurückführt. Zunächst in der Schlucht über zwei Stege, dann sehen wir das Steigbuch. Die anschließende Klamm ist leider nicht erschlossen. Eine wilde, einsame und anstrengende Angelegenheit!

20. Stromboding *

Auf der Straße von Klaus bzw. St. Pankraz (Wilderermuseum!) bei Windischgarsten nach Hinterstoder passieren wir den sehenswerten Wasserfall Stromboding. Von einem Parkplatz aus führt ein kurzer Weg zu der Schlucht, in der ein riesiger Felsblock mitten im Flussbett liegt. Darunter stürzt die Steyr in einem 7 m hohen Fall in den brodelnden Tumpf. Seit dem Jahr 1993 muss man sich nicht mehr mit der Aussichtsterrasse begnügen, da die Brückenmeisterei den Flötzersteig errichtete, und so kann man in 15 Minuten zur Kreidelucken gelangen. Diese über 1000 m lange Höhle, nach Bergmilchablagerungen benannt, kann in ihrem vorderen Teil mit etwas Vorsicht begangen werden. Es ist jene Stelle, so berichtet die Sage, wo der Teufel in die Erde fuhr, nachdem er vergeblich versucht hatte, das ganze Stodertal zu ertränken. Der Tritt, den der Teufel hinterließ, ist wahrscheinlich schwerer zu finden als die Kläranlage Hinterstoder am anderen Ufer der Steyr, die dem Gewässer die wunderbare Qualität sichert.

Salzkammergut

21. Rettenbachwildnis (-klamm) *

Im Rettenbachtal, südöstlich von Bad Ischl, durch das man eine lange und ruhige (Rad-)Wanderung über die Blaa-Alm nach Altaussee unternehmen kann, befindet sich bei der Rettenbachmühle eine kleine Klamm, die Rettenbachwildnis, die man von einer Holzbrücke in ihrer ganzen Länge betrachten kann. Kleine Wasserfälle, schöne Auswaschungen und das klare Wasser erfreuen das Auge. Einen kleinen Abstecher ist sie wert. Von der Rettenbachalm führt der Weg weiter entlang der Soleleitung durch einen Tunnel, wo sich auch eine markante Engstelle befindet.

22. Zimitzwildnis

Die Zimitzwildnis, erreichbar auf einer Straße ab der ersten Autofahrerkirche Österreichs „Maria an der Straße" in Pfandl bei Bad Ischl, ist zunächst ein weites, schluchtartiges Tal, von dem aber, jetzt auf einer Forststraße, bei einer Bank links ein Steig in die Klamm abzweigt. Kurz, aber eindrucksvoll ist die Enge, an deren Ende eine Staumauer zum Schutz gegen Hochwasser steht. Ein paar Meter weiter am Hauptweg führt wieder ein Steig zu einem Aussichtsplatzerl in die Klamm. Nach kurzer Zeit teilt sich das Tal: Rechts führt der Weg auf den Leonsberg, und links gelangt man zur Eiskapelle, die aber nicht mehr die Mühe des Aufstiegs lohnt. Man erzählt, dass im Sommer 1912 oder 1913 so viel Eis für die Kühlschränke des Kaiserhofes in Bad Ischl zu Tal gebracht wurde, dass der mächtige Lawinenrest, der die Form einer Kapelle angenommen hatte, verschwand.

Interessant ist die Sage, die an einen gar nicht auffälligen Felsen kurz nach dem Schranken der Forststraße gebunden ist. In einer Felsnische steht eine Muttergottesstatue. Am Heiligen Abend um 24 Uhr öffnet der Zimitzgeist diese Felsnische, „Schlüsselloch" genannt, die Felsen gehen auseinander, und man kann aus ihnen Gold holen. Einheimische beteuern, dass sich das bis jetzt noch niemand getraut habe, während der alte Kalkbrenner Eisl – er ist schon verstorben – mir versicherte, dass ihm schon der Zimitzgeist begegnet sei.

23. Dittelbachwildnis

Angenommen, Sie wollen mit der Zahnradbahn auf den Schafberg fahren, müssen aber, was in der Hochsaison leicht möglich ist, über eine Stunde warten, bis Sie einen Platz bekommen. Was tun Sie? Folgen Sie der Zahnradbahntrasse ungefähr 600 m, bis Sie zum Weg zur Hupfmühle gelangen. In 5 Minuten sind Sie weg vom Trubel St. Wolfgangs. Von Norden kommen die Rieder Wasserfälle herab und suchen sich brausend und lärmend den Weg zum Wolfgangsee. Auf der anderen Seite der Jausenstation kann man den Bach 100 m weiter verfolgen, bis man zu einem Katarakt gelangt, der ein Weiterkommen unmöglich macht. Unter einem Felsen ist ein Rastplatz mit zwei Steinbänken eingerichtet. Der Sage nach waren die Hupfmühle und die ihr gegenüberliegende Lebzeltermühle einst Zollhäuser, in denen Schmuggler ihre Lager errichteten und die Grenze zwischen Salzburg und Oberösterreich, die ja hier verläuft, kontrollierten. Aber in alten Urkunden steht nichts darüber. Aber jetzt zurück zur Zahnradbahn! Wenn einmal mehr Zeit ist, kann man ja über den Kalvarienberg oder den Malersteig von St. Wolfgang herüber wandern, zuerst die Aussicht genießen und dann in der Hupfmühle fein Fisch speisen!

24. Kienbachklamm

Die Kienbachklamm nordöstlich von Russbach bei Strobl ist vor allem durch ihre Felszeichnungen bedeutsam. Ein beschwerlicher Jagdsteig, der zunächst einer Staumauer ausweicht, dann ins Tal führt und einen Wasserfall umgeht, leitet schließlich steil hinauf zur Kienkirche, einer Halbhöhle, die eindrucksvoll wie ein gotischer Dom ist. Auf dem Weg dorthin und bei der Höhle schöne Felsgravuren. Warnung! Die Begehung ist schwierig, anstrengend und erfordert feste Schuhe! Einfacher ist es, an der Rückseite der Volksschule in Russbach die Ausstellung über die Felsbilder zu besuchen.

25. Schwarzenbachklamm

Der Schwarzenbach nördlich von Strobl bei St. Wolfgang grub sich in den Jahrtausenden eine wunderschöne Klamm mit Auswaschungen,

Kolken und den bekannten Erscheinungsformen. Da diese Klamm aber nie gangbar gemacht wurde, war es für die oberösterreichischen Elektrizitätswerke ein Leichtes, das Wasser der Schwarzenbachklamm im Jahr 1908 zu nutzen. Und so ergibt sich folgendes Erscheinungsbild: Zwischen zwei Kalkfelswänden, die sichtbare Zeichen des arbeitenden Wassers tragen, rinnt ein liebes, kraftloses Bächlein, das keinem Gestein etwas „zuleide" tun kann. Wer sich dieses eigenartige Schauspiel ansehen möchte, muss sich hinter das Turbinenhaus begeben, dort sieht er diese „tote" Klamm. Sehr empfehlenswert ist es, dem Wirersteig zum Schwarzensee zu folgen. (Dr. Franz Wirer Ritter von Rettenbach war übrigens ein Wiener Arzt, der die Bedeutung der Sole als Heilfaktor erkannt hatte und so zum Erwecker Ischls und des ganzen Salzkammergutes wurde.) Die endlos scheinende Metalltreppe neben der Klamm bringt uns zum wunderschön gelegenen Schwarzensee, von wo wir wiederum über die Moosalm zur Burggrabenklamm und zum Attersee weiterwandern können.

26. Maria an der Klamm (Maria Klamm am Höllbach) *

Zwischen Weißenbach am Attersee und Bad Ischl führt eine 14 km lange Straße entlang der Ausläufer des Höllengebirges und begleitet den Äußeren Weißenbach und den Mitterweißenbach. Dreimal sollte man bei einer Autofahrt stehen bleiben: bei den Gimbach-Kaskaden, beim ehemaligen Jagdhaus des Kaisers und am Scheitelpunkt bei einer 200 m langen Klamm, die an der Kapelle „Maria an der Klamm" zu erkennen ist. Vom Parkplatz führen mehrere Steige hinunter zur Mündung des Höllbaches und zu einer Weitung des Baches. Hier können die Kinder nach Herzenslust mit Steinen und Wasser spielen und Erwachsene träumen.

27. Gimbach-Kaskaden *

Aus den Südhängen des Höllengebirges kommt der Gimbach und durchläuft in einer Schlucht die Strecke zum Äußeren Weißenbach, der dann in den Attersee mündet. Vor ein paar Jahren haben wir die Kaskaden von oben und unten auf den Felsen und im Wasser „erobert", 2005 war das nicht mehr möglich: zu viel Wasser und die Felsen bemoost und daher glitschig. Schade, es ist nur eine Zeitlang ein Pfad neben der Schlucht zu sehen.

28. Nixenfall *

Von Weißenbach am Attersee führt die Straße nach Bad Ischl, auf der man nach ungefähr 1 km rechts abzweigt, da von dort ein 2 km langer Spaziergang zum 30 m hohen Nixenfall führt. Da der Wasserfall attraktiv ist und das Wasser in einer kleinen Schlucht abläuft, sei er hier erwähnt. In dem Prallbecken sitzt eine metallene Nixe, aber es gibt Probleme mit ihr. Die Nixe Adhara, so berichtet die Sage, lebte einst im Attersee und brachte den Bewohnern rund um den See Edelsteine und Gold. Doch mit dem Wohlstand und Reichtum kam auch der Neid und die Habgier, und die Nixe verschwand in die romantische Felsenschlucht, die damals „Fallend Wasser" hieß. Sie blieb hinter dem herabstürzenden Wasserfall unsichtbar, ließ aber im See das Glitzern und Funkeln zurück. Nun ist sie sichtbar, aber ihr Gesicht ist durch böse Besucher verunstaltet. Wäre sie doch hinter dem Wasserfall geblieben!

29. Gosauzwang *

Der Gosauzwang ist die interessante Bezeichnung für die Engstelle des Gosaubaches, bevor er in einem weiten Delta in den Hallstätter See mündet. Als Schlucht ist der Gosauzwang ohne Bedeutung, er birgt jedoch ein großartiges Bauwerk: die Brücke für die Soleleitung, die von Hallstatt bis ins 41 km entfernte Ebensee zur Saline führt (man könnte die Soleleitung als erste Pipeline der Welt bezeichnen!). Als 1595 die Soleleitung erbaut wurde, führten die Rohre in die Schlucht hinunter und auf der anderen Seite wieder hinauf. Durch den Wasserdruck wurde die Sole also wieder bergauf gezwungen, daher der Name „Gosauzwang". Durch die starke Belastung der Rohre wurde sie oft undicht, und die wertvolle Sole rann aus. Erbaut wurde die Brücke – und das ist das Staunenswerte an diesem 133 m langen und 43 m hohen Bauwerk – in der Barockzeit von einem einfachen Holzknecht, der mit einigen Mitarbeitern die sieben Pfeiler errichtete. Dem Hallstätter (oder

Gosauer) Johann Spielbüchler gelang dieses Meisterwerk im Jahr 1757. Die Pfeiler sind 25 m voneinander entfernt, und bis heute weiß man nicht genau, wie der erste Baum, der die Pfeiler verband, hinübergelegt wurde. In einem Pfeiler kann man noch zusätzlich lesen: *„Michael Ramsauer hat anno 1812 u. 1836 diese Reparationsarbeiten übernommen."* Bei der letzten Revision der Brücke wurden die hölzernen Stützen entfernt, die Vertiefungen dafür kann man noch in den Pfeilern erkennen. Wer nicht den ganzen Soleleitungsweg durchwandert, sollte zumindest doch den Abschnitt Hallstatt – Steeg begehen, was wunderschön, ruhig und nicht anstrengend ist, da der Weg die ganze Strecke leicht abfällt. Für ganz Eilige empfiehlt es sich, unterhalb der Brücke zu parken, auf einem Karrenweg etwas talaufwärts die Höhe der Soleleitung zu ersteigen und die Brücke zu überqueren. Der Blick in die Tiefe und zum Hallstätter See ist lohnenswert.

30. Chorinskyklause *

Im Goiserer Weißenbachtal befindet sich in 5 km Entfernung die Chorinskyklause, ein Bauwerk aus dem Jahr 1805. Sie liegt oberhalb einer kleinen Klamm. Die Enge wäre nicht bemerkenswert, wohl aber, dass an mehreren Sonntagen im Sommer um 17 Uhr die Klause „geschlagen" wird. Ein großartiges Schauspiel! An diesen Tagen darf die Forststraße benützt werden. Informationszettel liegen auf!

31. Koppenschlucht *

Vor ein paar Jahren wurde die ca. 10 km lange, bisher nur von der Eisenbahn befahrene Koppenschlucht von Obertraun nach Bad Aussee erschlossen. Sie liegt in zwei Bundesländern, nämlich in Oberösterreich und der Steiermark, der schönere, wenn auch kürzere Teil liegt in Oberösterreich, daher wird sie hier behandelt. Von der Bahnstation Koppenbrüllerhöhle geht es in 15 Minuten zunächst zur genannten Höhle, die unbedingt sehenswert ist, weil sie eine aktive Höhle ist, d.h. sie wird im hinteren Teil von laut tosenden Wassern durchflossen. Ein nächster Höhepunkt ist der alte Eisenbahntunnel, durch den der Wanderweg jetzt führt. Eine Kapelle, eine Hängebrücke, eine Jausenstation und mehrere Informationstafeln sind interessante

Punkte auf der Wanderung. Ab der Hängebrücke führt der Weg nicht mehr neben der Traun, er kommt erst im letzten Viertel beim Austeg wieder ins weite Tal. Wer dennoch die ganze Koppenschlucht durchwandert, kann mit der Bahn bequem zurückfahren. Im Winter ist der Weg wegen großer Lawinengefahr gesperrt.

32. Rindbacher Wasserfall *

Zum Schluss seien noch zwei Wasserfälle erwähnt, die Klammcharakter aufweisen. Der Rindbacher Wasserfall, 4 km östlich von Ebensee, befindet sich in einer kleinen Klamm, über der sich ein Steig empor-

Versteckt,
aber sehenswert

schlängelt. Ein nettes Aussichtsplatzerl gewährt einen Blick in das vordere Rindbachtal und zum Feuerkogel. Ich habe dort aus traurigem Anlass geschmunzelt: Es wird dort eines Obermonteurs gedacht, der hier im Jahr 1949 gestorben ist. Und auf dem dazugehörigen Bild ist das berühmte Motiv von dem kleinen Kind, das auf einem schmalen Brettersteg von einem Schutzengel begleitet wird. Wie reimt sich das zusammen?

33. Traunfall ✳

Der Traunfall nördlich von Steyrermühl ist wirklich sehenswert. Die Traun stürzt sich in einer Breite von rund 100 m in vielen Armen durch eine wild zerklüftete, d.h. ausgewaschene Felslandschaft 14 m zu Tal. Zwar wird ein Teil des Wassers zu einem Kraftwerk geleitet, das rauschende Schauspiel ist aber noch immer sehenswert. Das brausende und gischtende Wasser der Traun fließt dann, allmählich ruhiger werdend, in einem schluchtartigen Flussbett weiter. Vor 500 Jahren war der Traunfall ein großes Hindernis, denn die Salzschiffe brachten das wichtige Gut außerhalb des Salzkammergutes, dafür zogen die kräftigen Traunrösser die Lebensmittel aus dem Flachland wieder in die Heimat zurück. Dazu musste neben dem Traunfall eine Schleuse erbaut werden.

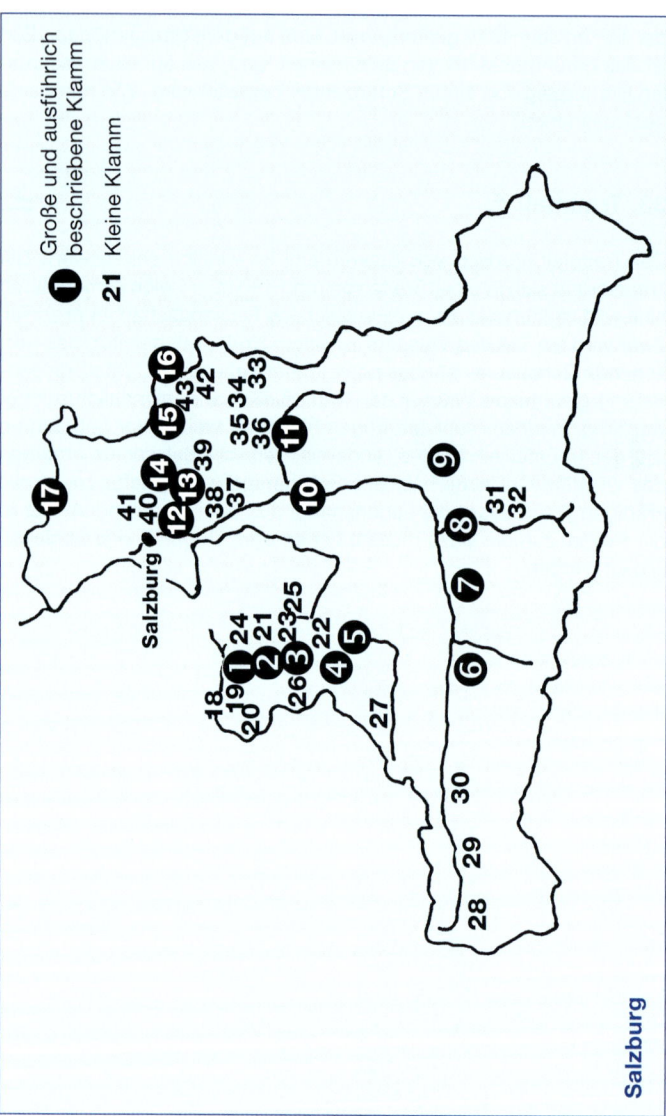

Große und ausführlich beschriebene Klamm

21 Kleine Klamm

Salzburg

102

Salzburg

Pinzgauer Saalachtal

1. Innersbachklamm ***
2. Mayrbergklamm *
3. Stro(h)wollner Schlucht **
4. Vorderkaserklamm ***
5. Seisenbergklamm ***

Pinzgau, Pongau

6. Sigmund-Thun-Klamm ***
7. Kitzlochklamm ***
8. Gasteiner Klamm
9. Liechtensteinklamm ***

Tennengau, Flachgau

10. Salzachklamm (Salzachöfen) ***
11. Lammerklamm (Lammeröfen) ***
12. Trockene Klammen **
13. Schwarz(au)bachklamm *
14. Die Plötz **
15. Steinklüfte **
16. Burggrabenklamm (Burgauklamm) **
17. Tiefsteinklamm (Tiefensteinklamm, Tiefsteinbachklamm) *

Kurzbeschreibungen kleinerer Klammen

Pinzgauer Saalachtal

18. Fischbachschlucht *
19. Eiblklamm
20. Schwarzbergklamm *
21. Lenzenschlucht
22. Saalachschlucht: St. Martiner-Schlucht *
23. Saalachschlucht: Triftsteig
    23a: Sonnenweg und Saalachpromenade *
    23b: Teufelsschlucht *

Foto umseitig:
Lammerklamm

24. Gaissteig *
25. Wildbachschlucht *
26. Rossruckklamm
27. Klamm der Uwelöcher *

Pinzgau, Pongau
28. Leitenkammerklamm *
29. Sulzbachfall *
30. Schösswendklamm *
31. Gadaunerer Schlucht *
32. Gasteiner Wasserfall * *

Tennengau
33. Liembachklamm *
34. Zinkenbachklamm/Abtenau *
35 Ackersbachklamm *
36. Aubachschlucht *
37. Taugler Strubklamm *
38. Almbachklamm *
39. Strubklamm *
40. Glasenbachklamm
41. Hexenloch * *
42. Zinkenbachklamm/Wolfgangsee *
43. Falkensteinschlucht *

1. Innersbachklamm ★ ★ ★
„Das süße Klammenbaby"

Zugang: Auf der Bundesstraße Unken – Lofer Abzweigung nach Reit, sofort nach der Brücke links parken und 10 min die Saalach flussab-wärts oder von Reit 15 min.

Klammlänge 100 m, Höhenunterschied 10 m, Gehzeit 2 min, Markierung rot, ÖK Blatt 92.

Beste Zeit: Ganzjährig.

Beschreibung: Die Innersbachklamm ist trotz ihrer Kürze unbedingt sehenswert. Sie wirkt wie ein kleines Baby der großen „Klammeltern" der Umgebung, wie der „männlichen" Vorderkaserklamm und der „weiblichen" Seisenbergklamm. Sie hat alles, was Klammen attraktiv macht, ist leicht erreichbar und „übersichtlich". Kommt man von Reit (= Rodung), so spaziert man zuerst auf einem lieblichen Wiesen- und Waldweg und erreicht nach kurzer Zeit die Klamm. Linker Hand befindet sich eine kleine Holzterrasse, von der man fast die gesamte Klamm überblickt. Der Steg füllt die ganze Breite der Klamm aus, er ist hervorragend gesichert, sogar Blinde und Behinderte können die Innersbachklamm mit Leichtigkeit bewältigen. In ihrer Mitte fällt uns

Die Kinder lieben sie, weil sie so „süß" ist!

ein imposanter Felskessel auf und am Ende ein steinernes „Wasch-becken", das das fließende Wasser in Jahrtausenden aus dem harten Felsen herausgearbeitet hat. Wenn wir die Klamm verlassen, befinden wir uns auf einer lieblichen Wiese am Ufer der Saalach bei einer frischen Quelle. Am jenseitigen Ufer braust der Verkehr der Bundesstraße vorbei, aber unser Herz ist durch die Klamm erfrischt. Wir besuchen sie jedes Mal, wenn wir ins westliche Österreich fahren, und machen dort Rast.

Ausflugsziele in der Umgebung: Kniepassblick: Blick auf das Saalachtal, den in den Franzosenkriegen umkämpften Kniepass und auf Unken.

2. Mayrbergklamm ★

„Einst der Schrecken der Autofahrer"

Zugang: Auf der Bundesstraße Unken – Lofer Abzweigung nach Au, entweder nach der Saalachbrücke die linke Straße zum Kircherl von Au zum unteren Eingang 15 min oder problemlos von der Klammbrücke auf der Straße nach Mayrberg.

Klammlänge 150 m, Höhenunterschied 50 m, Gehzeit 15 min, Markierungstafeln, ÖK Blatt 92.

Beste Zeit: Frühjahr bis Herbst.

Beschreibung: Einst führte die Straße nach Mayrberg durch die Klamm. Sie war gefürchtet wegen ihrer Enge, ihrer Steilheit und vor allem wegen der einzigen Kurve, die hart am Abgrund liegt und nicht einzusehen ist. Hupzeichen waren die einzige Möglichkeit, sich zu vergewissern, ob nicht ein Fahrzeug aus der anderen Richtung kam. Genau 50 Jahre wurde diese Straße benützt. In den Jahren 1973 und 1974 baute man die neue Straße auf der anderen Seite des Schoberweißbaches. Sie führt durch einen Tunnel, überquert den Bach und stößt dann am oberen Ende der Klamm zur alten Straße. Im Jahr 1982 wurde erfreulicherweise der Wanderweg durch die Klamm wieder hergestellt. Die Engstelle ist zwar nicht lang, trotzdem aber ein Erlebnis. Ein mächtiger Konglomeratfelsen, einer Bastei vergleichbar, am unteren Ende der Klamm erinnert daran, dass während der letzten Zwischeneiszeit der Talboden der Saalach um 100 m höher als heute lag. Er ist der Rest einer mächtigen Schotterdecke. Bei der Engstelle grüßt linker Hand ein Kalkfelsen, wir stehen vor der ehemals gefürchteten Linkskurve, und da wird der große Gegensatz deutlich: Rechts unten fließt der Bach so tief eingeschnitten, dass man kaum bis zum Grund sieht, über dem Besucher spannt sich die „neue" Brücke. Eine Terrasse ermöglicht gruselige Tiefblicke. Dann ein paar Schritte auf der alten Straße weiter, und die Naturschönheit ist zu Ende.

Ausflugsziel in der Umgebung: Das berühmte Kircherl von Au mit seinen zwei Erweiterungen und als herrlichen Hintergrund die Loferer Steinberge.

3. Stro(h)wollner Schlucht ★ ★

„Klein, aber oho!"

Zugang: Auf der Straße Lofer – Saalfelden in St. Martin/Pass Luftenstein zum Dorf Strowolln 1 km.

Klammlänge 400 m, Höhenunterschied 70 m, Gehzeit 20 min, Markierungstafeln, ÖK Blatt 92.

Beste Zeit: Frühjahr bis Herbst.

Beschreibung: Die Stro(h)wollner Schlucht fristet ein verstecktes Dasein, sie steht ganz im Schatten der großen Vorderkaser- und Seisenbergklamm. (Im Wienerwald wäre sie eine Attraktion ersten Ranges!) Ein kleiner Bach, eine relativ kurze Schlucht, aber eine im Jahr 1962 kühn angelegte Steiganlage mit 200 Stufen begeistert den Wanderer und lässt ihn im Stillen der Gemeinde St. Martin dafür danken. Vom Ortsteil Strowolln geht es ein Stück bergauf bis zu einem Gatter. Dort kann man gleich dem Bach entlanggehen oder, wie es der markierte Weg angibt, nach links der Straße nach und dann ins Tal nach rechts abbiegen. Zunächst ist ein Wasserfall zu entdecken, dann führt eine massive Stiege zur Höhe empor. Hier erst erspäht man die unerwartete Steiganlage. Eine stabile, durch Felsen geschützte Bank lädt zum Verweilen ein. Wieder ein Wasserfall, ein herrlich schöner Kolk (Wasserloch) mit einem Katarakt, ein Aussichtssteg mit einem netten Blick auf Teile von Strowolln und St. Martin folgen. Noch ein paar Kehren, und wir befinden uns auf einem Wanderweg, von dem es zum Ötscher (!) und zum Hundshorn, zur Iwonsky-Hütte, nach Scheffsnoth und nach Lofer geht. An Zielen herrscht hier kein Mangel. Und an Naturschönheiten auch nicht!

Ausflugsziele in der Umgebung: Naturpark Strowolln mit Gletschermühlen und seltenen Alpenblumen; Maria Kirchenthal, Pass Luftenstein.

4. Vorderkaserklamm ★★★

„Die gewaltige Klamm mit dem problematischen Namen"

Zugang: Auf der Bundesstraße von Lofer nach Saalfelden, Haltestelle „Vorderkaser", Hinweistafel, dann noch 2,5 km auf Sandstraße, Parkplatz.

Klammlänge 400 m, Höhenunterschied 150 m, Gehzeit 45 min, Markierungstafeln, ÖK Blatt 92.

Beste Zeit: Anfang Mai bis Ende Oktober geöffnet, Eintrittsgebühr.

Beschreibung: Spricht man in Österreich von einer berühmten Klamm, so wird meist die Liechtensteinklamm genannt. Sie wird als die schönste Klamm Österreichs bezeichnet. Ihr zur Seite kann man aber bedenkenlos die Vorderkaserklamm stellen, die ihr an Wildheit und Kühnheit der Steiganlage um nichts nachsteht. Kanonikus Josef Lahnsteiner, ein geistlicher Chronist, nennt sie „das wildeste Schaustück unseres Landes". Sie ist rund 80 m tief, an der schmalsten Stelle ungefähr 80 cm breit und mehr als 8.000 Jahre alt. Messungen ergaben, dass die Klamm jährlich um 6 mm tiefer wird.

Steht man bei der Klammkassa neben der Gastwirtschaft, ahnt man noch nicht, was einen erwartet. Man sieht einen Bach und überschreitet frohgemut einen Steg. Der Weg führt bergauf, recht mühsam, scheinbar weg von der Klamm, wir befinden uns auf einem Orchideenlehrpfad, der in fünf Stationen Interessantes über diese Pflanze erzählt. Bald taucht rechts eine Aussichtsterrasse auf, und wir bekommen langsam einen Vorgeschmack auf das, was uns erwartet. Ein riesiger Wasserfall tost zu Tal, und man muss bis zur Brüstung gehen, um den tiefsten Punkt der Talsohle zu erspähen. Die Freude währt jedoch nur kurz, denn der Weg führt noch nicht in die Klamm, sondern windet sich in einer weiteren Kehre einige Höhenmeter nach oben. Dann haben wir es geschafft: Die Klamm tut sich auf wie das dunkle, wilde Maul eines Ungeheuers. Was nun folgt, ist wie ein Gang durch die Unterwelt. Düster, eng und laut ist es, über uns lasten riesige Felstrümmer, so genannte Klemmblöcke, die wegen ihrer Größe nicht ins Bachbett fallen konnten. Dazu tropft es beständig von den Felsen.

Dieses erste Teilstück ist so ein gewaltiges Naturereignis, dass man erschauert. Der Steig führt weiter, aber damit die Stege und Leitern nicht zu steil angelegt werden mussten, wurden sie übereinander gebaut. Mitten in der Klamm befindet sich eine Tafel mit einer Inschrift, die wohl die wenigsten Menschen lesen können. Der Text ist in Gabelsberger Kurzschrift, die heute nicht mehr in Gebrauch ist. Gott sei Dank steht darunter die Übersetzung, die uns aufschlussreiche Erklärungen über den Ausbau der Klamm gibt: *„Gangbar gemacht im Winter 1881/82 durch die kgl. bayerische Forstverwaltung (Forstrath Rauch, Forstmeister Stadtmüller, Oberförster Kadner) unter Beisteuer der Umwohner, der Sektion Pinzgau und Berchtesgaden des D. u. Ö. Alpenvereins und vieler späterer Besucher.“* Die stenographische Inschrift über den Stegbau ist eine Rarität ersten Ranges. Interessant auch deshalb, da der damalige Verantwortliche der Klamm der Ansicht war, die Gabelsberger Kurzschrift wäre die „Schrift der Zukunft“, man würde nie mehr eine andere Schrift schreiben. Ja, Schriften vergehen, Klammen bleiben!

Wir wollen aber weiter und blicken nach oben: Über uns liegt wieder eine Brücke. Zu ihr müssen wir hinauf, und wenn wir dann auf ihr stehen, sieht die Welt wieder lichter und freundlicher aus. Noch viele Stufen sind zu bewältigen – insgesamt sind es 373 Stufen auf 35 Stiegen, dazu noch 51 Stege –, dann führt ein Weg zurück zur Jausenstation. Ich gebe zu, dass ich dieses Stück noch nie gegangen bin. Ich musste einfach den Rückweg durch die Klamm nehmen, denn sie ist und bleibt eine der schönsten Österreichs. Wäre das Naturdenkmal (1977) vielleicht bekannter, wenn es auch einen „adeligen“ Namen hätte wie die Liechtensteinklamm?

Ausflugsziele in der Umgebung: Lamprechtshöhle (früher Lamprechtsofenloch, ganzjährig geöffnet!), Seisenbergklamm, Ruine Saaleck.

Empfehlenswert, da an der Zufahrtsstraße zur Klamm gelegen, ist das Erholungsgebiet Schüttachgraben, ein Paradies für Kinder und Erwachsene. Badeteiche mit Floß, Grillplätze und Hängebrücke lassen die Abenteuerherzen höher schlagen. Ähnlich attraktiv ist die Aktion „Kaserasi“, wo Eltern ihre Kinder in den Ferienmonaten in der Zeit von 14 Uhr bis 17.30 Uhr gegen einen Kostenbeitrag bei den Verkehrsbüros abgeben können, so dass Kinder hier und an anderen Orten ihnen gemäße Stunden verbringen können.

5. Seisenbergklamm ★★★

„Eine methodisch gut aufgebaute Klamm: Sie bereitet uns vor."

Zugang: Weißbach bei Lofer, bis zum Parkplatz 200 m, von dort bis zur Klammkassa 5 min.

Klammlänge 500 m, Höhenunterschied 100 m, Gehzeit 30 min, Markierung rot-weiß-rot, ÖK Blatt 92.

Beste Zeit: Anfang Mai bis Ende Oktober geöffnet, Eintrittsgebühr.

Beschreibung: Vorderkaserklamm und Seisenbergklamm werden oft in einem Atemzug genannt, da sie nur 4 km Luftlinie auseinander liegen, sie sind aber in ihrem „Charakter" grundverschieden. Die Vorderkaserklamm springt einen an wie ein wildes Tier, sie überfällt den Besucher mit einer Dunkelklamm, das Erscheinungsbild der Seisenbergklamm ist weicher, sie lässt uns Zeit, dass wir uns an die Wildheit gewöhnen. Nach dem Eintritt sehen wir rechter Hand den ehemaligen Mühlgang des Sägewerkes, jetzt dient das Bassin der Stromerzeugung. Die Klamm beginnt, wie gesagt, sehr gemütlich: Reste von einem Bergsturz liegen im Bachbett, einer dieser Felsen wurde benützt, um eine Brücke und den Weg darüber zu führen. Der Bach macht einige Krümmungen, wir wandern munter weiter – ein Schild weist zur Dunkelklamm. Aber wohin man blickt, nur Bäume, Sträucher, ein Graben, der von oben herab kommt. Doch nach wenigen Schritten erkennt man rechts einen schmalen Spalt. Nun geht´s los! Eng und dunkel wird es, die Felswände erinnern an Muscheln und an Elefantenhaut. Bald erreichen wir den Höhepunkt, den Rockstroh-Dom mit seinen herrlichen Auswaschungen. In ihm prangen zwei Wappen: das bayerische und das österreichische Landeswappen. Sie sind in den Felsen gehauen und dann koloriert worden, darunter die Jahreszahl 1831 in römischen Ziffern und der Satz: *„Vos saxa loquuntur"* („Euch loben die Steine").

Wappen und Jahreszahl deuten auf eine interessante Tatsache hin: Das Gebiet um Lofer, ja eigentlich ganz Salzburg, wurde im Laufe der Geschichte immer wieder an Bayern abgetreten und kam dann wieder zurück. Die Sudpfannen der Saline von Reichenhall brauchten aber ununterbrochen Holz, und so kam es am 18. März 1829 zur so genannten Salinenkonvention, die besagte, dass bestimmte Wälder von Unken, St. Martin bei Lofer und Leogang (dort befinden sich auch jetzt noch die drei bayerischen Saalforstämter) für immerwährende Zeiten an Bayern überlassen werden. Es besteht also nicht nur das

Nutzungsrecht, sondern diese Saalforste sind bayerischer Besitz, der regulär in den Grundbüchern eingetragen ist. Immer wieder hört man folgende Meinung: Da ein Teil des Salzvorkommens von Hallein-Dürrnberg auf deutschem Gebiet liegt (bei der Führung durch das Salzbergwerk überschreitet man die österreichisch-deutsche Grenze, die durch einen Grenzpflock gekennzeichnet ist), aber von Österreich abgebaut wird, wird dafür von Österreich Holz abgegeben. Das entspricht nicht der ganzen Wahrheit, es ist nur ein Teilaspekt. Diese Salinenkonvention wurde übrigens nach dem Staatsvertrag am 25. März 1957 in München leicht geändert, das Wesen des Vertrages aber blieb erhalten. Im Übrigen bestehen im Pinzgauer Saalachtal gute Beziehungen zu den Österreichischen Bundesforsten. Ein Drittel des geschlägerten Holzes kann nach Deutschland ausgeführt werden, zwei Drittel werden an die österreichische Wirtschaft verkauft.

Interessant ist in diesem Zusammenhang auch das Wort „Hall" oder „Sal", das immer „Salz" bedeutet. In den Namen Bad Hall, Hallstatt, Hallein, Reichenhall und Hall in Tirol ist das keltische Wort „hal" für Salz enthalten, in Saline, Saalach usw. das romanische.

Doch zurück zur Seisenbergklamm: Das bayerische Wappen soll uns daran erinnern, dass sich nach dem Abschluss der Salinenkonvention erstmals Holzknechte durch die Klamm kämpften, um einen neuen Transportweg, einen Holztriftweg, zu erschließen. Als in den Jahren nach der Jahrhundertwende um 1900 die Holztrift durch die Seisenbergklamm ein Ende nahm, waren es schon die deutschen und österreichischen Sektionen des Touristenklubs, die keine Kosten scheuten, um die Klamm für den Wanderer gangbar zu machen. Dieser Steig lag damals allerdings tiefer als der heutige, wovon noch viele Ausnehmungen für Pfosten in den Felswänden Zeugnis ablegen. Rechts neben dem Wappen ist noch eine Tafel mit der Inschrift: *„Dem verdienstvollen Förderer des Wiederaufbaues der Seisenbergklamm, seinem Ehrenmitglied Johann Rockstroh gewidmet, Deutscher und Österreichischer Touristenklub, Sektion Dresden des Ö. T. K., 26. Juli 1925."* Links von den Wappen prangt eine Erinnerungstafel aus dem Jahr 1954. In beachtlicher Höhe liegt ein Wurzelstock mit herabhängenden Flechten. Sollte Hochwasser hier etwas zurückgelassen haben …? Nein, das ist der Klammgeist! Zum Gruseln dort hinaufgesetzt!

Weiter geht es in der Dunkelklamm: Im Bach finden wir sehenswerte Kolke, einen davon hat der darin liegende Stein sogar durchgescheuert, so dass „der Topf nun ein Loch" hat; es folgt ein Wasserfall, dann entlässt uns die Dunkelklamm wieder. Eine Abschiedstafel vor dem „Orkus", und der Weg führt zu einer Wegkreuzung, wo wir uns den Rückweg überlegen können. Ich gehe natürlich wieder durch die Klamm zurück!

Ausflugsziele in der Umgebung: Hirschbühel und Hintertal, Dießbach-Stausee, Lamprechtshöhle, Vorderkaserklamm.

6. Sigmund-Thun-Klamm ★★★

„Die revitalisierte Klamm"

Zugang: Kaprun – Krafthaus Kaprun-Hauptstufe, Hinweistafeln, 5 min. Klammlänge 320 m, Höhenunterschied 40 m, Gehzeit 15 min, ÖK Blatt 123.

Beste Zeit: Mitte Mai bis Mitte September, 9 bis 17 Uhr, Eintrittsgebühr.

Beschreibung: *„Tosend & mächtig eilen uns die Fluthen entgegen"*. Dieses Zitat müsste eigentlich das Motto der Sigmund-Thun-Klamm sein. Die Gemeinde Kaprun begrüßt auf Fahne und Prospekt die Besucher mit diesem Satz, den anlässlich der Eröffnung der Klamm anno 1895 der Statthalter („Landeshauptmann") von Salzburg, Sigmund Graf Thun-Hohenstein, gesprochen hat. Bis zum Jahr 1938 konnte die Klamm besichtigt werden, dann errichtete man die Kraftwerksanlagen, und damit wurde die Klamm der Weltattraktion geopfert. Am 15. Mai 1991 wurde in Kaprun die Wiedererschließung der Klamm beschlossen, nach fünf Monaten Bauzeit wurde sie am 29. August 1992 wieder eröffnet und am 12. Juni 1993 eingeweiht. Sie ist damit die einzige große Klamm Österreichs, die revitalisiert wurde.

Bevor wir nun die Klamm besuchen, muss darauf hingewiesen werden, dass der Rückweg durch die Klamm nicht vorgesehen ist, wenn man sich am Ende den naturkundlichen Lehrweg um den Klammsee, die Sperre Bürg und das Panorama der Hohen Tauern ansehen will. Eine Türe verhindert den Besuch vom oberen Ende. Also langsam die bis zu 32 m tief eingeschnittene Klamm mit ihren herrlichen Felsglättungen, Strudeltöpfen und Kolken durchwandern! Einen Steg passieren wir, eine Brücke sehen wir hoch über uns, Reste der alten Steiganlage sind noch zu erkennen. Man sollte diesem Naturdenkmal unbedingt einen Besuch abstatten und sich auch an dem Prospekt erfreuen! Eine geglückte Wiederbelebung!

Ausflugsziele in der Umgebung: Maiskogel-Seilbahn, Hochgebirgsstauseen Kaprun, Großglockner-Hochalpenstraße, Kitzlochklamm, Zell am See, Zeller See.

7. Kitzlochklamm ★★★

„Gedenket der Toten!"

Zugang: Von Taxenbach (Hinweistafel) zum Klammeingang 2 km.

Klammlänge 920 m, Höhenunterschied 200 m, Gehzeit 45 min, Markierungstafeln, ÖK Blatt 124.

Beste Zeit: 1. Mai bis 31. Oktober, Eintrittsgebühr.

Beschreibung: In der Kitzlochklamm starben am 29. Juli 1974 acht Mädchen einer deutschen Jugendgruppe durch unglückliche Umstände. Die Leiterin wollte ein Foto von den 26 Mädchen machen und beorderte sie auf einen Steg. Dieser brach unter der Last zusammen und fast alle Mädchen stürzten 10 m tief in die Rauriser Ache. Von beiden Seiten der Klamm wurden sofort Hilfsmaßnahmen getroffen, acht Mädchen war aber nicht mehr zu helfen. Zwei Jahre lang war die Klamm gesperrt. Sie wurde aber dann mit einem Kostenaufwand von 55.000 € zum Teil neu trassiert, instand gesetzt und am 12. Juli 1976 wieder eröffnet. Ein Jahr später wurde auch der erste Teil der Klamm mit seinen ausgesetzten Steiganlagen um mehr als 73.000 € erneuert.

Schon wenige Schritte nach der Klammkassa sehen wir einen mächtigen Wasserfall. Er „lebt" von den Gnaden der SAG, der Salzburger Aluminium-Gesellschaft, die sich verpflichten musste, während der Sommersaison mindestens ein Viertel der Wassermenge, die zum Kraftwerk führt, aus dem Überlauf an die Klamm abzugeben. Hingewiesen sei auf eine Gletschermühle, eine Brücke, einen Gedenkstein, ganz oben leitet ein gebogener, paralleler Spalt Himmelslicht zwischen die Felsen; die Marienrast und eine Tropfsteingrotte, die 20 m lang und 1,4 m hoch ist und die wir mit einer Taschenlampe erforschen können, seien noch erwähnt. Hier werden wir an den Tod erinnert: *„Wanderer, stehe still und gedenke im Gebet des Zimmermanns Michael Röck, der hier als Opfer seines Berufes im reißenden Wildbach am 29. 10. 1953 den Tod fand."* Lang sind wir nun in der Talsohle gewandert, doch jetzt geht es in acht Kehren und über 250 Stufen über eine Felsnase steil hinauf. Von dem bequemen Weg, den wir in der Folge erreichen, können wir die Teufelsschlucht gut überblicken. Wandern wir nun nach Süden in die obere Klamm weiter, gelangen wir zum Edertunnel, zur Ederrinne und zu einem Höhepunkt der Klamm, dem „Blick zum Ederspitz und zum Himmelsloch". Die Ederspitze ist ein bizarres Felsgebilde, das von einem Kreuz gekrönt ist. Zwei Bergsteiger, J. Seidl und N. Bamberger, erklommen am Fronleichnamstag 1968 den Fels und setzten das Kreuz darauf. Neben der Ederspitze sehen wir in der Höhe den Teil eines Weges zum Kraftwerkbau aus dem Jahr 1902. Wir durchschreiten das 50 m lange Kitzloch, nach dem die Klamm benannt wurde, dann entdecken wir eine Tafel: *„Mein Vater, ich verstehe Dich nicht, aber ich vertraue Dir."* Hier geschah das Unglück, hier barst der Steg, und hier befindet sich auch eine Gedenkstätte mit einem schmiedeeisernen Kreuz, auf dem zu lesen ist: *„Den Opfern vom 29. 7. 1974 zum Gedenken."* Darunter befinden sich die Namen der acht Mädchen, die hier den Tod gefunden haben.

Nach kurzer Rast gehen wir in die Kitzlochklamm zurück, denn es erwartet uns noch etwas Einzigartiges: die Einsiedelei. Wir dürfen deshalb nicht in die Teufelsschlucht absteigen, sondern müssen auf gleicher Höhe bleiben. Wir kommen in einen stollenartigen Raum mit einem Holztisch, einem Fenster und einem Türstock. Eine Tafel sagt uns Näheres über diese Rarität: *„Am 11. Dezember 1913 um 12 Uhr Mittag starb in dieser Klause der letzte Einsiedler der Kitzlochklamm, Andreas Pirnbacher, im Alter von 77 Jahren. Er war geboren in St. Ulrich am Pillersee. Aus dem Pfarrarchiv Embach."* Ein paar Schritte von der Eremitage entfernt befindet sich auch die Waschküche der Einsiedelei, in der noch ein Kupferkessel zu sehen ist. Zwei Stollen befinden sich in unmittelbarer Umgebung: der kurze Ritzstollen, in dem im Jahr 1553 Bergknappen vergeblich nach Gold gesucht hatten, und ein Versuchsstollen aus dem Jahr 1640, in dem noch 1945 amerikanische Soldaten nach Gold schürften. Die letzten paar Meter im felsigen Gelände bringen uns zur Embacher Rast, einer Aussichtsterrasse Richtung Taxenbach. Auf dem ganzen Weg gibt es nette Tafeln, die uns alles Wissenswerte über die Klamm berichten.

Gedenken wir der Verstorbenen! Ihr Tod hat alle verantwortlichen Stellen aufgerüttelt. Seit damals ist es um die Sicherheit in Österreichs Klammen besser bestellt.

Ausflugsziele in der Umgebung: Vom Klammende erreicht man in 40 Minuten den Agerwirt im Rauriser Tal; Rauris, die alte Goldgräbersiedlung.

8. Gasteiner Klamm

„Ein bizarres Vergnügen auf eigene Gefahr!"

Zugang: Von Klammstein 200 m.
Klammlänge 1600 m, ÖK Blatt 124.

Beschreibung: Soll ich oder soll ich nicht? Ist es sinnvoll, auf diese Klamm aufmerksam zu machen? Ist es gefährlich? Beim nördlichen Eingang steht auf einer Tafel: „Durchgang verboten", beim südlichen Eingang steht nichts, dort befinden sich Kletterführen, die beim Einstieg einen Namen tragen. Beim Besuch im Juli 2005 konnte ich problemlos die Klamm begehen. Es gibt aber so viele interessante Fakten, dass ich dem Wanderer einfach Lesestoff bieten möchte.

Was mich an der Gasteiner Klamm so fasziniert, ist die Tatsache, dass das Gasteiner Tal wie ein Paradies da liegt, aber – und jetzt denke ich 1000 Jahre zurück – keinen normalen Zugang hat: im Süden die Hohen Tauern, im Westen und Osten Bergketten und im Norden die Klamm, die unbegehbar ist. Natürlich wurde das Tal über Scharten und Jöcher besiedelt, aber der schnelle Zugang war nicht möglich. Joseph Kyselak beschrieb im Jahr 1825 die Klamm, als er zu Fuß durch Österreich wanderte: *„Außer Dorf rücken schon die wilden Kalkfelsen der finsteren Clam entgegen, man blickt zurück, um Abschied zu nehmen von dem freundlichen Thale, das so eine anschreckende Pforte besitzt. … Die Clam ist bekannt, sie war bis vor drei Monaten die schrecklichste Passage, welche Deutschland aufzuweisen hatte; die Kluft ist noch fürchterlich, wird ewig merkwürdig bleiben: so lange die 300 Klafter hohen Felswände sich hinbiegen über den Wanderer; so lange die Ache donnernd und brausend herauf schäumt aus dem tiefen Bett auf die Straße, den Staub ihr abzuspühlen; so lange die Sonne stiefmütterlich das Thal übersetzt, es fortwährend der Dämmerung zu überlassen. – Aber schönere Werke sind hier seit Wochen ins Leben getreten; eine Strasse, werth daß sie ein gütiger Kaiser begnehmigte, wurde dem Felsen und der Ache abgezwungen! Statt den über Abgründe schaukelnden Bretelwegen, die vormals den Reisenden mehr als die lockeren Bäume und Felsen, welche über seinem Haupte balanzirten, erschütterten: wölben sich nun mächtige Quaderbögen aus der Ache empor."*

Heute ist die Sachlage so: 1973 wurde der Straßentunnel in das Gasteiner Tal gebaut, und dadurch wurde die alte Straße mit der früher gefürchteten Steigung von 15 % auf die Klammhöhe überflüssig. Eine Zeit lang gab es einen Wander- und Radweg durch die Klamm, heute kann aber niemand die Verantwortung für das Passieren der Klamm übernehmen, denn auf dieser Straße liegen Gesteinsbrocken, Geröll und Schotter, die von den Felsen herabgestürzt sind. Die alten Sicherheitsnetze, Gitter, Aluminiumstreifen und andere Sicherheitsmaßnahmen sind noch vorhanden, aber verbogen, verbeult, aus der Verankerung gerissen. Auf einmal ist man erstaunt, welch starke Drahtseile und Stahlnetze sich über die Fahrbahn spannen. Die Lösung liegt in der Tiefe: Da sieht man das Viadukt der Tauernbahn, daneben das seit 1975 nicht mehr benutzte Blockhaus des Streckengehers. Es kam mir der Ruf der Hexen aus Theodor Fontanes Ballade „Die Brücke am Tay" in den Sinn: *„Tand, Tand, ist das Gebilde aus Menschenhand!"*

Ich sagte es schon: Die Gasteiner Klamm ist mehr zum Lesen und Philosophieren!

Ausflugsziele in der Umgebung: Entrische Kirche: imposante Schauhöhle nach 40 Minuten Aufstieg, die um 1700 den Protestanten als Zufluchtsstätte diente; Ruine Klammstein: ältestes Bauwerk Gasteins, Festung aus dem 12. Jh., Ausstellungen, Bildhauersymposien, Burgschenke.

9. Liechtensteinklamm ✳✳✳
„Eine Sinfonie in Stein und Wasser"

Zugang: Von St. Johann/Pongau bis zum Klammeingang 4 km, zwei Parkplätze.

Klammlänge 4.000 m, davon 1.000 m begehbar, Höhenunterschied 100 m, Gehzeit hin und zurück 45 min, ÖK Blatt 125.

Beste Zeit: Mai bis Oktober, Eintrittsgebühr.

Beschreibung: Den Namen verdankt die Liechtensteinklamm ihrem bedeutendsten Förderer, dem Fürsten Johannes von und zu Liechtenstein, der durch eine Spende von 2.000 Gulden den Ausbau der Klamm im Jahr 1876 ermöglichte. Am 5. Juni desselben Jahres erfolgte die Eröffnung, und zwar genau an dem Tage, als der erste Zug der Giselabahn (heute Westbahn) von Salzburg nach Innsbruck fuhr.

Die Liechtensteinklamm ist wohl die bekannteste Klamm Österreichs. Über 100.000 Besucher durchwandern während einer Sommersaison dieses wunderschöne und aufwühlende Naturdenkmal. Dieses Prädikat erhielt sie schon im Jahr 1942. Und jeder ist beeindruckt von den gewaltig emporragenden Felsen, von den wirbelnden und tosenden Wassermassen, von der kühn angelegten Steiganlage und von dem Gegensatz zwischen Natur- und Menschenwerk. Über diese Klamm könnte man Seiten füllen, so viele interessante Einzelheiten gäbe es zu berichten. Hier einige Informationen:

Geologisches: Die Liechtensteinklamm liegt in einer Zone, die die Geologen als „Klammserie" bezeichnen. Zu dieser gehören außerdem die Gasteiner Klamm, die Kitzlochklamm und die Sigmund-Thun-Klamm. Diese Zone ist aufgebaut aus Klammkalken und kalkhaltigen Klammschiefern. Sie hat einen Tiefgang von über 1.000 Metern. In dieses Kalkgestein mit der Härte 3 sägte sich gleichsam die Ache mit den zu Tal beförderten harten Quarzkörnern der Härte 7 aus dem Tauerngebiet ein. Dieser Schnitt ging nach geologischem Zeitmaß gerechnet derartig rasch, dass die Erosion der beiderseitigen Hänge nicht nachkommen konnte. Nur dort, wo die Ache verhältnismäßig mürbere Phyllite durchsägte, kam es zu Kesselbildungen, wovon wir uns beim Besuch der Klamm zweimal überzeugen können.

Thermen: In der Liechtensteinklamm gibt es warme Quellen. Keiner ahnt etwas von ihnen, fast niemand weiß davon. Sie liegen allerdings in jenem Teil der Klamm, der nicht erschlossen ist. Und seit 300 Jahren versucht man vergeblich, die warmen Heilquellen nutzbar zu machen. Infolge von Naturereignissen und der zu hohen Kosten gingen alle bisherigen Unternehmungen wieder ein. Dazu gibt es eine interessante Sage: Der Schmied von Oberarl war bereit, seine verkrüppelte Tochter dem Teufel zu verschreiben, wenn ihm dieser die warmen Quellen von Gastein vor sein Haus bringe. Vor dem ersten Hahnenschrei müsse das Werk aber beendet sein. Die Frau des Schmiedes erfuhr jedoch von diesem bösen Plan, und kurz entschlossen sperrte sie den Hahn in den Brunnentrog, so dass er noch vor Tagesanbruch zu krähen anfing. In diesem Moment flog der Teufel mit den warmen Quellen über der Liechtensteinklamm. Da er den Vertrag nun nicht einhalten konnte, warf er die Quellen wutentbrannt in die Tiefen der Klamm und bestimmte, dass diese den Menschen niemals zur Heilung gereichen sollten.

Der Steig durch die Klamm: Da die Liechtensteinklamm in vier deutlich gegliederte Abschnitte zerfällt, kam mir die Idee, sie mit einer Sinfonie zu vergleichen.

1. Satz: „*Allegro vivo*": Sobald man das Klammwärterhaus verlassen hat, befindet man sich schon in einem mächtigen Durchbruch mit

Im brodelnden Kessel

schönen Auswaschungen. Im Flussbett sind Felsklötze mit wunderschönen Gesteinszeichnungen, die umso intensiver leuchten, je tiefer sie im Bachbett der Großarler Ache liegen. Hier fotografiert wohl jeder die beeindruckende Enge des Tales hinaus ins grüne Salzachtal.

2. Satz: *„Andante"*: Bald nach der ersten Brücke weitet sich das Tal zu dem erwähnten Kessel. Unser Blick wandert empor und wir sehen hoch über uns die Brücke der kühn angelegten Großarler Straße. Etwas sehen wir nicht mehr, das es früher dort gegeben hat: kleine Fähnchen. Mit ihnen hat es folgende Bewandtnis: Jedes Jahr, bevor die Klamm eröffnet wird, müssen die 300 m hohen Felswände von lockerem Gestein befreit werden. Das ist die Arbeit von Felsputzern (wie in Salzburg beim Mönchsberg), die als Beweis, dass sie da droben gearbeitet haben, Fähnchen hinterließen. Naturschützer sahen in dieser Handlung eine Verschandelung der Natur, und daher sah man von diesen Zeichen ab. Wir aber können trotzdem sicher sein, dass für unsere Sicherheit gesorgt wird.

3. Satz: *„Scherzo"*: Am Beginn der lärmerfüllten, brodelnden und brausenden Dunkelklamm können Sie noch ein Vexierrätsel lösen: Er-

kennen Sie am anderen Ufer einen Ochsenkopf, einen Löwenkopf und eine Schildkröte, die das Wasser aus dem Felsen geformt hat? Mit etwas Fantasie lassen sich, wenn Sie günstig stehen, diese Tierköpfe leicht ausnehmen. Hier bei diesen Felsen stürzte der bekannte Extrembergsteiger Thomas Bubendorfer am 19. November 1988 bei Fotoaufnahmen ab und verletzte sich schwer.

Nun sind wir im Herzstück der Klamm angelangt. Hier rauscht es, dass man sich nur schwer verständigen kann. Ein Besucher zeigt in die Tiefe und will seinen Begleiter auf einen hilflos im Wasser kreisenden Ball aufmerksam machen, dort weist einer auf die großen Auskolkungen, so genannte Strudellöcher, hin, da versucht eine Dame ihre Frisur vor den plätschernden Wassertropfen zu retten. Ein Schutzdach leitet zwar den Großteil des von den Felsen tropfenden Wassers über den Steig, doch einige Tropfen bekommen die Besucher ab. Der Weg ist in den Felsen gehauen, Stiegen führen uns bergauf, und von einer Brücke sehen wir einen Wasserfall. Dieser Steg ist mit einem massiven Netz gesichert, damit Steine die Besucher nicht gefährden. Der Steig durch die Klamm geht weiter, aber in einem 60 m langen Tunnel, wo auf der Unterseite des Handlaufes für ausreichende Beleuchtung gesorgt wird. Und damit erreichen wir den letzten Teil.

In der wildesten Engstelle

4. Satz: *„Maestoso"*: Wie aus dem Rachen eines Untieres steigen wir empor, ein weiter Kessel tut sich auf. Früher durchquerte man ihn auf dem Hang, da aber die Sicherheit vorgeht, wurde 2001/2002 der Maria-Stollen gebohrt, der uns zum großartigen Schlusspunkt bringt: den 50 m hohen Schleierwasserfall. Auf der vorgeschobenen Terrasse benetzen uns feine Wasserstäubchen, und eine Tafel weist uns auf Gefahren hin: *„Im Flussbett Lebensgefahr zufolge Kraftwerksbetrieb – jederzeit Wasserschwall möglich."* Der Schleierfall wird nämlich vom Kraftwerks-Überlaufstollen gespeist. Von der großen Aussichtsfläche sehen wir deutlich, dass sich die Klamm noch fortsetzt, aber leider nicht für uns, wir müssen auf gesicherten Stegen (Beachten Sie z.B. die Aufhängevorrichtung beim Schleierwasserfall!) den Weg zurück zum Eingang nehmen. Bis zum Jahr 1934 war allerdings die Klamm zur Gänze begehbar. Befreit von der Enge und dem Lärm ruhen wir in einer der beiden Klammgaststätten aus und erinnern uns dankbar an den Fürsten Liechtenstein, der dort einen Gedenkstein bekommen hat.

Ausflugsziel in der Umgebung: Als Pendant zur Liechtensteinklamm kann wohl die Eisriesenwelt in Werfen gelten.

10. Salzachklamm (Salzachöfen) ★★★
„Die größte Flussklamm Österreichs"

Zugang: Autobahnabfahrt Golling oder Pass Lueg auf die Bundesstraße zum Pass Lueg, nicht den Tunnel benützen, sondern auf die Passhöhe, Parkplatz, 10 min

Klammlänge 1.000 m, begehbarer Teil 100 m, Höhenunterschied beim Abstieg in die Öfen 50 m, Gehzeit hin und zurück 45 min, Markierung 11 von Golling, ÖK Blatt 94.

Beste Zeit: Mai bis Oktober, Eintrittsgebühr.

Beschreibung: Schon vor mehr als 180 Jahren war der bereits erwähnte Joseph Kyselak von dieser mächtigen Klamm zutiefst beeindruckt: *„... enger rücken die Felswände des Göllinger- und Tänengebirges zusammen, himmelhoch, kahl und schroff; ich sah die Clam, hörte das donnernde Getöse des zehnfach vermehrten Gewässers, und maß den engen Raum des blauen Streifens, der von Oben durch die finstere Kluft herabblickte ... Eine Säule mit hölzerner Hand, wo-*

rauf die Worte stehen: ‚Zu den Oefen der Salza', ziehet den Reisenden von der Fahrstrasse, und heisset ihn dem angewiesenen Gangpfade folgen … eine Felsenschlucht, die noch alles bisher Gesehene überwiegt. Man hört Donnern und Brausen unter seinen Füssen, fühlt das Beben der Felsen, und getraut sich nicht zu errathen, was Wirklichkeit ist … auf einem Brügelweg mit zwei Schritten die Salza übergehen, welche im tiefen Abgrunde sich zwischen Felsen durchdrängt, und hie und da durch beständiges Andringen, Höhlen (Oefen) im Kalkfelsen ausgegraben hat. In solche Abgründe haben sich vor Zeiten fromme Gläubige mit Lebensgefahr auf Stricken herabgelassen, um daselbst Kruzifixe oder Opfer für die Mutter Gottes und andere Heilige aufzuhängen. Dieser sonderbare Brauch, den Hochwasser, Holzschwemme oder lockere Steine feindselig verfolgten, hat sich seit Jahren aufgelöst und beschränkt sich nur noch auf die armen Holzknechte, welche sich, wenn sich die Bäume in der engen Kluft unten häufen, mit Hacken hinablassen müssen, um den Lauf des Schwemmholzes nach Hallein zu lüften. Die Knechte aber, Eisen an den Füssen, kletterten umher mit einer Kaltblütigkeit, welche sie alle Gefahr verhöhnen ließ.“

Als ich dieses Naturwunder zum ersten Mal besuchte, war ich doppelt bewegt: Erstens, weil ich diese gewaltigen Ausmaße nicht erwartet hatte, und zweitens, weil die Salzachöfen, jetzt als Salzachklamm angekündigt, nicht so bekannt sind. Dabei ist diese gewaltige Schlucht eine Sensation ersten Ranges, weil die Salzach hier bereits ein gewaltiger Gebirgsfluss ist. Daher sucht dieser Durchbruch in seiner Wildheit und in seinem Wasserreichtum seinesgleichen. Aber auch hier bestand die Befürchtung eines Kraftwerkbaues, so dass die Salzach hier zu einem armseligen Rinnsal verkommen wäre.

Schon der Abstieg vom Pass Lueg lässt Großes ahnen. Man passiert eine prähistorische Jagdstation mit Ausgrabungen aus der Zeit 10.000 v. Chr., tief drunten dröhnt es. Auf vielen sicheren Stufen erreicht man einen „Platz“, von dem ein Weg nach Golling abzweigt. Hier steht man und staunt über die mächtigen Felsquader, die kreuz und quer liegen. Diese Felsen gestatten es auch, dass sichere Stege und Brücken angelegt werden konnten, zum ersten Mal im Jahr 1886, zuletzt 1970. Nach Betreten des Steiges über die Salzach erblickt man eine interessante Tafel in kunstvoller Gestaltung: *„Am 6. Herbstmond“* (= September) *„1931 hat Adolf Anderle als Erster mit seinem Faltkajak Fram die Salzachöfen befahren. Er verunglückte tödlich beim Schneelauf am 13. Hornung“* (= Februar) *„1932. Der akademische Kajakklub.“*

Bis 1950 haben insgesamt 24 Befahrungen der Salzachöfen stattgefunden. 16 Fahrer mussten ihr Unternehmen mit dem Tode bezahlen.

Wir können uns aber gefahrlos weiter wagen. Eine Steigerung der
Schönheiten kann durch die richtige Reihung der Aussichten erreicht
werden. Bei der Aussicht 2 sind wir beim Abstieg vorbei gekommen,
Aussicht 3 überquert die Salzach auf eher flachen Stufen und zeigt uns
einen Felsen, der an einen mächtigen Tierkopf erinnert. Aussicht 1
führt „ins Grüne" zu einer Terrasse, von der man bis zum Ende der
Schlucht sieht. Der unüberbietbare Höhepunkt aber ist der Abstieg in
den Dom. Es geht 30 m weit in die Tiefe, es ist düster und man kommt
sich vor wie bei einem Gang in die Unterwelt. Schließlich endet der
Pfad bei einer Terrasse, die nahe der wild dahin schießenden Salzach
errichtet wurde. Da steht man in dem Dom wie ein Zwerg mitten in
den mächtigen, drängenden Öfen.

Ausflugsziele in der Umgebung: Pass Lueg mit Wallfahrtskirche
Maria Bruneck, Denkmal zur Erinnerung an die Kämpfe am Pass im
Jahr 1809, Gedächtnisstätte für die Gefallenen der beiden Weltkriege,
Römerstraße.

11. Lammerklamm (Lammeröfen) ★★★
„Die zweiteilige Klamm"

Zugang: Von Oberscheffau 10 min, vom Parkplatz an der Pass-Gschütt-
Bundesstraße 1 min.

Klammlänge 750 m, Höhenunterschied 30 m, Gehzeit hin und zurück 1 st, ÖK Blatt 94.

Beste Zeit: 1 Mai bis 31. Oktober, Eintrittsgebühr.

Beschreibung: Die Lammerklamm zu beschreiben stellt mich vor ein
kleines Problem, weil sie eine Durchgangsklamm ist. Normalerweise
bleibt man beim großen Parkplatz stehen, ich möchte aber trotzdem
mit der Beschreibung in Oberscheffau beginnen. Friedlich fließt dort
die Lammer, Fischer waten im Fluss und warten auf einen guten Fang.
Wir befinden uns bald an einer mächtigen Felspforte, die Steiganlage
beginnt, führt an einer Felswand vorbei, und unsere Blicke fallen auf
das angeschwemmte Gut, das unter uns liegt. Hier befindet sich der
Tennengebirge-Blick. Der Steg führt nun hinauf zur „Hohen Brücke",
dem ersten Höhepunkt der Klamm. Nun folgt ein rund 700 m langer

Der untere, weite Abschnitt der „Öfen"

Teil. Der Weg ist sicher angelegt, teilweise betoniert, führt hoch über dem Wasser und ermöglicht schöne Tiefblicke. Ein Aussichtsplatz eröffnet den Blick auf jene Stelle der Lammer, die für die Wildwasserfahrer besonders schwierig ist. Zwei Stege im weit gewordenen Tal und wir stehen vor der Hütte, wo wir den Erhaltungsbeitrag entrichten. Warum ich die Beschreibung von unten begonnen habe, wird jetzt offenbar. Im Sinne der Steigerung sollte man auf jeden Fall zuerst den unteren Teil der Öfen besuchen, und dann erst dem absoluten Höhepunkt einen Besuch abstatten: die Dunkelklamm! Hier ist der eigentliche Durchbruch. Ich möchte an dieser Stelle den Bescheid zitieren, durch den die Lammeröfen zum Naturdenkmal erhoben wurden: *„Die Lammeröfen sind eine klammartige Engstelle der Lammer, ihre Anlage geht auf Epigenese zurück, d.h. nach Ausräumung der Gosauschichten war die Ur-Lammer in ihr Bett verheftet und gezwungen, sich bei der Tieferlegung der Erosionsbasis in den anstehenden Felsuntergrund einzuschneiden; sie benützt daher heute nicht die vorhandenen Talstrecken. Am Beginn der Lammeröfen liegt die engste Stelle, die Lammer hat sich hier 15 bis 20 m extrem eng eingetieft, so dass die beiden begrenzenden Felswände bis auf einen Meter nahe kommen bzw. kleine Felsverstürze die Klamm dachartig verschließen."*

Hier steht man nun und hat ein eigenartiges Gefühl. Unten das gischtende Wasser, herrliche Auswaschungen und oben drüber kein Himmel, sondern Felsen und eine Straßenbrücke. Bis zum Jahr 1959 konnte man diese Engstelle durchqueren und auf einem Steig wieder zur Straße zurückkehren. Man sieht sogar noch die schmale Weganlage. Das immer wieder auftretende Hochwasser überflutete aber stets die Stege und zerstörte die Holzteile, so dass sie nicht mehr erneuert wurden. Aber was lesen wir da auf einem kleinen Schild etwas höher als in Augenhöhe? „Hochwassermarke – 12. 8. 2002" Unvorstellbar, wie damals das Wasser da durchgebraust sein mag! Aber haben wir dieses Datum nicht auch im Pesenbachtal gelesen? Ja, das war damals die große Flutkatastrophe in Österreich!

Die Lammerklamm wurde bereits in den vergangenen Jahrhunderten zur Holzbringung durch Triftsteige erschlossen. Holz aus dem Abtenauer Raum, das zum Bau der Stollen im Salzbergwerk und für die Beheizung der Öfen in der Saline in Hallein benötigt wurde, musste durch diese Engstelle getriftet werden. Seit 1884 ist die Begehung durch eine Steiganlage für die Öffentlichkeit möglich, und man kann die herrlichen „Katerakte" (so steht es auf der Tafel am Parkplatz!) bewundern.

Ausflugziele in der Umgebung: Die Öfen der Salzach und Lammer, jetzt meist Klammen genannt, haben stets sehr viel Wasser, im Gegensatz dazu sind die temporären Wasserfälle des Tennen- und Hagengebirges, Winnerfall, Tricklfall, Dachserfall und Bluntaufall, bei wenig Niederschlag ohne Wasser. Das hat mich zu folgendem Gedicht inspiriert:

> *In Abtenau, da wirst du blasser,*
> *gibt´s Wasserfälle ohne Wasser,*
> *doch um dieses auszugleichen,*
> *kann man Öfen leicht erreichen,*
> *in denen nie ein Feuer brennt,*
> *weil durch sie das Wasser rennt.*

12. Trockene Klammen ★★
„Das Kuckucksei"

Zugang: Von Elsbethen-Zieglau, im Süden der Stadt Salzburg, wo an der Brücke eine Elisabeth-Statue steht, die schmale Straße bergwärts, am „Stadlerkessel", einem Strudelloch im Kehlbachgraben, vorbei bis zum Naturdenkmal „Archstein" 1 km, dann noch 15 min bergauf. Achtung! Parkplatz-Probleme, praktisch keine Parkmöglichkeit!
   Fläche 150.000 m², Höhenunterschied 200 m, Gehzeit 1 st, Markierung gelb, ÖK Blatt 64.
Beste Zeit: Frühjahr bis Herbst, nur bei gutem Wetter!
Beschreibung: Jede Klamm ist durch die Arbeit des fließenden Wassers entstanden. Diese nicht. Sie war immer trocken und wird es auch bleiben. Es ist nicht eine Klamm, sondern es sind Klammen, besser gesagt: Klüfte. Das Erscheinungsbild ist zu einem kleinen Teil das einer Klamm. Trotzdem ist es etwas ganz Einmaliges in dieser Form, und es ist schade, dass dieses Naturwunder nicht mehr bekannt ist. Wir stehen vor dem größten „Bergschlupf", d.h. vor der gewaltigsten Bergzerreißung der Ostalpen, wo auf einer Fläche von rund 150.000 m² haushohe Felsblöcke mit Gängen und Spalten, Klüften und Rissen verteilt sind. Wie ist dieses Gebiet entstanden? Nachdem die eiszeitlichen Gletschermassen geschmolzen waren, die ein natürliches Widerlager bildeten, begannen die riesigen Kalkschichten auf tonigen, schrägen Schichten zu rutschen. Da die Hangneigung aber nicht allzu stark

Im Felsenlabyrinth

war, gerieten sie nicht ins Rollen, sondern blieben liegen, teils parallel zueinander, teils überkippt. Das Ergebnis liegt vor uns: ein wildes, chaotisches Trümmerwerk mit bis zu 20 m tiefen Spalten, Felsgängen und glatten Wänden und anderen interessanten Formen.

Vor einigen Jahren hat man die Trockenen Klammen mit Tafeln versehen, auf denen die Stationen des Rundweges mit Bildern zu sehen sind. Man könnte das Gebiet grob in drei Etagen oder Terrassen einteilen: Im ersten Stock ist das Zentrum ein schmaler Gang, der zweimal um die Ecke führt. Einen Halbstock höher meint man, die Trockenen Klammen wären zu Ende. Wir wandern in einem lieblichen Wald, doch auch dort mahnen Löcher und Spalten an die gewaltigen Kräfte, die hier gewirkt haben. Wer ausruhen oder genießen will, findet eine Bank. Auf der zweiten Terrasse wird es noch grandioser. Hier stehen richtige „Einfamilienhäuser", und staunend sieht der Besucher Kletterhaken und Seile in den senkrechten und überhängenden Felsen. Wir befinden uns im Labyrinth. Ein Christusbild lässt uns besinnlich werden. Der Tigerstein springt ins Auge, er ist weiß und schwarz gestreift (ungefähr 10 cm je Streifen). Das Schwarz sind Lebensspuren von Kieselalgen. Auf dem Weg zum dritten Stockwerk dürfen wir nicht vergessen, einen Blick in das Salzachtal zu werfen, aber vorsichtig, denn hier befinden sich entlang des markierten Weges besonders tiefe Spalten. Bald erreichen wir eine Lichtung, von der man ins Tal absteigen kann, der Weg führt aber nach links wieder in den Wald. Nach 100 m rate ich, nach rechts abzuzweigen. Hier kommt man zu einer Stelle, wo man den Eindruck hat, in den Orkus hinab zu blicken, so mächtig und tief ist hier der Riss, der sich gebildet hat. Nun steigt der markierte Weg noch sehr steil nach rechts hinauf, er setzt eine gewisse Geschicklichkeit voraus, aber ein Seil hilft dabei. Hat man das geschafft, so haben wir den höchsten Punkt erreicht. Nun geht es wieder zurück in das Felssturzgebiet, entlang der Wände zum Anstiegsweg.

Viele Blöcke und Spalten haben Namen, die zwar nicht angeschrieben, aber vielsagend sind: Hochburg, Judentempel, Wildfang, Hohe Warte, Franzosenkluft (1809). Die touristische Erschließung fand schon 1884 durch den Alpenclub Salzburg statt.

Die Trockenen Klammen, so wenig bekannt sie auch sind, lohnen auf jeden Fall den Besuch und werden einen unvergesslichen Eindruck hinterlassen. Sie sind ein Höhepunkt für jeden Liebhaber von Naturdenkmälern. Trittsicherheit und ein gewisses Maß an Geschicklichkeit sind an manchen Stellen vonnöten.

Ausflugsziele in der Umgebung: Ehrentrudisalm, zu der vom Ende der Klammen auch ein Steg weiterführt; Glasenbachklamm.

13. Schwarz(au)bachklamm *

„Mitten im Ort Ebenau"

Zugang: Direkt neben dem Zentrum von Ebenau.

Klammlänge 80 m, Tiefe: 10–15 m, Gehzeit 5 min, ÖK Blatt 64.

Beste Zeit: Ganzjährig zu sehen.

Beschreibung: Eine Klamm mitten im Ort? Ja, aber sie ist nicht begehbar. Nur in ihrem oberen Teil führt ein Holzsteg über sie, von dem man einen interessanten Tiefblick hat. Sie ist nur 80 m lang, aber stellenweise 15 m tief. Lohnt es überhaupt, über sie zu berichten? Ja, denn die Tatsache, dass um die Klamm der Ort Ebenau entstanden ist, weist auf interessante geschichtliche Gegebenheiten hin.

Schon in der Bronzezeit wurde in Salzburg Kupfer abgebaut, und im Mittelalter suchte man nach Salz, Eisen und Gold. So entstanden in vielen Orten Metall verarbeitende Betriebe: In Ebenau ließ Fürst-erzbischof Paris Lodron im Jahr 1634 eine Messingfabrik errichten, an deren Gründung übrigens noch eine Gedenktafel am Gemeindeamt erinnert. Die Voraussetzungen für diese Anlage waren günstig: Holz-reichtum, Torf vom nahe gelegenen Koppler Moor, die Nähe der Stadt Salzburg, frostfreies Wasser, da es moorhältig ist, und das nötige Gefälle. Im 17. Jahrhundert gab es einen Eisenhammer, eine Sensen-schmiede, eine Drahtzieherei und als Hauptwerk die Messingfabrik. Insgesamt waren es 34 Gebäude, die der Metallverarbeitung dienten. Einige stehen heute noch: Die Zeugschmiede ist Haus Nr. 37 (neben der Klamm), der Kohlenbunker Nr. 29 gleich gegenüber, das Ge-meindeamt war die Messingschmelze, das Postamt das Verwaltungs-gebäude. So liefert uns die Klamm eine Fülle von interessanten Tatsachen, über die sich der wissbegierige Wanderer noch im ausge-zeichnet gestalteten Heimatmuseum von Ebenau weiter informieren kann. In den Achtzigerjahren des vorigen Jahrhunderts wurde dieses Naturdenkmal durch eine Tafel neben der Brücke näher erklärt: *„Hier bildet der Schwarzbach eine Klamm, in der sich das Wasser in 3 Fels-stufen zu Tal ergießt. Der Bach speiste einst durch einen Stollen ein Hammerwerk, das 1538 von den Brüdern Steinhauser erbaut und durch den Erzbischof Lodron vergrößert wurde. Es war bis zu seinem Abbruch im Jahre 1875 in Betrieb."*

Ausflugsziele in der Umgebung: Messingweg in Ebenau, Plötz, Wiestal, Felsenbad in Faistenau, Gaisberg.

14. Die Plötz ★★

„Unbekanntes Kleinod"

Zugang: Von Ebenau, dem „Dorf der alten Mühlen", Richtung Salz-burg/Hof 1 km, linker Hand Hinweistafel, dann noch 10 min.
Beste Zeit: Ganzjährig begehbar.
Beschreibung: Wer einmal die Plötz besucht hat, kommt immer wie-der. Sie liegt etwas versteckt abseits der Straße, aber zwei Tafeln wei-sen auf das Naturdenkmal hin. Es ist schwer zu sagen, was den größeren Reiz ausmacht: die fünf mustergültig renovierten, uralten Bau-ernmühlen, von denen die Pertillmühle bis zum Jahr 1967 in Betrieb war, oder die liebenswürdige Waldschlucht, deren warmes, braunes

Ein Stückchen Paradies

und moorhältiges Wasser Leib und Seele erfrischt. Eingesäumt wird die Schlucht von zwei Wasserfällen, von denen der hintere 25 m hoch ist und einen krönenden Abschluss des Spazierganges darstellt. Er stürzt neben der Schroffenau-Mühle, die ca. 1600 erbaut wurde, zu Tal. Die Plötz wurde im Jahre 1934 zum Naturdenkmal deklariert, und in dem Bescheid steht Folgendes: *„Unterhalb des Wasserfalles schließt eine geneigte Bachstrecke an, in der kurze Flachstrecken mit verschieden hohen Absturzstufen wechseln. In diesen Flachstrecken zeigt sich das Phänomen der so genannten Strudellöcher, die Wannen bis zu 10 m Durchmesser bilden."* Drei dieser Wannen haben interessante Bezeichnungen. Unterhalb des großen Wasserfalles befindet sich zuerst der „Frauentempfl", dann ein Stück weiter der tiefere „Herrentempfl" und zuletzt der seichte „Kindertempfl". Hier badeten die Ebenauer in früherer Zeit, erst später wurde das große Strudelloch bei der Brücke als „Moorbad", wie die Einheimischen sagen, leicht verändert und zur Verfügung gestellt. Das Wasser des Rettenbaches kommt ja aus dem Koppler Moor.

Hier in der Plötz, die so romantisch, verträumt und abgeschieden liegt, kann man ausruhen, dem Wasser zuschauen, die Stille erleben,

Die Mühlgänge sind intakt!

die Natur genießen, glücklich sein. Es ist für mich der Inbegriff von „Urlaub in Österreich".

Ausflugsziel in der Umgebung: Ebenauer Mühlenwanderweg.

15. Steinklüfte ✳ ✳

„… weil es in ihnen eine Teufelsschlucht gibt"

Zugang: Auf der Straße St. Gilgen – Scharfling/Mondsee in der ersten Rechtskurve bei der Steinklüftestraße (wenig Parkplätze) 15 min oder von St. Gilgen direkt 30 min.

Höhenunterschied 50 m, Gehzeit 30 min, Markierung 17, ÖK Blatt 65.

Beste Zeit: Frühjahr bis Herbst.

Beschreibung: Die Steinklüfte besitzen insgesamt nicht das Erscheinungsbild einer Klamm, mit einer Ausnahme: die Teufelsschlucht, die aber nicht durch fließendes Wasser entstanden, sondern ein geteilter Fels ist. Trotzdem möchte ich dieses Naturdenkmal erwähnen und dafür in diesem Buch werben. Die Entstehung dieser Klüfte verdanken wir nicht dem Wasser, sondern einem Bergsturz. Wahrscheinlich löste sich nach dem Rückzug des eiszeitlichen Gletschers ein gewaltiges Stück vom Plombergstein, und die gewaltigen Felsmassen bildeten ein aufregendes Chaos von unheimlichen Gängen und dunklen Höhlen. Man kann sich diesem Labyrinth unbekümmert anvertrauen, irgendwo und irgendwie gibt es immer wieder einen Ausgang ins Freie und Helle. Die einzelnen Felsgebilde tragen interessante Bezeichnungen: Die „kalte Kuchl", eine nach mehreren Seiten offene Höhle, in der es merklich kühler als in den anderen Gängen ist, kann nur durch eine Enge betreten werden, das „Franzosenloch", von dem berichtet wird, dass die St. Gilgener Kaufleute während der Franzosenkriege ihre wertvollen Waren hier vergruben, der „Felsentempel", der direkt unter der Abbruchstelle liegt, und schließlich die „Teufelsschlucht", ein rund 35 m langer Gang zwischen 10 m hohen Felsen. Sie ist durchgehend nur einen Meter breit. Die Steinklüfte sind ein wundervolles Erlebnis für alle Besucher, besonders Kinder können gar nicht genug bekommen bei ihren Entdeckungsreisen und „Erforschungen". Wenn man unter der großen Felswand steht, erkennt man, dass sie sogar vornüber geneigt ist. Und hier neigen auch wir uns wieder vor den Kräften und Schönheiten der Natur.

Ausflugsziele in der Umgebung: Rundweg weiter auf den Plombergstein mit herrlicher Sicht über den Wolfgangsee und mit etwas beschwerlichem Abstieg in den Staffelgraben zurück zu den Steinklüften.

16. Burggrabenklamm (Burgauklamm) ✶ ✶

„Die Klamm ohne Holz"

Zugang: An der Straße Unterach – Burgau große Hinweistafel, Parkplatz, 5 min.

Klammlänge 200 m, Höhenunterschied 20 m, Gehzeit hin und zurück 30 min, Hinweistafeln, ÖK Blatt 65.

Beste Zeit: Frühjahr bis Herbst, Trittsicherheit und Schwindelfreiheit in gewissem Ausmaß notwendig, gutes Schuhwerk wichtig!

Beschreibung: Diese Klamm muss man gesehen haben! Sie hat nämlich eine Besonderheit, die sonst nirgends aufzufinden ist: Es gibt hier keine Holzstege und kein Geländer, nur Felsen. Doch schön der Reihe nach! Zunächst fällt uns im Bachbett ein großer Holzrost auf, der die

Verunreinigung des Attersees durch Geäst und die Vermurung des schmalen Uferstreifens von Unterburgau verhindern soll. Holzleitern führen uns ein Stück hinauf, eine Holzbrücke quert den Bach, und nun geht es am andern Ufer entlang.

Hier beginnt das Einmalige: Der Klammsteig ist nur in den Felsen gehauen, kein Steg, keine Leiter, kein Geländer, keine Stufen, nur ein Seil begleitet uns bis an das Ende der Klamm, was manchmal bei Entgegenkommenden Probleme schafft. Dann gelangen wir in einen „Dom", der durch das Brausen eines 18 m hohen Wasserfalles erfüllt wird. Hier, wo der Wettersteinkalk des Schafbergmassivs beginnt und den Wasserfall ermöglichte, ist die Klamm zu Ende. Bei etwas weniger Wasser kann man auf Trittsteinen noch auf die andere Seite des Prallbeckens balancieren. Ich habe mit meinen Schülern, wenn wir auf Schullandwoche waren, immer diese Tour gemacht – und es ist nie etwas passiert! Man muss sie nur richtig darauf einstimmen und alles organisieren!

Nach dem Rückweg können wir noch ein wenig bei der Marien-Gedenkstätte „Maria Klamm" verweilen. Zwei Familien errichteten 1972 diese Andachtsstätte dafür, dass sie den Krieg, den Schmerz über die verlorene Heimat und Krankheiten überwinden konnten.

Ausflugsziele in der Umgebung: Sehr lohnend ist der Erzherzogin-Valerie-Weg (eröffnet am 31. Juli 1890), der in den hinteren Teil der Klamm führt, die sich dort in einen großartigen Felskessel weitet. Ab der Magdalenenquelle geht es steil bergauf. Achtung, wunderbare Tiefblicke durch das enge Tal zum geheimnisvoll blauen Attersee! Nach ungefähr 90 Minuten erreicht man die Moosalm, eine idyllische, wundervolle Hochebene, von wo man zum Schwarzensee weiterwandern kann.

17. Tief(en)steinklamm (Tiefsteinbachklamm) *

„Wie in einer Grottenbahn"

Zugang: Von Schleedorf bei Mattsee (große Hinweistafel) 1 km, dann noch 10 min.

Klammlänge 100 m, Höhenunterschied 10 m, Gehzeit hin und zurück 10 min, Markierung rot, ÖK Blatt 64.
Beste Zeit: Ganzjährig begehbar.

Beschreibung: Die Berge in der Umgebung der Tiefsteinklamm sind abgerundet, die Gletscher ließen eine wellige Landschaft mit lieblichen Seen zurück. Und da verwundert es doch, in diesem Gebiet solch eine Felslandschaft zu finden. Verlässt man die Straße bei der Tafel TIFSTEINKLAMM (!), kommt man nach wenigen Minuten zu einer Bank, von der wir ein wenig in die Klamm hineinsehen können. Das Konglomeratgestein bildet eine große Halbhöhle, an der der Tiefsteinbach vorbei plätschert. Ein paar Holzstufen führen uns zum Bachbett hinunter, und dann geht es in einer weiten, mit Pflanzen bewachsenen felsigen Schlucht wild und lieblich zugleich zu einem wilden Felssturz. Die Trittspuren zeigen, dass viele dort noch weiter kraxeln und das Abenteuer suchen, besonders Kindern macht das großen Spaß. Schulkinder haben auf fünf Tafeln die Sage von den Wildfrauen in der Tiefsteinklamm gezeichnet, und man kann diese unheimliche Geschichte von den drei ungleichen Schwestern beim Abstieg in die Klamm kennen lernen. Die Klamm, schaurig-schön wie eine Grottenbahn, kann man schon mit Kleinkindern besuchen.

Ausflugsziele in der Umgebung: Das Schaudorf Schleedorf mit der Salzburger Käsewelt, dem „Haus der Naturgeschichten", das Puppenfenster in der Schau-Schneiderei u. v. a.; die Egelseen, die durch den Tiefsteinbach entwässert werden, der Wildkarwasserfall mit einer Kugelmühle im Teufelsgraben bei Matzing an der Straße Obertrum – Seeham.

Kurzbeschreibungen kleinerer Klammen

PINZGAUER SAALACHTAL

18. Fischbachschlucht *

Im Gemeindegebiet von Unken liegt versteckt an der deutschen Grenze die Fischbachschlucht. Die Anfahrt von Unken führt ins 7 km weit entfernte Heutal, und in 20 Minuten ab dem Heutalerhof sind wir zunächst beim majestätischen Fischbachfall. Dann wandern wir entlang

Wildheit und Gemütlichkeit in einem

der Schlucht nach Norden zu einer Besonderheit ersten Ranges: Genau an der Grenze stürzt der Staubfall zu Tal, wir können hinter einem Holzverschlag geschützt nach Bayern gelangen. Grenztafeln, Fundamente eines Grenzhäuschens – und unter uns die unberührte Natur: das glasklare Wasser, Wald und Felsen und mittendrin – ein „Grenzfall"!

19. Eiblklamm;
20. Schwarzbergklamm ★

Ebenso im Gemeindegebiet von Unken, aber schwer erreichbar befinden sich diese zwei Klammen. Mein Vorschlag ist es daher, eine Radtour vom Gasthaus Friedlwirt, das sich rund 3 km westlich von Unken befindet, zu unternehmen. Die Forststraße in das Unkenbachtal gehört den bayerischen Saalforsten (s. Seisenbergklamm S. 111) und wird relativ stark befahren. Die Straße steigt leicht an, und nach ungefähr 3 km erreichen wir die Eiblklamm, einen Durchbruch im Schiefergestein, wo wir gut die Schichten erkennen können. Der Bach tost unter uns, und hoch oben sehen wir die Leitschienen der Straße nach Hintergföll. Weiter geht es, und nach 7,3 km vom Friedlwirt weist eine Tafel auf das Naturdenkmal „Schwarzbergklamm" hin. Um sie zu sehen, müssen wir aber steil bergauf. Von rechts kommt ein Weg, den man benützen kann, wenn man von Hintergföll in einer Stunde zu Fuß über den Kendsteig zur Schwarzbergklamm gelangen möchte. Endlich haben wir das Ziel erreicht: Eine Brücke führt über die Klamm, die aber leider nicht begehbar ist. Warum dann die ganze Mühe? Die Schwarzbergklamm wurde im Jahr 1833 von König Ludwig von Bayern zugänglich gemacht und war einst „die großartigste Schlucht der deutschen Alpen", wofür der Baedeker drei Sterne als Lob für die Natur gab. Heute sieht man von der erwähnten Brücke noch Eisentraversen und Haltevorrichtungen an steilen Felswänden. Wenn man noch eine weitere Steilstrecke in Kauf nimmt, dann gelangt man zu einer Hinweistafel, dass in 15 m eine Aussicht wäre. Und die ist großartig. Von einem Holzsteg kann man rechts bis zum Grund sehen, links aber nehmen die durch Auswaschungen geformten Felsen die Sicht zum Wasser. Ein Genuss dann die Fahrt mit dem Fahrrad zurück zum Friedlwirt!

21. Lenzenschlucht

Achtung, diese Schlucht ist nur für Schluchtenfans, Abenteurer oder Felsbildliebhaber! Unterhalb vom Kircherl von Au auf dem Strässchen bergab bis zu einer Abzweigung, die zum Lenzenbauer führt. Ab dort besteht Fahrverbot. Zwischen den Wohngebäuden hindurch, dann rechts hinunter zu einem kleinen Fischteich. Jetzt beginnt ein wilder, sumpfiger, fast gefährlicher, unmarkierter Pfad entlang der Felsen in die Lenzenschlucht, in der auf der linken Seite noch vor der Steilstufe Felsritzbilder zu finden sind. Als besondere Kuriosität ist ein fast lebensgroßer Franzose zu sehen. Genauere Informationen darüber gibt es bei der Ausstellung in der Festung Kniepass an der Bundesstraße.

22. Saalachschlucht: St. Martiner Schlucht ★

Die Saalachschlucht zieht sich mit Unterbrechungen von St. Martin bis Unken hin. Der oberste Teil, auch St. Martiner Schlucht genannt, erstreckt sich vom Pass Luftenstein bis zum Thurnsteg. Wir finden dort das Naturdenkmal „Thurnlöcher". Löcher sind im Salzburgischen oft Bezeichnungen für etwas Unübliches. Diese Löcher sind Felstrümmer, manchmal haushoch, die am Ende der Eiszeit von den umliegenden Bergen in die Saalach gestürzt sind. Der Weg führt 1 km entlang des Flusses, der hier den Wildwasserfahrern als Übungsstrecke dient. Am Rückweg auf der anderen Seite der Saalach durchqueren wir den interessanten Strowollner Park, der geschichtliche und vorgeschichtliche Bedeutung hat. Hier spielten sich während der Franzosenkriege heftige Kämpfe ab, und hier finden wir auch eine riesige Gletschermühle, das Fuchsloch. (Es liegt am schmalen, nicht am zweispurigen Weg.)

23. Saalachschlucht: Triftsteig

Wegweiser und Informationstafeln sagen dem Wanderer, wohin und wie lange er entlang der Saalach auf dem Triftsteig gehen kann.

23 a: Saalachschlucht: Sonnenweg und Saalachpromenade *

In der unmittelbaren Umgebung von Lofer liegt der zweite, 700 m lange Abschnitt der Saalachschlucht. Zwischen dem Teufels- und dem Hubertussteg kann man von Sonnenweg (rechtsseitig) und Saalachpromenade (linksseitig) aus herrliche Tiefblicke in die Schlucht werfen. Auf einer Tafel lesen wir, dass am 27. 8. 1972 die gesamte Schlucht durch Gerhard Friedrich erstmals befahren wurde, und auch heute finden wir Seile und Zielhäuschen für die Wettkämpfe der Wildwasserfahrer.

Vom Saalachblick, einer auffallenden Felskanzel, haben wir nicht nur eine herrliche Aussicht auf die Saalach, sondern auch auf die majestätischen Loferer Steinberge. Hier befindet sich auch der Bairaupark, wie der Strowollner Park ein Naturpark, eine interessante Felssturzlandschaft. Der Steig wurde bereits 1927 durch Bundespräsident Dr. Michael Hainisch eröffnet.

23 b: Saalachschlucht: Teufelsschlucht *

Der Triftsteig durch die wildromantische Teufelsschlucht zwischen Teufelssteg und der Auer Brücke ist das Herzstück der Saalachschlucht. In den Jahren 1964/65 zerstört, wurde der Steig am 24. Mai 1986 durch den damaligen Bundespräsidenten Dr. Rudolf Kirchschläger wieder eröffnet. Das 2 km lange Teilstück zeigt uns besonders imposante Felsblöcke im Flussbett, eine Quelle, ein Aussichtshüttchen und Informationstafeln, die uns über das Triften auf der Saalach erzählen. Das letzte, 1750 m lange Teilstück des Triftsteiges zwischen der Auer Brücke und dem Blankenwirt ist ein gemütlicher Spaziergang ohne Schluchtcharakter.

24. Saalachschlucht: Gaissteig *

Zwischen der Innersbachklamm bei Reit und Unken führt der Gaissteig zuerst auf einer Holzgalerie über dem Wasser, später im Wald, dann wieder bei einem Flussknie der Saalach mit Geländer an der Festung Kniepass vorbei, und wir erreichen nach einer halben Stunde die Fußgängerbrücke beim Achbergtunnel, der Umfahrung von Unken.

25. Wildbachschlucht *

Von St. Martin, Ortsteil Wildenbach/Obsthurn, führt eine Forststraße in die Wildbachschlucht, durch die bis zum Winter 1964 mit Schlitten viel Rundholz transportiert wurde. Nach 1 km teilt sich das Tal. Von einer Brücke sehen wir einen Wasserfall und eine mächtige Auswaschung. Wenn wir den linken Weg weitergehen, entdecken wir noch einige interessante Felsformationen, bald haben wir aber das Ende der Schlucht erreicht und können in den Ortsteil Wildental aufsteigen.

26. Rossruckklamm

Geht man vom Eingang der Vorderkaserklamm noch 10 Minuten Richtung Römersattel, so gelangt man zur Rossruckklamm. Sie verhält sich zur Vorderkaserklamm wie Tag und Nacht, wobei diese Wendung so zu deuten ist: In der Vorderkaserklamm ist stellenweise immer Nacht, in der Rossruckklamm ist es immer Tag, da sie nur ein kurzer Durchbruch mit einigen quaderförmigen Felsblöcken ist. Bemerkenswert ist ein Marterl am oberen Ende des Durchbruchs, das in Ich-Form (!) erzählt, dass hier ein Arbeiter beim Wegbau „tötlich" verunglückt ist.

> *„Niemals im Leben, im Krieg wie im Frieden,*
> *scheute ich Arbeit, Gefahren und Not.*
> *Mut und Tapferkeit habe ich oftmals bewiesen;*
> *ich kannte kein Weichen vor Drangsal und Tod.*
> *In Italien und Rußland, bei Strapazen und Schlachten,*
> *da war ich gegen alles gefeit!*
> *Bei friedlicher Arbeit, man kann es kaum glauben,*
> *da bin ich dem Tode geweiht!"*

27. Klamm der Uwelöcher *

Wieder so ein Kuriosum! In Hinterglemm neben einer Almwiese im Nadelwald finden wir eine 20 m lange und 2 m breite Trockenklamm, in der einst feenartige „Wilde Frauen" lebten. Sie halfen den Menschen, ließen sich aber nicht beleidigen und verließen ihr Reich. Zu den Uwelöchern gelangt man am leichtesten mit der Reiterkogelbahn bis zur Mittelstation, von dort in 15 Minuten in Richtung Rosswaldhütte, erst rechts beim ersten Hinweis abbiegen, dann links ohne Hinweis, und bald sehen wir etwas versteckt die Felsen. Wir finden ein nettes Platzerl mit Tisch und Bänken und eine Tafel mit der ausführlichen Schilderung der Sage. Ein blaues Seil hilft uns beim Hinuntersteigen in die Klamm, da es ein wenig feucht in ihr ist. Die zweite Möglichkeit, dorthin zu gelangen, ist der über 400 Höhenmeter umfassende Anstieg von der Talstation über die Pfefferalm. Auf jeden Fall sind die Uwelöcher, die auch Hubel- oder Hummellöcher genannt werden, wert, bei einem Besuch in Saalbach oder des Glemmtales aufgesucht zu werden. Eine ungewöhnliche Landschaftsform in dieser Gegend, die natürlich das Entstehen einer Sage begünstigt hat.

PINZGAU, PONGAU

28. Leitenkammerklamm *

Alles ist relativ! Wäre diese Klamm im Wienerwald, so wäre sie eine Sensation! Aber hier in Salzburg an der Grenze Tirols in der Nähe der weltberühmten Krimmler Wasserfälle? Sie ist fast unbekannt, aber trotzdem sehenswert! In der Nähe der Mautstelle auf dem Gerlospass zweigt die 7 km lange Nebenstraße ins Wildgerlostal ab. Beim Alpengasthof Finkau ist Endstation (Parkgebühr!). Dort befindet sich ein Paradies für Kinder: Tiere zum Angreifen, ein Spielplatz und eine Mühle, bei der man philosophisch werden kann: Dreht der Mann das Mühlrad? Es sieht so aus, aber es ist gerade umgekehrt!

In einiger Entfernung sieht man schon eine Talstufe. Zunächst eben zu einem Häuschen mit dem Hinweis: *„So wird Strom erzeugt"*, dann geht es bergauf, entweder gemütlicher auf der Forststraße oder steiler und teilweise im Bachbett auf einem Steig. Nach etwa einer halben Stunde zweigt rechts der Zugang zu dem Naturdenkmal ab. Bald erreicht man einen außergewöhnlichen Felsen in der Form einer flachen, stehenden Schale.

Man meint, das Wasser käme direkt aus dem Felsen, aber man sieht nichts. Das Rauschen des Wassers bricht sich hier im Felsen. Nun sind wir schon am Ziel: Eine enge, gewundene, mit herrlichen Auswaschungen versehene Klamm ist von einem Steg aus zu betrachten. Unterhalb ähnelt die Ache den Achstürzen im Ötztal. Von hier ist es nicht mehr weit zur Trissel-Alm. Beim Rückweg liegt der mächtige Speicher Durlassboden vor uns.

29. Sulzbachfall *

Der Sulzbachfall im unteren Sulzbachtal bei Neukirchen am Großvenediger ist ein Muss für jeden Besucher des Oberpinzgaues. Auf einem Rundweg (Nummer 18) kann das Naturdenkmal von vielen Kanzeln aus bewundert werden. Besonders beeindruckend sind die gelben Flechten an den Felsen der Schlucht. Geht man den Knappenweg oberhalb des Falles weiter, so gelangt man zum Schaubergwerk „Hochfeld", wo zwischen 1569 und 1861 Kupfer abgebaut wurde.

30. Schösswendklamm *

An der Felbertauernstraße, 7 km südlich von Mittersill in der ersten Linkskurve oder 300 m geradeaus weiter auf der Straße zum Hintersee, wurde im Jahr 1980 ein nach dem Zweiten Weltkrieg beliebtes

War Henry Moore hier?

Wanderziel wieder zugänglich gemacht: die Schösswendklamm. Sie liegt direkt am alten, schon von den Römern benutzten Saumweg. Der Felberbach zwängt sich durch zähe Biotit-Hornblende- und Grünschiefergesteine. Zwei Brücken und eine Kanzel wurden mit Unterstützung des Bundesheeres angelegt, so dass der sehenswerte Wasserfall und zwei Felsentore, die an eine Plastik von Henry Moore erinnern, gefahrlos betrachtet werden können. Besuchern der Schösswendklamm rate ich, auch den Pembacher Wasserfall direkt gegenüber der Klamm und das Naturdenkmal Hintersee im Talschluss zu besuchen.

31. Gadaunerer Schlucht *

Der Gasteiner Höhenweg zwischen Bad Gastein und Bad Hofgastein führt beim Naturdenkmal Gadaunerer Schlucht vorbei, die absolut sehenswert ist. Der Bach hat eine gewaltige Schlucht in den Berg gerissen, so dass einige Vorkehrungen getroffen werden mussten, um den Weg weiterzuführen. Zunächst die Warnung vor Steinschlag, dann geht es in den Maria-Stollen, der erst im Jahr 1996 gebohrt wur-

Ein Stollen für die Sicherheit

de, der Felsenweg ist durch ein Geländer gesichert, es taucht ein Wasserfall auf, den wir in einem gebogenen, beleuchteten Tunnel unterqueren, wir sehen mächtige Gitter, die das Gestein halten, und verlassen dann das großartige „Amphitheater". Wer nicht den ganzen Höhenweg gehen kann, fahre durch Gadaunern rechts des Baches das Strässchen hinauf, wo er den Höhenweg kreuzt. Dort kann man parken und ist in 10 Minuten bei der Schlucht.

32. Gasteiner Wasserfall **

Es hieße Eulen nach Athen tragen, wollte ich für den Gasteiner Wasserfall Werbung machen. Er ist weltberühmt, aber vielleicht weiß nicht jeder, dass neben dieser großartigen Schlucht der Wasserfallweg die Kaskaden begleitet. Ich beginne ganz unten: Neben der Preimskirche und dem Hotel „Mirabell" führen Stiegen zum Talgrund, von wo man den ganzen Wasserfall bewundern kann. Er stürzt direkt auf einen zu: 341 m Fallhöhe in drei Stufen. Von hier führt der Wasserfallweg am orographisch rechten Ufer an einer Therme vorbei zur bekannten Brücke, von der nach oben und unten fotografiert wird. Dann geht es weiter berg-

Ein Weg begleitet die
Naturschönheit

auf, Aussichtsterrassen laden immer wieder zum Staunen ein, man entdeckt einen „Seitenast" des Wasserfalles, der aber durch eine Mauer trockengelegt wurde. 163 m und 58 m sind die beiden oberen Katarakte hoch, bald kommen wir zur Hohen Brücke, die bis zum Jahr 1909 eine Holzbrücke war und im Jahr 1983 verbreitert wurde. Zum Schluss noch ein kurioser Abschluss des Spazierganges: Mit dem Lift der Garage aus dem 11. Stock, wo man einen schaurigen Tiefblick genießen kann, wieder zurück auf den Hauptplatz bei der Brücke. Köstlich!

TENNENGAU

33. Liembachklamm;
34. Zinkenbachklamm;
35. Ackersbachklamm *

Auf der 10 km langen Forststraße von der Postalm hinunter nach Voglau bei Abtenau, der alten Postalmstraße, passiert man drei Klammen: Die Liembachklamm parallel zur Straße kann von einer massiven Holzbrücke eingesehen werden, der Höhepunkt ist die Zinkenbachklamm, die so tief und geschwungen ist, dass man nicht bis zum Grund sieht, und schließlich die Ackersbachklamm, wo sich unter der Brücke zwei Bäche vereinigen. Die Straße wird fast ausschließlich von den Radfahrern und Mountainbikern benützt, die neue Postalm-Mautstraße führt nicht daran vorbei.

36. Aubachschlucht *

Die Aubachschlucht in Voglau bei Abtenau (Wegnummer 17), die im Jahr 1977 zum Naturdenkmal erhoben wurde, ist unbedingt einen Besuch wert. Sie wird zwar meist nur als Aubachfall erwähnt, aber der Aubach durchfließt hier eine imposante Schlucht, bevor er in die Lammer mündet. Den Aubachfall kann man von mehreren Seiten betrachten, es führt auch ein Steig, der sich unauffällig in den Seitenwänden der Schlucht hinunter windet, zum Talboden hinab.

37. Taugler Strubklamm *

Die Taugler Strubklamm liegt fernab von Lärm und Unruhe am Fuß des Trattberges. Von Vigaun geht es zuerst an einem Gletscherschliff vorbei nach Sommerau (8 km) und dann noch rund 4 km auf abenteuerlicher Straße Richtung Grundbüchl (der Hügel im Talgrund), auf Tafeln steht „Bergalm". Plötzlich eine gelbe Hinweistafel zum Naturdenkmal Strubklamm. In einer etwas längeren Ausweiche kann man parken. Ein Steiglein führt in kürzester Zeit zum Wasser – und dann beginnt man zu staunen: Oberhalb der Klamm befand sich vor vielen Jahren eine Klause, von der jetzt noch streifenförmige und dreieckige Einkerbungen im Felsen zeugen. Gleich danach ein Wasserfall, und man staunt, wie tief sich die Taugl auf so kurzer Wegstrecke ihr Bett in den Felsen gegraben hat. An ihrer engsten Stelle wurde ein Steg errichtet, von dem man die ungeheure Tiefe gut erkennen kann. Gleich daneben ein Baum, der seine mächtige Wurzel wie einen Rüssel quer über die Klamm wachsen ließ. Geht man noch ein Stück bergab, passiert man ein Gedenkkreuz für einen verunglückten jungen Mann, der als Wildwasserfahrer hier sein Leben ließ. Halten wir uns rechts, so kommen wir in einen ehemaligen Bachverlauf. Dort sind drei Geländer ange-

Ein „Baumrüssel"
über der Klamm

bracht, die uns Tiefblicke gewähren, der schönste direkt auf einen Wasserfall. Wer den ehemaligen Triftsteig weiter geht, kann dann das Ende der kurzen Klamm in einem Becken mit schönen Auswaschungen erkennen. Es lohnt aber nicht wirklich, so tief hinunter zu steigen.

38. Almbachklamm;
39. Strubklamm *

Zwischen Hallein und Faistenau finden wir das Wiestal mit der Almbachklamm und der Strubklamm. Die beiden gehören zusammen: Sie liegen nicht nur in derselben Gesteinszone, sie sind auch beide sehr, sehr tief und nicht begehbar, weil sie unterhalb von Staumauern liegen, wohl aber finden in ihnen Canyoning-Touren statt. So weh das dem Naturfreund tut, hat man doch Verständnis dafür, dass die Stauseen seit dem Beginn des vorigen Jahrhunderts der Stromerzeugung für die Stadt Salzburg dienen. Es bleibt uns daher nichts anderes übrig, als von der Wiestalstraße und der Staumauer in die Almbachklamm zu blicken. An dem 4 km langen Wiestalstausee gelangen wir über das Werkschulheim Felbertal auf enger, abenteuerlicher Straße und durch einen Tunnel zur Staumauer der Strubklamm. Kurios, das Staubecken ist leer, Bäume und andere Pflanzen wachsen darin, das Gasthaus hat eine Terrasse hoch über dem gedachten Wasserspiegel. Was ist da passiert? Der Boden ist undicht, sodass nur nach langen Regenfällen Wasser im Staubecken ist, das aber schnell wieder versickert. Auf der Staumauer erinnert ein Kreuz an die verunglückten Arbeiter beim Bau, dahinter gibt es beängstigende Tiefblicke in die Klamm, die man aber auch von der Staumauer und dem Metzgersteig, der sich aber nach 500 m von den Steilwänden der Klamm entfernt, genießen kann. Weiter flussaufwärts, Richtung Faistenau, aber am Bach bleibend, befindet sich noch eine Naturschönheit: das Felsenbad. Für Kinder ist es besonders interessant, in dieser Felsenlandschaft zu klettern und sich dazwischen im Wasser abzukühlen.

40. Glasenbachklamm

Die Glasenbachklamm im Süden von Salzburg ist leider keine Klamm, sondern nur eine Schlucht mit einer Forststraße. Von besonderem

Interesse ist ihr geologischer Aufbau, den man beim Durchwandern kennen lernt. Auf vielen informativen Tafeln werden Gesteinsformationen, Urtiere und Pflanzen in Bild und Text dargestellt. Höhepunkt dieses Abschnitts des Ruperti-Weitwanderweges ist wohl die Saurier-Fundstelle. Im Jahr 1977 wurde dort ein Ichthyosaurus (Fischsaurier) gefunden und daraufhin ein Gedenkstein mit dessen Abbild errichtet. Also nochmals: Keine Klamm, aber ein Paradies für Geologen und Steinesucher!

41. Hexenloch ✶ ✶

Eine Klamm in der Stadt Salzburg? Unmöglich! Eine Waldschlucht im Schlosspark von Aigen am Fuße des Gaisberges? Ja! Und was für ein ungewöhnlicher Spaziergang! Über das Bildungshaus St. Virgil gelangt man zum Ortsteil Aigen, der am Kirchturm leicht zu erkennen ist, und zum geschützten Landschaftsteil „Aigner Park". Vom Parkplatz geht es dem Bächlein entlang bis zu einem Steg, dann beginnt eine Waldschlucht, und nach kürzester Zeit befinden wir uns beim Hexenloch, das der eigentliche Grund ist, Sie in diese Schlucht zu locken. Dieses Hexenloch ist etwas Einmaliges: Es ist eine stollenartige Höhle, die man begehen kann, bei höherem Wasserstand barfuß oder in Sandalen, und in der man nach ein paar Metern zu einem Wasserfall gelangt, der aus einer kleinen Klamm herausschießt. Man kann aus dieser Höhle hinten wieder heraussteigen und zum Eingang zurück kraxeln. Kurios ist, dass auf einer Tafel Folgendes steht: *„Früher konnte man durch diesen Durchgang zu einem Wasserfall gelangen, der inzwischen verschwunden ist, da sich das Wasser immer tiefer in das Konglomeratgestein eingeschnitten hat."* Man liest es staunend. Der Weg führt dann noch weiter bergauf zu einem Felsen und einer Grotte. Die Geschichte des Parks ist interessant: 1402 wurde hier erstmals das Salzburger Domkapitel als Eigentümer erwähnt, ein späterer Besitzer war Fürst Schwarzenberg, der unter anderem für die Ausgestaltung des Parks sorgte, wie wir es ja aus der Zeit der Romantik von anderen Orten her kennen (Gebiet um Mödling). Mozart, König Ludwig, Franz Grillparzer und Nikolaus Lenau weilten hier. Aber jetzt ist dieses Gebiet ein Geheimtipp für die Salzburger und das Hexenloch ein Paradies für Kinder.

42. Zinkenbachklamm/Wolfgangsee *

Die Zinkenbachklamm in Gschwendt liegt in der Nähe des Südufers am Wolfgangsee. Der Zinkenbach ist jenes Gewässer, das durch seine Ablagerungen ein Delta und damit die typische Form des Wolfgangsees gebildet hat. Die Klamm ist eigentlich nur durch einen schönen Wasserfall sehenswert, über dem sich hoch über dem Wasser eine Brücke spannt. In diesem Gewässer habe ich einmal flache Steine gesucht und am ersten Schultag in der Klasse damit eine Pyramide gebaut, für jedes Kind einen Stein. Da das aber eine wacklige Angelegenheit war, schrieb ich an die Klassentür: ACHTUNG EINSTURZGEFAHR! Die Aufregung der Eltern können Sie sich vorstellen! „Jetzt nach den Ferien …!" Folgt man dem Hauptgewässer, so erreicht man nach 3 km leicht ansteigender Forststraße die so genannte Gais-Enge. Hier zwängt sich der Zinkenbach in 40 m Tiefe durch das Gestein, was wir von einer Brücke gut beobachten können. Noch ein paar Meter auf der Straße zur Königsbergalm, und wir können zwischen den Zweigen wieder einen Wasserfall erkennen. Wer die Einsamkeit sucht und dem Wolfgangsee-Trubel entkommen will, wird hier in diesem Tal seine Freude finden. Erwähnenswert ist auf jeden Fall das Arboretum beim Parkplatz, das die Österreichischen Bundesforste am 30. Mai 2003 eröffneten. Das ist ein lebendes Freilichtmuseum, in dem die Besucher von einem Hochsteg in 6 m Höhe einen Einblick in das Blätterdach des Waldes haben und zu ebener Erde 66 verschiedene Bäume „studieren" können.

43. Falkensteinschlucht *

Der Falkenstein zwischen St. Wolfgang und St. Gilgen ist ein Berg mit einer gewaltigen Felswand, die in den Wolfgangsee abfällt. Er ist von Schluchten durchzogen, die man auf dem steilen Weg von Fürberg und auf den Steigen zum Schöffel- und Aberseeblick durchqueren muss. Diese schluchtartigen Gräben gaben wahrscheinlich den Anstoß zu der Legende von der „Anlainung". Eines Tages ging Wolfgang bergauf zum Falkenstein. Da schien es ihm, als wolle der böse Feind die Berge gegeneinander fallen lassen, um ihn zu erdrücken. Der Heilige lehnte sich „kreuzweise" gegen den Falkenstein und verhinderte so das Einstürzen des Berges.

Tirol

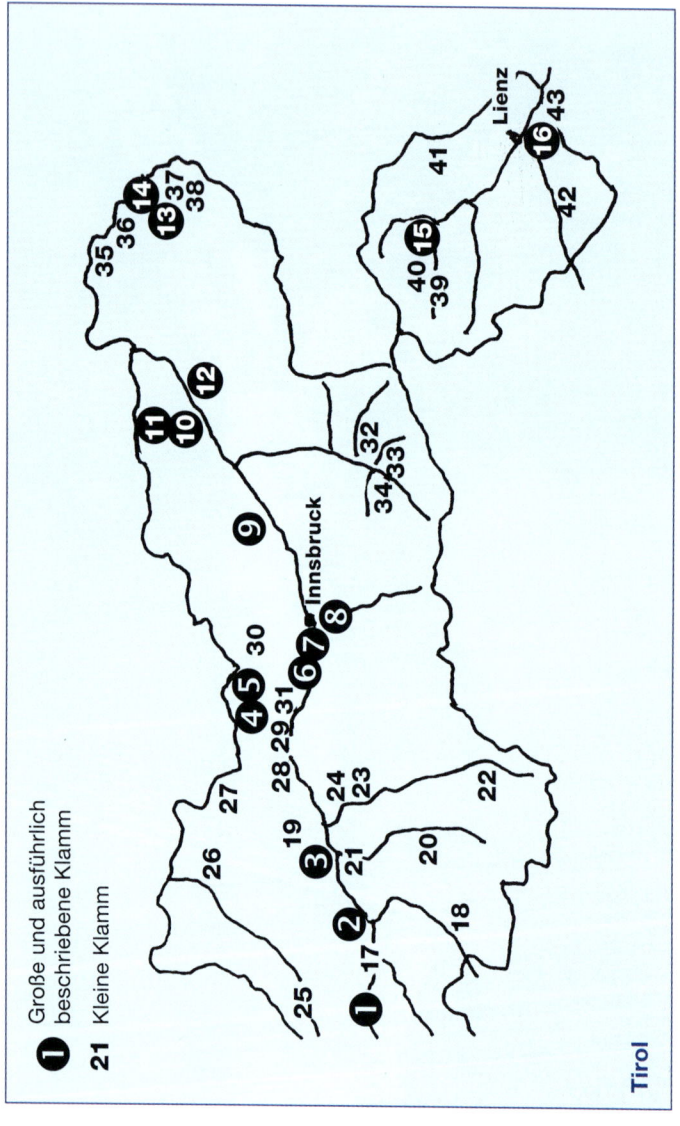

Große und ausführlich
beschriebene Klamm

21 Kleine Klamm

Innsbruck

Lienz

Tirol

Oberland (westlich von Innsbruck)

1. Schnanner Klamm **
2. Zammer Lochputz ***
3. Rosengartenschlucht ***
4. Erlebnispfad Leutaschklamm ***
5. Leutaschklamm ***
6. Ehnbachklamm *
7. Kranebitter Schlucht (**)

Unterland (östlich von Innsbruck)

8. Sillschlucht
9. Wolfsklamm ***
10. Tiefenbachklamm ***
11. Kaiserklamm ***
12. Kundler Klamm **
13. Griesbachklamm **
14. Hasslerschlucht (Haslerschlucht) **

Osttirol

15. Prosseggklamm **
16. Galitzenklamm ***

Kurzbeschreibungen kleinerer Klammen

Oberland

17. Schlucht von Strengen
18. Radurschelschlucht *
19. Salvesenklamm *
20. Pitzenschlucht
21. Pitzenklamm *
22. Kühtrainschlucht
23. Achstürze – Wällerbrücke *
24. Auerklamm *
25. Höhenbachschlucht – Simms-Wasserfall *

_____

Foto umseitig:
Rosengartenschlucht

26. Stuibenfälle in der Archbachschlucht ★ ★
27. Wasserfall und Klamm bei Ehrwald ★
28. Sturlbachschlucht ★
29. Strassbergerklamm (Zimmerbergklamm) ★
30. Gleirschklamm ★ ★
31. Schlossbachklamm

Unterland
32. Stillup(p)klamm
33. Dornaubergklamm ★
34. Tuxerklamm ★
35. Entenlochklamm ★
36. Daxerklamm ★ ★
37. Öfenschlucht
38. Teufelsklamm (Backofen) ★

Osttirol
39. Wasserschaupfad Umbalfälle ★ ★
40. Iselschlucht
41. Dabaklamm (Daberklamm) ★ ★
42. Sturzelbachklamm ★
43. Die drei Schluchten um den Lavanter Kirchbühel

---

1. Schnanner Klamm ★ ★

„Die Klamm und das Dorf – eine tiefe Beziehung"

Zugang: Auf der Bundesstraße Landeck – St. Anton/Arlberg zum nördlichen Ortsende von Schnann.

Klammlänge 50 m, Höhenunterschied 5 m, Gehzeit 2 min, ÖK Blatt 144.
Beste Zeit: Schneefreie Zeit.

Beschreibung: Wie viele Tausend mögen an der Schnanner Klamm vorbeigefahren sein, ohne zu wissen, dass sich nur wenige Meter neben der Bundesstraße eine Sehenswürdigkeit befindet, die in dieser Gegend ihresgleichen sucht. Vielleicht lassen sich einige überzeugen, dass vor oder nach der Fahrt durch den 14 km langen Arlbergtunnel ein bisschen Frischluft, ein bisschen Gehen gesund ist, und machen einen Abstecher zur Schnanner Klamm. Man sieht sie schon von der Bundesstraße aus und ist mit dem Auto in einer Minute vor ihrem Eingang. Sie ist eine echte, kurze Klamm mit wunderschönen Auswaschungen und so eng, dass man fast nicht den Himmel zwischen den aufragenden Wänden erblickt. Zunächst fällt ein Klettergarten auf, dessen Kletterführen interessante Namen tragen: „Halbmond", „Fein, aber mein", „Direkt" usw. Dann etwas Ungewöhnliches: Der

Der aufklappbare Steg

massive metallische Steg, der in den letzten Jahren gebaut wurde, weil der alte Weg immer wieder weggerissen wurde (Reste sind noch im Bachbett zu sehen), kann im Winter hochgeklappt werden. Eine teure, aber kluge Lösung! Ist die Kalkzone durchschritten, so fällt sofort das andersartige Gestein auf. Die Schieferzone wurde vom Wasser in jahrtausendelanger Arbeit ausgeräumt, das Tal ist sehr weit. Einst stand links am Weg ein Kreuz und berichtete, dass ein 7-jähriger Bub 200 m über die Felswand abstürzte. Dazu der seltsam-grausame Spruch, der einen Einblick in die frühere Glaubensmentalität vermittelte:

Als Gott die Englein zählte,
und ihm eines fehlte,
Er unsern Arthur wählte.

Das Interessanteste an dieser Klamm entdeckt man erst jetzt. Wendet man sich nämlich zur Engstelle zurück, so fallen einem in großer Höhe Namen, Beschriftungen und ein Kreuz auf. Das war beim ersten Besuch für mich unverständlich. Dankenswerterweise wurde vor Jahren am Beginn der Klamm eine informative Tafel angebracht, auf der die Klärung dieser Kuriosität (und vieles andere mehr) geboten wird. Ich gebe sie im Folgenden wieder:

„Geschichte der Schnanner Klamm

Die Schnanner Klamm wurde vom Wildbach offensichtlich ausgeschliffen. Sicher wurden mehrere Jahrtausende dazu benötigt. Die ganze Ortschaft Schnann steht auf einem Schuttkegel, der im Laufe der Zeit durch die Klamm geschleust wurde.

Im Winter schützt die Klamm das ganze Dörflein vor Staublawinen, die bis zu 40 m hoch an die Wand prallen. Die Besucher des Ereignisses klettern dann mit Pinsel und Farbe auf die Schneemassen, um sich zu verewigen. Daher stehen auch die vielen Schriftzeichen. Die drei Kreuze rechts an der Steilwand besagen, dass im Jahre 1848 drei Bauern beim Heuziehen von der Lawine mit ins Tal gerissen wurden. An jener Stelle, wo man sie fand, steht heute noch das Kreuz."

Durch Umwelteinflüsse bedingt, gab es in den Jahren 1986, 1991 und 1992 Hochwasserkatastrophen, die Teile des Ortes verwüsteten. Auch im Jahr 1995 war die Klamm unpassierbar. Da die Staumauer hinter der Klamm mit Geröll und Felsgestein gefüllt war, bohrte man rechts der Klamm einen Stollen. Durch ihn führt nun eine Straße, auf der Lastautos das Geröll zu Tal bringen können. Der Durchgang durch die

Klamm ist aber durch die neue aufklappbare Metallkonstruktion gesichert. Das alles ist absolut sehenswert!

Ausflugsziel in der Umgebung: Zammer Lochputz.

2. Zammer Lochputz ✳ ✳ ✳
„Tirols mystische Klamm"

Zugang: Von der Zamser Innbrücke auf Nebenstraße 1 km, Parkplatz, 5 Minuten.

Klammlänge 1.000 m, Höhenunterschied 40 m, Gehzeit 30 min, ÖK Blatt 144.

Beste Zeit: Juni bis Oktober, Eintrittsgebühr, Helmpflicht, Kinder unter zehn Jahren dürfen die Anlage nur in Begleitung einer Aufsichtsperson betreten.

Beschreibung: In Österreich geschehen immer noch Wunder auf dem Gebiet der Klammen. In der ersten und zweiten Auflage dieses Buches erwähnte ich den Lötzer Wasserfall in Zams, das Ende des Zammer Loches bei Landeck: Ein schöner Wasserfall in einer „aufge-

Neu ausgebaute
Erlebniswelten

schnittenen Röhre", zwei Wehrtürme aus dem 15. Jahrhundert und die Ruine Schrofenstein hoch über dem Tal. Seit Juni 2004 sind dieser Wasserfall und die dahinter liegende Klamm zu einem Erlebnis-Rundgang ausgebaut, der absolut sehenswert ist.

„Das Zammer-Loch mit seinem rauschenden Wasserfall faszinierte bereits Anfang des vorigen Jahrhunderts die Besucher, die mit Kutschen zum Ausgangspunkt des Naturschauspiels gebracht wurden. Die wilde Naturschönheit und die Geheimnisse des Zammer Loches blieben bislang allerdings Kletterern vorbehalten, die mit Seilen und einer gehörigen Portion Mut ausgerüstet die Klamm durchstiegen. Vorbei an einer Hängebrücke zu einer alten verfallenen Schmiede geht es, steil über Steige im Fels, einer Höhle im Berg zu, aus der wundersame Glocken klingen. Wer sie durchquert, muss einen Blick in das eigene Herz tun, bevor er wieder im Tageslicht beim Wasserfall auf einen riesigen steinernen Stier, den ‚Zammer Lochputz' trifft, der den Kopf einer jungen Wassernymphe betrachtet und bewacht." (Aus dem Prospekt, den jeder Besucher mitbekommt.)

Dazu noch einige Bemerkungen: Zunächst verwundert die Helmpflicht. Es scheint, als würden neu ausgebaute Klammen, wie z.B. auch die Galitzenklamm bei Lienz in Osttirol, bei denen eine Eintrittsgebühr zu zahlen ist, als Schutz vor Verletzungen und wegen des Versicherungsschutzes das Tragen von (bunten) Helmen erfordern. Es ist für Kinder lustig, Erwachsene kamen 100 Jahre ohne Schutz aus. Die Höhle im Berg ist als Spiegelhöhle gestaltet, die weniger den Blick ins eigene Ich ermöglicht, sondern mit ihren gebogenen Spiegeln an ein Lachkabinett erinnert. Wieder lustig für Kinder, aber ein Tribut an die Fun-Gesellschaft. Der Steig hinauf, wo am höchsten Punkt der gesamte „Triebwasserweg" des Kraftwerkes Zams besichtigt werden kann, ist aus massivem Metall mit beruhigenden Geländern, hinunter geht es auf geschottertem Weg steil und vorsichtig. Bei der Kassa gibt es das Sagenbuch und die CD „Der Zammer Lochputz" zu kaufen.

Der Zammer Lochputz, eigentlich etwas irreführend, denn dieser ist ja nicht der Name der Klamm, sondern der Stier, der über dem Wasserfall zu sehen ist, ist es wert, dass man die Fahrt in den Westen unterbricht. Die Autobahn führt direkt am Wasserfall vorbei, und man ist in wenigen Minuten von der Abfahrt Zams bei dem „wilden Wasser Tirols".

Zum Schluss noch eine kleine Sensation: Im Sommer 2005 war diese Naturschönheit jeden Mittwoch von 20.30 Uhr bis 22.00 Uhr geöffnet. „Ins Märchen eintauchen in der beleuchteten Klamm." Eine wunderbare Idee!

Ausflugsziele in der Umgebung: Schnanner Klamm, Venetbergbahn – der schönste Aussichtsberg Westtirols.

3. Rosengartenschlucht ★ ★ ★

„Von der Stadtmitte in die Blaue Grotte!"

Zugang: Imst, direkt bei der Johanneskirche.

Klammlänge 1.500 m, Höhenunterschied 200 m, Gehzeit 60 min, Markierung 11, ÖK Blatt 145.

Beste Zeit: Frühjahr bis Herbst.

Beschreibung: Direkt bei der Johanneskirche, fast im Stadtzentrum von Imst, entlässt uns ein schmiedeeisernes Tor in die Schlucht. Wir können gleich eine Rarität bewundern: in das Gestein eines Konglomeratfelsens gehauene Wohnräume, darüber Schutzgitter vor herabfallenden Steinen. An einer Hauswand hat ein Bauer alte Verzierungen, mit denen die Kühe beim Almabtrieb geschmückt wurden, befestigt. Im Bergl-Stollen werden Champignons gezüchtet. Dann beginnt die Rosengartenschlucht. Wasserkaskaden stürzen herab, wir queren den Bach und steigen über Stufen zu einer Engstelle. Bald stoßen wir auf Stufen, die in den Fels gehauen sind, müssen dreimal über Brücken und stehen staunend vor einem beeindruckenden Wasserfall. Dann verlässt der Weg den Wasserlauf, wird fast hochalpin und erlaubt uns einen Blick zum Tschirgant, es gibt mehrere Bänke zum Ausruhen, denn in der Mittagszeit legt sich die Sonne sehr in die Schlucht. Nun heißt es den Kopf einziehen, der Weg führt unter Felsen durch, bis wir den Blick zum Wasserfall und ins Inntal frei haben. Wir gehen ein Stück bergab, und nach einer Engstelle mit Brücke wird das Tal weiter, zwei Tunnel folgen, Wasserfälle und eine weitere Brücke. Hier endete früher der Weg durch die Schlucht, aber ab dem Jahre 2004 wird es nun sensationell! Der alte Ausstieg zur Straße nach Hochimst wurde gesperrt, der Weg führt unter einer Brücke weiter, und nun kündet ein Wegweiser weiter zur Rosengartenschlucht – Wieso? In der war man ja schon! Nach 30 Minuten gelangt man auf einem Weg neben der Schlucht zur Blauen Grotte. Was ist das? Es ist ein 2000 Jahre altes Bergwerk, das bis zum Jahr 2004 nur einer Minderheit bekannt war. Die Gemeinde

Achtung! Kopf einziehen!

Imst ließ um 200.000 € den Steig durch die Schlucht verlängern, um zur Blauen Grotte zu gelangen, und gestaltete dieses Naturjuwel aus, damit man es sicher betreten kann. Was ist also die Blaue Grotte? In der Römerzeit wurde hier *„nach silberhaltigem Bleiglanz gesucht. Der Geologe Peter Gstrein vermutet, dass bereits in den ersten Jahrhunderten nach Christi Geburt mit der Feuersetzmethode abgebaut wurde; dabei wurde das Gestein des Felsens durch die Erhitzung spröde und konnte auf diese Weise leichter abgeschlagen werden. So entstand die Blaue Grotte, die wohl in ihrer Art einzigartig in Tirol ist. – Ein Arbeiter schaffte es, in einer achtstündigen Schicht zirka 20 Kilogramm aus dem Massiv zu schlagen. – Mit Hammer und Meißel trieben die Bergleute Stollen in den Stein und schufen einen mannshohen Gang, der 35 m misst. Wenn man bedenkt, dass an einem Tag zirka ein Zentimeter Gestein abgearbeitet werden konnte, kann man sich ausrechnen, wie lange die Bergarbeiter brauchten, um eine derartige Länge zu erzielen: gute drei Jahre. Erst ab 1670, zu Beginn der Neuzeit, wurden Sprengungen üblich. Da es in der Blauen Grotte keinerlei Hinweise auf Sprengungen gibt, wird vermutet, dass dort ab diesem Zeitpunkt mit dem Abbau aufgehört wurde."*

(Kostenlose Führungen finden jeden Montag um 14 Uhr ab Imst statt.) Und wie sieht die Blaue Grotte aus? Es sind zwei kreisförmige Höhlen, die miteinander verbunden sind. Durch „Steinfenster" kommt Tageslicht herein, und man hört das Wasser rauschen. Ein unvergessliches Erlebnis! In 10 Minuten ist man in Hochimst, und dort gibt es Dinge, die Groß und Klein erfreuen: Die längste Alpen-Achterbahn der Welt, genannt Alpine Coaster, einen kleinen Naturbadesee mit Trinkwasserqualität, ein Bungee-Trampolin und Lokale zum Einkehren.

Wie geht es jetzt zurück nach Imst? Da bietet sich ein Rundweg über die unbekannte **Hachleschlucht** an (Wegnummer 17). Diese Schlucht ist ebenso großartig wie die Rosengartenschlucht, aber eben nicht ausgebaut. Man geht immer auf der rechten Talschulter und kann dabei einige Blicke in die Schlucht werfen. Nach einem steilen Abstieg im letzten Teil erreicht man wieder die Stadt Imst, und in wenigen Minuten ist man beim Einstieg in die Rosengartenschlucht. Ein wunderbarer Tagesausflug!

4. Erlebnispfad Leutaschklamm ★ ★ ★
„Die EU hat die Klammen entdeckt!"

Dieser Erlebnispfad wurde erst am 20. August 2005, der Themenweg „Im Reich des Klammgeistes" und der grenzüberschreitende Rundweg direkt von der Klammkassa der Leutaschklamm hinauf Richtung Straße und Schanze werden erst im Juni 2006 eröffnet. Die Angaben resultieren daher aus einem oberflächlichen Besuch und den Unterlagen der Gemeinde Leutasch.

Zugang: Vier Zugänge, zwei in Österreich: Leutascher Schanze und an der Straße nach Mittenwald ungefähr 10 min, zwei in Deutschland beim Eingang der Leutaschschlucht und beim Gletscherschliff, ungefähr je 30 min.

Klammlänge 3 km, davon ausgebaut 850 m, Höhenunterschied: mit Zugang rund 30 m, Schanze – Mittenwald 120 m, Gehzeit 30 min, Rundweg 60 min, ÖK Blatt 117.

Beste Zeit: Frühjahr bis Herbst, Parkplatzgebühr.

Beschreibung: *„Diese spektakuläre Schlucht mit ihren größtenteils senkrechten Wänden zu erschließen, war zwar immer schon ein*

Von der EU gefördert!

Wunschtraum der Touristiker, war aber für eine Gemeinde wie Leu-
tasch unfinanzierbar.

Die EU hat mit dem EUREGIO-Gedanken geradezu eingeladen, ein
grenzüberschreitendes Projekt auszuarbeiten und erhebliche Förder-
mittel (50 %) zu lukrieren. Der Tourismus spielt dies- und jenseits der
Staatsgrenze eine große Rolle, also war es naheliegend, den Gästen
einen völlig neuen, höchst attraktiven, grenzüberschreitenden Wan-
derweg durch die spektakuläre Schlucht der Leutascher Ache einzu-
richten. Aber immer noch waren die restlichen Finanzierungskosten
für die beteiligten Gemeinden Leutasch und Mittenwald zu hoch, ob-
wohl sich auch das Land Tirol mit 30 % an diesem sensationellen Pro-
jekt beteiligte. Immerhin ging es um Gesamtkosten von 1,365.000,-
Euro. Als man schon befürchten musste, dieses Projekt niemals in die
Tat umsetzen zu können, kam die freiwillige Fusion der Tourismus-
verbände des Seefelder Plateaus, somit auch des Leutaschtales. Das
´Klamm-Projekt´ als echte Attraktion für Gäste aus nah und fern mach-
te es plausibel, dass auch Seefeld mit seiner Finanzkraft und die klei-
neren Fusionspartner sich an den Kosten beteiligten. Nun konnte zur
Realisierung geschritten werden.

Wie fast immer verteuerte sich das Projekt auf Grund unvorhersehbarer geologischer Probleme erheblich. 3 m tief musste jeder einzelne Anker in den brüchigen Kalkfels getrieben und gedübelt werden, mit welchem die Konstruktion verschraubt wurde. Von EUREGIO und dem Land Tirol waren keine zusätzlichen Mittel mehr zu bekommen, also beschloss man schweren Herzens, den Erlebnispfad an zwei Stellen hinauf an den Schluchtrand zu verlegen, wo erheblich billiger gebaut werden konnte.

Im vergangenen Sommer (2004) kam es zu einer ersten Begehung inzwischen fertig gestellter Teile. In luftiger Höhe zwischen 15 und 20 m über dem Fluss schritten alle beteiligten Bürgermeister über den Steg. Traurig blickte man in die unerschlossen bleibenden Schluchtteile. Oben am Schluchtrand würde man nur wenig davon sehen. Beim anschließenden Weißwurstessen ging ein Ruck durch die Ortsvorsteher: Die fehlenden 90.000 Euro für einen kompletten Schluchtausbau müssen her, koste es, was es wolle. Ohne EUREGIO, ohne das Land Tirol würde es die beteiligten Gemeinden nach dem Einwohnerschlüssel noch einmal hart treffen, aber wenn nicht jetzt, dann nie – das war die Erkenntnis. Also ging man erneut in die Gemeinderäte – und erhielt in jedem einzelnen Ort einen einstimmigen Beschluss: Dieses Jahrhundertbauwerk muss perfekt durchgeführt werden, da ist kein Platz für faule Kompromisse. An vorderster Front ‚kämpften' natürlich die Bürgermeister der am meisten betroffenen (und auch profitierenden) Gemeinde Leutasch als Grundeigentümer.

Die Baukosten laut Schätzung betragen rund € 1,365.600, es darf kein Eintritt eingehoben werden, das war eine Auflage der EUREGIO als Hauptförderer, eine Parkgebühr wird aber eingehoben werden."

Die Begehung des Erlebnispfades gliedert sich in drei Abschnitte:

Zum oberen Schluchtabschnitt auf Leutascher Seite zählt der Parkplatz im Bereich Schanz, die Verbindung zum bestehenden Fußweg in der beginnenden Schlucht bis zum mittleren Schluchtabschnitt beim alten Wasserkraftwerk. Hier erfolgt der Zugang zum eigentlichen Laufsteg bis zur Höllkapelle. Es sind rund 425 lfm Steg auf Konsolenkonstruktion und die Höllbrücke mit rd. 24 m Spannweite. Hier befindet sich ein weiterer Zugang von der Straße aus in ähnlicher Konstruktionsweise. Der untere Schluchtabschnitt ist die Fortsetzung von der Höllbrücke bis zur Panoramabrücke mit einem Zugang zum Gletscherschliff (und gleichnamigen Gasthaus) und dem Zugang Mittenwald. Auch dieser Abschnitt umfasst rund 425 lfm Steg auf Konsolenkonstruktion, rd. 1.010 lfm Weg und die Panoramabrücke mit rd. 27 m Spannweite (einseitig abgespannte Brücke).

Die Konsolenkonstruktion besteht durchgehend aus verzinkten Stahlprofilen, ebenso die Laufstege und die Geländerkonstruktion (langlebig, geringer Wartungsaufwand). Die Konsolen werden mit Injektionsdübeln (2–3 m lang) an der Felswand verankert. Die Konstruktion ist durchlässig für Regen und Licht, wodurch die Vegetation unter den Laufstegen weiter bestehen kann. Durch die ‚transparente' Konstruktionsart wurde der Eingriff in die Natur (Felsabtrag und Böschungen) so gering wie möglich gehalten.

Die beiden Brücken bestehen aus einer Aluminiumkonstruktion. Aufgrund des geringeren Gewichts war ein Einfliegen mittels eines Hubschraubers möglich.

Es ist zu hoffen, dass dieser Erlebnispfad von den Besuchern des Gebietes gut angenommen wird, dass es zu keiner Konkurrenz zur Leutaschklamm kommt, denn jede hat ihre eigene Note: Der Erlebnispfad ist in luftiger Höhe, kühn, lang, ohne Wasserfall und kostenlos, die Leutaschklamm in der Nähe des Wassers, kühl, kurz und eine echte Klamm mit Wasserfall. Vielleicht trifft das neue köstliche Symbol das Wesentliche: Der bayerische Löwe tanzt mit dem Tiroler Adler.

Ausflugsziele in der Umgebung: Leutaschklamm, Leutascher und Seefelder Becken.

5. Leutaschklamm ✳ ✳ ✳ (Überarb. s. Anhang)
„Die deutsche Klamm " (früher „Die DM-Klamm")

Zugang: Leutasch – Grenze – Mittenwald oder Seefeld – Scharnitz – Grenze – Mittenwald, Hinweistafel am südlichen Ortsende, 15 min.

Klammlänge 200 m, kein Höhenunterschied, Gehzeit hin und zurück 15 min, ÖK Blatt 117.

Beste Zeit: Frühjahr bis Herbst, Eintrittsgebühr.

Beschreibung: Diese Klamm ist etwas Einzigartiges: Sie liegt zur Gänze in Österreich, kann aber nur von Deutschland aus begangen werden. Am Beginn der Klamm steht eine Tafel mit der Aufschrift „Achtung Staatsgrenze". Wir zahlen also in Deutschland und gehen dann Richtung Heimat. Interessant ist, wer für Ausbau, Erhaltung und

Der Zugang ist nur von
Deutschland aus möglich

Sicherheit der Klamm verantwortlich ist: die Brauerei Mittenwald! Sie ließ die Stege der Klamm im Mai/Juni 1975 wieder herstellen. Auf der Rückseite der Eintrittskarte liest man folgende köstliche Formulierung: *„Für die in den Bergen und der Witterung eigentümlichen Gefahren haftet die Brauerei Mittenwald und der Pächter den Besuchern nicht!"*

Hier stehen wir vor einer echten Klamm. In der Felswand grüßt uns ein Heiliger. Er ist nicht zu erkennen! Ganz untypisch ist er dargestellt, der hl. Nepomuk. Nur das Kreuz in der Hand bestätigt die Aussage des Klammwartes. Die Felsen stehen eng aneinander, der Steg wurde mit Traversen und technischen Hilfsmitteln kunstvoll ausgebaut. Eine Tafel kündet uns vom erstmaligen Ausbau der Klamm: *„Sin für Naturschönheit trieb año 1880 Hr. Matthäus Neuner Musik-Instrumenten-Verleger von Mittenwald, uns diese Klam̄ zu erschließen."* Aber immer wieder zerstörte Hochwasser die Anlagen, so gab es im August 1936, im Juni 1959 und im August 1970 Totalschaden, wovon auch eindrucksvolle Fotografien beim Häuschen des Klammwartes Zeugnis geben. In der Klamm sieht man noch die Hochwassermarken aus den Jahren 1959 und 1970, die sich fast in Steghöhe befinden (gleich nach der Erschließungstafel). Zwei Eisenringe der alten Steiganlage erinnern ebenfalls noch an die immer wiederkehrenden Gefahren durch Hochwasser.

Sehr bald sind wir am Ende der eindrucksvollen Klamm und suchen dort wahrscheinlich den Regenbogen, der auf einer der Ansichtskarten abgebildet ist. Die Sonnenstrahlen können aber nur in den Monaten Mai bis Anfang August in der Früh bis 9 Uhr die Tröpfchen des 23 m hohen Wasserfalls erreichen, sonst nicht. Zu der Muttergottesstatue hat mir der Klammwart eine Geschichte erzählt: Seine Mutter hatte diese in einer Nische aufgestellt. Eines Tages rief ein Angestellter des E-Werkes an und sagte: „Eine Muttergottesstatue hängt am Rechen!" Es stellte sich heraus, dass unbekannte Täter die Statue vermutlich stehlen wollten, aber als sie erkannten, dass die Statue nicht aus Holz, sondern nur aus Kunststoff war, warfen sie sie in die Ache und sie wurde so wieder gefunden. Steht man dann am Ende des Steges, kann man sich ausmalen, wie schön es wäre, wenn die Klamm noch 3 km weiter ausgebaut wäre, so lange zieht sich nämlich die Schluchtstrecke hin. Nun wurde aber die Klamm wirklich ausgebaut, aber von der Leutascher Seite aus, durch den Wasserfall gibt es aber keine Verbindung der beiden (siehe S. 159). Die deutsch-österreichische Klamm hat den Vorteil, dass der Steig direkt oberhalb des Wassers verläuft.

Beim 23 m hohen
Wasserfall ist Ende

Ausflugsziele in der Umgebung: Erlebnispfad Leutaschklamm im von Österreich zugänglichen Teil der Leutaschklamm, Gletscherschliff mit Gasthaus, Wolpertinger-Museum und Geigenbaumuseum in Mittenwald.

6. Ehnbachklamm ⭑

„Zu Füßen des Kalvarienberges"

Zugang: Zirl Ortsmitte – Kalvarienberg 30 min, enge Straße nach Hochzirl.

Klammlänge 5 km, interessanter Teil 200 m, Höhenunterschied 50 m, Gehzeit 10 min, beschildert, ÖK Blatt 117.

Beste Zeit: Frühjahr bis Herbst.

Beschreibung: Die Ehnbachklamm kann von drei Seiten „derpackt" werden: vom Ort direkt, vom Kalvarienberg her oder von Hochzirl. Ich möchte die letzte Möglichkeit beschreiben. – Wir gelangen über die großartig angelegte Karwendelbahn oder über die serpentinenreiche Straße in das 1.100 m hoch gelegene Hochzirl mit seinem Landeskrankenhaus. Beim Bahnhof finden wir schon die Wegnummer 3 ins Brunntal und in die Ehnbachklamm. Eine halbe Stunde auf promenadeartigem Weg in wunderschönem Nadelwald, dann auf unbefahrener Forststraße, schließlich steil hinunter zur Talsohle des Brunntales. Nach geraumer Zeit erreichen wir die Josef-Gspan-Sperre. Über sie berichtet eine Tafel: *„Zur Erinnerung an den Partieführer der Wildbachverbauung Josef Gspan, der beim Bau dieser Sperre am 27. November 1962 tödlich verunglückte."*

Das vor uns liegende Stück der Klamm ist wirklich sehenswert. Das Tal ist so eng, dass der Steig in den Felsen gehauen werden musste. Hier können wir uns das Gnaumpenloch in Erinnerung rufen, das im hintersten Teil des Brunntales liegt und ähnlich gruselig ist. Darüber stellte mir liebenswürdigerweise ein Zirler Volksschuldirektor drei Sagen zur Verfügung. Hier folgen sie in Kurzfassung:

Zur Zeit Kaiser Maximilians trieb sich ein Wilderer herum, genannt „Der wilde Peter". Von den kaiserlichen Jägern verfolgt, flüchtete er auf die Solnalpe. In ein schreckliches Gewitter kommend, stieß der Wilderer einen gräulichen Fluch aus. Da wurde er vom Blitz erschlagen und stürzte den Felsen hinab in die fürchterliche Klamm. Seither hört man bei Gewittern einen Geist schreien, und die Zirler glauben beim Toben des Windes aus der Klamm den Ruf „Gnaump" zu hören. Daher heißt dieses Klammstück im Volk das Gnaumpenloch.

In alter Zeit soll in der Kirchgasse ein Wilderer gehaust haben, der bei allen gefürchtet war. Als er starb, wanderte er als Geist im Dorf umher, bis die Einwohner diesem Spuk ein Ende bereiteten. Es wurde ein frommer Kapuziner geholt, das Haus auszusegnen und den Geist zu vertreiben. Es gelang ihm nicht, erst zwei junge Kapuziner konnten den Geist in die Klamm bannen, das Dorf hatte seine Ruhe wieder.

Im Gnaumpenloch ist ein ehemals reicher Müller verbannt, der in seinem Erdenleben viel ungerechtes Gut zusammen geschart hatte. Sein Geist ist in die Klamm gebannt, und häufig hört man ihn des Nachts rufen: „Hilfe, helft mir!"

Wir verlassen nun diese „gottlose" Gegend und steigen zum Abschluss steil und mühsam zum Kalvarienberg auf, der wirklich sehenswert ist. Mich hat am meisten die Grotte unterhalb der Kapelle beeindruckt. Vom hoch über der Klamm gelegenen Kalvarienberg genießen wir eine herrliche Sicht auf Zirl, das Inntal und die Stubaier Alpen.

Ausflugsziele in der Umgebung: Einsiedl an der Straße, Kriegerdenkmal, Höhenweg zur Schlossbachklamm und zur Ruine Fragenstein.

7. Kranebitter Schlucht (**)
„Warnung! Gehen Sie nicht! – Die Heimat der Unholde!"

Zugang: Vom Innsbrucker Stadtteil Kranebitten 2 km.

Klammlänge unbestimmt, Höhenunterschied ungeklärt, Gehzeit unterschiedlich, Markierung: unsichtbar, ÖK Blatt 117.

Beste Zeit: Nur bei Schönwetter und wenn man wild entschlossen ist!

Beschreibung: Diese Hinweise sollen kein Scherz sein, sondern eine echte Warnung, denn diese Schlucht ist wild, ungepflegt, knorrig, urig und unheimlich. Zunächst deutet viel auf eine interessante Klamm hin: Klammstraße, Klammrast usw., doch dann – und das ist bezeichnend – fehlt der Hinweis auf den Einstieg. In einer Kurve der Klammstraße steht nur die Tafel „Magdeburger Hütte". Der „Weg" ist steil und steinig, es folgen Tritteisen, eine Eisenleiter liegt im Bachbett, Stahlseile hängen zur Hilfe herab, manchmal muss man den Weiterweg suchen, es folgt eine Klammstrecke, wo früher einmal eine Muttergottesstatue war, an der Wand lehnt ein Gitter, es ist einsam und beklemmend hier. Ja, welcher Innsbrucker geht in die Klamm, wenn die Nordkette vor ihm liegt? Welcher Fremde geht in die Klamm, wenn die Bergbahnen ihn in die Berge bringen? Oh, doch, ich traf um 19 Uhr einen Engländer am Beginn der Schlucht, einen Plan in der Hand, der mich fragte, ob das ein Wanderweg sei? Ich antwortete kurz und bündig: „Possible, but horrible!" Daraufhin ging er die Klammstraße weiter. Nur meine 13-jährige Tochter war ganz begeistert von der Schlucht. *„Der musst du zwei Sterne geben!"* Aber diesen Wunsch kann und darf ich ihr nicht erfüllen.

Diese wildzerklüftete Felslandschaft lässt es begreiflich werden, dass hier Sagen entstanden, die in ihrem fantastischen Geschehen beeindrucken. Hannes Gasser erzählt zwei davon in seinem Buch „Erlebnis Karwendel":

„Die Bergwelt rund um den Solstein ist besonders reich an Sagen. An manchen Donnerstagen finden auf dem Solstein sogar heute noch Hexentänze statt. Man muss sich nur ganz ruhig verhalten, um sie miterleben zu können, und, vor allem, man darf sich ja nicht sehen lassen. In den tief eingeschnittenen Schluchten bei Zirl und Kranebitten geht es ebenfalls nicht geheuer zu. Die Kranebitter Schlucht sollte man zur Mitternachtszeit meiden, da es die Geister dort besonders arg treiben. Neben den zahllosen Seelen schuldbeladener Verstorbener, die auf ihre Erlösung harren, trifft man dort auch die Saligen Fräulein, schreckliche Ungeheuer, und noch so manch andre unheimliche Gestalt.

Inmitten der Klamm befindet sich die so genannte Hundskirche, eine Stelle, wo sich die Felsen wie ein gotisches Gewölbe bogenförmig zueinander neigen. In alter Zeit sollen sich hier die letzten Heiden vor dem Christentum zurückgezogen haben und einen Götzentempel aus purem Gold und Silber errichtet haben. Als schlimmster Geselle unter all den unheimlichen Gestalten, die hier ihre Heimstätte haben, gilt der Rucksbux, ein wilder kleiner Kobold, der unvorsichtigen Wanderern auf den Rücken springt. Diese müssen dann die von Schritt zu Schritt schwerer werdende Last so lange tragen, bis sie tot zusammenbrechen.

Am Ende der Schlucht, dort, wo vom Solstein ein tosender Sturzbach herabfällt, befindet sich das so genannte Gnaumpenloch, eine ganz besonders wilde und eindrucksvolle Stätte. Hier büßt ein ehemaliger Müller aus Zirl, der als übler Wucherer bekannt war, für seine Sünden. Seit mehr als 100 Jahren steht das Männlein zitternd und frierend in der kalten Bachschlucht, und vor allem des Nachts kann man seine schaurigen Klagelieder hören. Mitleiderfüllte Bergknappen wollten ihn schon einmal mit Hilfe von Seilen retten. Als sie jedoch unten in der Schlucht angekommen waren, war das Männlein verschwunden.

Fälschlicherweise werden in den neuen Sagenbüchern der Rucksbux und der zitternde Müller oft als eine Gestalt behandelt, was jedoch nicht zutrifft. Über den Rucksbux gibt es noch einen alten Kinderreim, der über die böse Art dieses wilden Gesellen Aufschluss gibt.

> *Rucksbux aus der Klamm*
> *frisst d'Buben und d'Madel z'samm'.*

Vor allem eine dämonische Spinne ist unter dem schauerlichen Getier, welches in der Schlucht haust, zu nennen. Sie soll einmal siebzehn Geißen in ein einziges Netz eingesponnen haben."

Eine weitere Sage, die mit dem berühmten Arzt Paracelsus in Zusammenhang gebracht wird und Ähnlichkeit mit dem „Rumpelstilzchen" hat, wird auch überliefert. *Paracelsus wirkte einst in Tirol, konnte aber einer fremden Fürstin, die im „Goldenen Stern" in Innsbruck abgestiegen war, nicht helfen. Das vermochte ein kleines Männchen aus der Kranebitter Schlucht, das ihr einen Heil bringenden Trunk mit der Bedingung überreichte, die Fürstin müsse nach einem Jahr noch wissen, dass das Männchen Hahnenkikerle heiße, andernfalls müsse sie mit ihm als seine Braut in die Schlucht zurückkehren. Es kam, wie es kommen musste: Die Fürstin gesundete und vergaß den Namen. Nach einem Jahr wagte sich niemand in die Klamm, nur ein armes Dienstmädchen erbarmte sich der Fürstin und wartete stundenlang in einem Versteck, bis sie das Männlein entdeckte, das voll Schadenfreude rief: „Juche, dass die Fürstin im Stern nicht weiß, dass ich Hahnenkikerle heiß!" Nun war die Fürstin gerettet, und das Männchen kehrte wütend in die Kranebitter Schlucht zurück.*

8. Sillschlucht

„Die Geschichte spricht zu uns"

Zugang: Vom Innsbrucker Stadtteil Wilten 5 min.

Klammlänge 1.000 m, Höhenunterschied gering, Gehzeit 15 min, Markierung 4, blau, ÖK Blatt 148.

Beste Zeit: Ganzjährig begehbar.

Beschreibung: Die Sillschlucht, eingebettet zwischen der Hochfläche von Igls, Aldrans, Lans und Rans und dem Berg Isel mit seiner historischen und sportlichen Bedeutung, wird die Innsbrucker immer wieder zu einem kleinen Spaziergang verlocken, für Fremde jedoch kaum Anziehungskraft besitzen.

Von Interesse ist aber eine Sage, die hier angesiedelt ist und die Geschichte Tirols etwas erhellt: Vor langer Zeit lebten im Inntal in der Umgebung von Zirl zwei Riesen, Haymon und Thyrsus. Jeder machte dem andern die Herrschaft streitig, und so kam es zu einem Kampf, in dem Haymon den Thyrsus erschlug. In Dirschenbach (vgl. Thyrsusbach!), 4 km westlich von Zirl auf der anderen Seite des Inns, war der Boden blutgetränkt, und hier wurde früher das heilkräftige Steinöl, auch Thürsus- oder Tyrschenöl genannt, ebenso Ölschiefer, gewonnen. Aus ihm stellt die Pharmazie das Ichthyol her.

Den Sieger Haymon aber erfasste Reue über seine Untat, und er beschloss, am Ausgang der Sillschlucht ein Kloster zu bauen. Doch das, was er tags zuvor errichtet hatte, zerstörte ein Drache, der in der Schlucht lebte, des Nachts. So kam es auch hier zum Kampf, der so gewaltig war, dass die ganze Gegend erzitterte. Haymon blieb mit Gottes Hilfe Sieger, baute das Kloster und lebte bis zum Jahr 878 n. Chr.

Am Hauptportal der Stiftskirche Wilten stehen zur Erinnerung die beiden Riesen, und auch im Vorraum der Kirche steht linker Hand noch einmal ein hölzerner Haymon, der in seiner übertriebenen Schlankheit köstlich wirkt. Was aber für mich das Berührendste ist und vielleicht nicht sofort erkannt wird, ist dies: In der Hand hält Haymon die rote, gewundene Zunge des besiegten Drachens.

Das Schöne an dieser Sage ist, dass man ihren wahren Kern herausschälen kann: Der Kampf zwischen dem Illyrer Thyrsus und dem Baier Haymon symbolisiert den Kampf des Heidentums mit dem Christentum nach der Völkerwanderung.

Ausflugsziel in der Umgebung: Berg Isel (Aufstieg vom Kinderspielplatz in der Schlucht), Schloss Ambras in Amras, das größte Renaissanceschloss Österreichs.

Durchs Unheimliche zum Heiligtum

9. Wolfsklamm ★★★

„Durch die Klause zur Klause"

Zugang: Stans bei Schwaz 800 m, Parkplatz mit Gebühr.

Klammlänge 1.100 m, Höhenunterschied 150 m, Gehzeit 30 min (Stans – St. Georgenberg 90 min), Markierungstafeln, ÖK Blatt 119.

Beste Zeit: Geöffnet vom 1. April bis 31. Oktober, Eintrittsgebühr.

Beschreibung: Die Wolfsklamm wird im Prospekt als die „schönste Wildbachbegehung Tirols" bezeichnet und wird diesem Prädikat durchaus gerecht. Zunächst ist man etwas enttäuscht. Nachdem man bezahlt hat, wandert man in einem weiten Tal, der Weg ist zwar zeitweise in den Felsen gehauen, man bestaunt einen auf der anderen Seite des Stallenbaches gelegenen mächtigen Felsen, der einem Stockzahn ähnelt, denkt aber: „Eine nette Schlucht, aber eine Klamm?" Doch nach etwa 15 Minuten verengt sich das Tal, die Wolfsklamm beginnt. Wir überqueren den Bach und stehen bald vor einer Quelle, die aus einer Felsspalte heraus plätschert. Mit einer Taschenlampe ausgerüstet, kann man ungefähr 10 m in die Felsspalte eindringen. Nach wenigen Schritten empfängt uns ein Brausen von oben. Wir überqueren schnell den Steg und steigen nun abwärts in einen Felsendom, von wo wir den brausenden Wasserfall betrachten können. Nun müssen wir ebenfalls den Höhenunterschied überwinden. Genaue Beobachter werden da einen Felsen entdecken, über den das Wasser rinnt und der schon die Form eines Stalagtiten (hängende Säule) angenommen hat. Bald tut sich ein herrlicher Blick nach oben auf. Nach einer relativ weiten Rundung gelangen wir zu einer Bank, von der wir eine mit unzähligen Löchern versehene Felswand sehen können. Nun geht es dem Ende der Klamm zu. Die letzte Engstelle wird nicht durchschritten, da ein kleiner Tunnel durch den Berg führt. Nach 354 anstrengenden Stufen entdecken wir einen großen Wasserfall und eine Staumauer. Die Klamm ist zu Ende, der Weg führt ganz idyllisch nach St. Georgenberg weiter. Ganz plötzlich sehen wir hoch über den Bäumen auf steilem Felsen Kirche und Kloster St. Georgenberg. Ein überwältigender Anblick! Man sollte die Mühe, diese Wallfahrtskirche zu „ersteigen", wirklich auf sich nehmen, schließlich gibt es oben auch ein Kloster-Restaurant! Die barocke Wallfahrtskirche geht übrigens auf eine Einsiedelei aus dem Jahr 950 zurück. Den Rückweg von dieser stillen Klause (Kloster) müssen wir ja nicht durch die Klause (Klamm) nehmen, da es eine breite Waldstraße gibt, die nach Fiecht zurückführt. Von ihr zweigt auch ein Weg nach Stans ab.

Ausflugsziele in der Umgebung: Schwaz mit Schloss Freundsberg und einem Schau-Silberbergwerk, Schloss Tratzberg bei Jenbach.

10. Tiefenbachklamm ★★★

„Die gerettete Klamm"

Zugang: Von Kramsach Richtung Mariathal, links der Brandenberger Ache bleiben, 4 km; Brandenberg 2 km.

Klammlänge 2.000 m, Höhenunterschied 80 m, Gehzeit 60 min, Markierungstafeln, ÖK Blatt 120.

Beste Zeit: Frühjahr bis Herbst.

Beschreibung: Im Sommer 1978 wurde die wasserrechtliche Bewilligung erteilt, in der Tiefenbachklamm ein E-Werk der Stadt Kufstein zu errichten. Alle von den Gemeinden Kramsach und Brandenberg eingebrachten Einwendungen gegen die Zerstörung der Klamm wurden sowohl von der Landesregierung als auch vom Landwirtschaftsministerium abgelehnt. Die Staumauer sollte bei der Wiesklamm, einer nicht begehbaren Enge in Pinegg, errichtet werden. Die Tiefenbachklamm wäre also nicht „ertrunken", sondern „verdurstet". Aber da regte sich der Widerstand der Bürger: Die „Achenfreunde", eine Aktionsgruppe zur Erhaltung der Brandenburger Ache, schufen nach Abwendung der „Stromgefahr" den Erlebnispfad „Tiefenbachklamm", es wurde eine Jausenstation bei der Möslklamm errichtet und eine Broschüre aufgelegt. Und nun können wir die Klamm, eine der schönsten Österreichs, mit Genuss durchwandern.

Dort, wo die Straße nach Aschau anzusteigen beginnt, fängt der Weg in die Klamm an. Die Felsen rücken enger zusammen, wir bewundern die kühne Anlage des Triftsteiges, der sich hoch über der Ache dahinschlängelt. Wir sehen, dass in früheren Tagen ein Steg zur anderen Seite geführt haben muss, da verwachsene Pfade ins Tal und wieder zur Höhe leiten. Jetzt beginnt die eigentliche Klamm. Unser Blick bleibt an einem Pfosten hängen, von dem wir zunächst glauben, er stütze den überhängenden Felsen. Aber diese absurde Idee korrigieren wir bald, wenn wir sehen, dass dadurch das Sicherungsseil fixiert wird. Wir durchschreiten in angemessener Höhe den Felsengang: Natur und Menschenwerk in großartigem Zusammenhang. Nach diesem ersten Höhepunkt geht der Genuss aber weiter. Wir gelangen zu einer steinernen, bemoosten und verfallenen Hütte aus dem Jahr 1928, in der bis in die Fünfzigerjahre eine Turbine Strom erzeugte. Der Wasserfall, den wir heute auf der anderen Seite der Ache sehen, wurde damals über eine Druckleitung, deren Stützen wir noch sehen, zu dem kleinen Kraftwerk geführt. Wir wandern den Triftsteig flussaufwärts und werden mit einmaligen Felsszenerien belohnt: Felsrippen im Wasser, Faltenbildungen in den Wänden, eine riesige glatte Felswand: die Natur als offenes Lehrbuch. Bevor wir in das liebliche weite Tal hinausziehen, durchwandern wir nochmals eine Engstelle, die **Möslklamm**, und erfreuen uns an den farbenfrohen Wildwasserfahrern, die sich aufmachen, die Tiefenbachklamm zu durchfahren.

Ein kurzer Hinweis auf ein geschichtliches Faktum: Bis in die Sechzigerjahre des vorigen Jahrhunderts fand hier die damals berühmte Brandenberger Trift statt, eine der größten Triftanlagen Europas, die von der Erzherzog-Johann-Klause gespeist wurde.

Ausflugsziele in der Umgebung: Kaiserklamm, Kramsach mit den Reinthaler Seen; eine Köstlichkeit ersten Ranges ist die Sagzahnschmiede westlich von Kramsach: Dort wurden Grabkreuze mit ganz urigen Sprüchen aufgestellt. Ein paar Kostproben:

Der Weg in die Ewigkeit
ist doch gar nicht weit.
Um 7 Uhr fuhr er fort,
um 8 Uhr war er dort.

Hier liegt Elias Gfahr
gestorben im sechzigsten Jahr.
Kaum hat er das Licht der Welt erblickt,
hat ein Wagenrad ihn erdrückt.

Hier ruht der Burger von Lechleiten,
er starb an einem Blasenleiden.
Er war schon je ein schlechter Brunser,
drum bet für ihn ein Vaterunser.

Hier liegt begraben die ehrsame Jungfrau N. N.,
gestorben im siebzehnten Jahr,
grad als sie zu brauchen war.

11. Kaiserklamm ★★★

„Gott erhalte, Gott beschütze … diese Landschaft!"

Zugang: Von Kramsach im Inntal über Brandenberg und Pinegg zum Forsthaus „Kaiserhaus" 16 km.

Klammlänge 500 m, Höhenunterschied 10 m, Gehzeit 20 min, ÖK Blatt 89.

Beste Zeit: Frühjahr bis Herbst.

Beschreibung: Weit ist der Anmarsch, lang die Anreise vom Inntal. Wer das nicht scheut, wird hier Unvergessliches erleben. Die Einsamkeit dieser Landschaft, die Ruhe und Stille in diesem vom Autolärm verschont gebliebenen Tal tut den Menschen der Großstadt doppelt gut. Hat man einmal das Forsthaus „Kaiserhaus" erreicht, so ist es bis zur Kaiserklamm nicht mehr weit. Ein Schild weist darauf hin, dass das Begehen des Triftsteiges auf eigene Gefahr erfolgt. Tief unten fließt die Brandenberger Ache, während wir wieder wie in der Tiefenbachklamm die Anlage des Triftsteiges bewundern, die diesmal sogar zwei Tunnels aufweist. Mitten in der Klamm zwingt uns ein Holzkreuz zur Besinnung. Wir denken an den Erbauer des Triftsteiges, Ing. Hermann Veith, der in den Zwanzigerjahren des vorigen Jahrhunderts gestorben ist. Die Kaiserklamm ist reich an schönen Auswaschungen. Sie ist verhältnismäßig kurz, daher sei den guten Gehern unbedingt empfohlen, bis zur Erzherzog-Johann-Klause weiter zu wandern. Es ist zwar ein „Straßenhatscher", es verkehren aber hier keine Autos, da wir auf einer Forststraße gehen. Einige „Zuckerln" für den Weg: rotes, eisenhältiges Gestein neben der Straße, nach der ersten Hälfte eine erfrischende Quelle, ein schönes Durchbruchstal und nach ungefähr zwei Stunden das imposante Bauwerk der Klause. Kurz dahinter ein Gasthaus.

Ausflugsziele in der Umgebung: Tiefenbachklamm, Erzherzog-Johann-Klause.

12. Kundler Klamm ★★

„Die Kinderwagenklamm"

Zugang: Von Kundl 400 m, Parkplatz, von Mühltal in der Wildschönau 4 km.

Klammlänge 3.000 m, Höhenunterschied 50 m, Gehzeit 45 min, ÖK Blatt 120.

Beste Zeit: Ganzjährig begehbar.

Beschreibung: Für die Beschreibung der Kundler Klamm hat sich etwas Nettes und Kurioses angeboten. Hans Schrott-Fiechtl beschrieb im Jahr 1913 die Klamm mit so liebenswürdigen Worten, dass ich dies dem Leser nicht vorenthalten möchte.

„Ganz besonders muß hervorgehoben werden, dass der Klammweg in die Witschnau (Wildschönau) insbesondere für den, der die Tiroler Bergwelt noch nicht so genau kennt, ein Ding ist, das er sich unbedingt ansehen soll. Denn auf der ganzen Strecke bis zum Brenner hat der Fremde nirgendwo mehr so leicht und so ausgiebig Gelegenheit. Nur zwanzig Minuten vom Bahnhof Kundl, dann steht man vor der Klamm. Der Weg bis dort hat fast keine Steigung, wohl dann durch die Klamm und danach noch ein Dreiviertelstündl bis Mühlthal oder eine bis Auffach. – Ich glaube nicht allzu viel zu sagen, wenn ich diesen neuen Weg für den Bedürfniskreis und die ästhetischen Anschauungen unserer Touristenwelt geradezu als eine Großtat in der Erschließung unserer Bergwelt nenne.

Der Übergang vom lieblichen Inntal in das Schrofenwerk ist voll eigenartiger Wirkung. Der Kontrast ist zu groß und man braucht völlig eine Zeit, bis man´s richtig empfinden lernt, jetzt wär man mitten in der gröbsten Felswelt.

Ein Bogen, der sich aus dem natürlichen Stein über die Straße spannt, lässt den Wanderer in die neue raue, und doch so lieblich-schöne kleine Welt. Vor allem heißt es jetzt, sich mit einem schmalen Himmelsstreifen bescheiden. Rechts tost der Bach, der manchmal recht wild sein kann, und daneben ist hoch genug droben die Straße, die immer an Felsen vorbeiführt, ja vielfach dem Stein geradezu abgetrotzt ist.

Dann nimmt uns schon der erste kleine Tunnel auf. Nur wenige hundert Schritt und man steht unter der alten Kundler Burg, die heute nur noch Ruine ist. Seit 1213 ist die Burg nachweisbar. Die Trümmer, die jetzt noch stehen, stammen aber aus dem Jahre 1358. Hinter der alten Burg fällt der Ramsbach sehr nett über Felsen und Knotzen. Dann kommt die Marterlwand und dahinter das Gamstal, eine große Riese, von wilden Felsen umsäumt.

Und jetzt ist man mitten in der grandiosen Felsenwelt.

Die ‚herausderig‘ Platt´ kommt und dann die innere ‚Platt‘. Dazwischen steht das Zollhaus, das ungemein romantisch aus dem engen

Geklüfte aufguckt. Die innere Platt' ist wundervoll im Winkel von etwa 50 Grad geschichtet. Ihre einzelnen Schichten streben alle aufwärts zu einem riesigen Massiv. Auf der anderen Bachseite sind auch Felsen! Felsen, die aber hier viele kleine Bäume und allerlei Staudenwerk tragen. Viel Gras und manches Blümel lacht zwischen den Steinfugen. Wenn nun die Sonne mit all dem Grünen spielt und den Kalk vergoldet, dann gibt es in der Klamm herrliche Schatten und ganz eigenartig wechselvolle Lichter. Die Laubholzstauden halten dazu das Licht besser wie die Tann'.

Bei der langen Wand ist der Weg direkt in den Felsen gehauen. Durch einen kleinen Tunnel macht die Straße dann einen Bogen nach rechts, und jetzt sieht man die Bockkeuch', ein wildes Geklüft, das seinen Namen daher hat, dass man dort die Böcke einsperrte. Der Felsblock hängt nämlich nur an einer ganz schmalen Stelle mit dem Bergmassiv zusammen, die sehr leicht versperrt werden kann. Aus dieser Keuch'n kam dann kein Bock mehr heraus.

Einige hundert Schritt weiter ist das Taxental, und dann geht´s in den Himmellochtunnel. Die Felsen beim Himmellochtunnel sind großartig aufgetürmt. Auf der anderen Bachseite ist da eine natürliche Felsenbrücke, die mit ihren Blümeln und Gräsern viel Poesie zu eigen hat.

Kaum hat man sich am Himmelloch einigermaßen satt gesehen, kommt der Erlsteg, eine Holzbrücke mitten in der Felswand. Die Brennerwand schließt sich an, und dann ist jenseits die wundervolle hohe Rast, die sich so majestätisch aufbaut wie ein ungefügiges Raubritterschloß. Hinter der hohen Rast wird die Welt wieder enger, schwerer, klotziger. Die engste Stelle heißen sie die Fuchsgaß, weil es die Holztrifter an der schmalen Stelle immer so ‚gefuxt' hat. Dann hört die Klamm allmählich auf und der freie Weg nach Auffach breitet sich vor dem Wanderer aus. Und so wird eine Wanderung durch die Kundler Klamm, die so ohne jede Anstrengung, ohne jede Mühe ist, dass man kleine Kinder mitnehmen kann, doppelter und dreifacher Genuß. Die dreißig Minuten, die man für den Klammweg etwa braucht, werden herrliche Bilder ins Herz zaubern, voll Duft und Gewalt. Und an solchen Dingen kann der überarbeitete Stadtmensch gesunden und lang an dem Schönen und erhaben Großartigen zehren."

Zu diesen gemütvollen Schilderungen noch ein paar kurze Ergänzungen: Am Beginn der Klamm begrüßt uns heute eine gedeckte Brücke mit der stolzen Inschrift:

„1. Kundler Klamm Brücke
eröffnet am 2. Dezember 1914 am
Tage des 60. Regierungs-Jubiläums
unseres Kaisers Franz Josef I."

Das erwähnte Zollhaus ist heute eine Gaststätte, an dessen Vorderfront sich ein Relief befindet. Es zeigt, wie am Ende des Mittelalters Holz auf Pferdeschlitten zu einem Hochofen transportiert wurde. Eine letzte Tafel erinnert an das gefährliche Triften, wo es die Arbeiter immer so „gefuxt" hat: Am 7. Mai 1907 verunglückte hier Peter Silberbauer.

Seit Mai 1979 ist das Ende der Klamm durch eine Holzbrücke und einen Rastplatz am anderen Ufer gekennzeichnet. Eine frische Quelle labt uns zusätzlich. Setzt man aber den Weg fort, so kommt man in 10 Minuten zu einer Haltestelle des Bummelzuges „Wildschönau", der die Besucher nach Mühltal bringt. Im Klammbahnhof hängt in der Luft ein riesiger Drache, an den eine Sage erinnert, wieder erzählt von Hans Schrott-Fiechtl: *„Dazumal hat in der Witschnau ein ganz großer feuriger Drachen gehaust, der hundert und hundert Jahre alt wurd' und nie recht versterben hat wollen. Einmal hat er lang nix zu fressen gefunden, denn die Bauern sind ihm aus'n Weg, und da hat ihn der heiße Hunger und die helle Wut so gepeinigt, daß er in seinem glühnigen Zorn den Felsen gegen der heutigen Kundler Klamm durchgebissen hat. Das Wasser bricht mit einer schrecklichen Gewalt durch und klemmt den Drachen fest. Der wehrt sich mit seinen schrecklichen Tatzen und reißt unter sich nur noch mehr Stein weg. Aber aus ist er nimmer kommen. Bloß der ganze große schöne See ist in einem einzigen Tag ausgelaufen. Kundl war zu damaligen Zeiten eine reiche große Stadt und in dem einzigen Tag war die große schöne Stadt hin und tot. Der Drach' hat aber schon auch seine Straf kriegt. Er ist nimmer loskommen und verhungert. Aber im Verfaulen hat er die Pest ins Land gerufen, und die hat die Menschheit vernichtet. In der Witschnau und den Seitentälern sind alle Leut gestorben bis auf zwei ..."*

Ein Wort zum Motto: „Kinderwagenklamm" ist nicht abwertend gemeint, aber man kann die ganze Klamm mit Kinderwagen oder Buggy problemlos durchfahren. Im Jahr 2004 war ein größerer Felssturz niedergegangen, aber die Gemeinde gab an die 70.000 Euro für die Sicherung aus, und jetzt sieht man Stahlnetze und Betonbauten, die Sicherheit ausstrahlen. Apropos Steine – Mit Steinen spielen und schöne Steine suchen ist in der Kundler Klamm für Kinder Pflicht!

Ausflugsziele in der Umgebung: Wildschönau, Rattenberg, die mittelalterliche Stadt, Tirols einzige Steindreherei in Kundl, wo man die selbst gefundenen Steine schleifen lassen kann; Lechner Wasserfall.

13. Griesbachklamm ⋆ ⋆

„Eine Klamm zum Liebhaben"

Zugang: Von Erpfendorf bei St. Johann/Tirol in östlicher Richtung zur Böckstett 2 km, dort kleiner Parkplatz, dann noch 5 min, oder vom Lärchenhof 10 min.

Klammlänge 1.000 m, Höhenunterschied 20 m, Gehzeit 30 min, Markierungstafeln, ÖK Blatt 91.

Beste Zeit: Frühjahr bis Herbst.

Beschreibung: Die Griesbachklamm ist so gut wie unbekannt, für mich aber ein Geheimtipp. Erwachsene, die in großen und gewaltigen Klammen vielleicht Angstgefühle empfinden, und Kinder, die das Wandern auf unebenem Boden „erlernen" wollen, finden hier ein wahres Paradies. Der Weg ist nahe am Wasser, der Griesbach ist aber so zahm, dass er uns keinen Schrecken einjagt. Wir wandern lange Zeit auf geländerlosen Stegen, die auf festen Traversen lagern. Drahtseile am Felsen sichern ein gefahrloses Weiterkommen. Im zweiten Drittel der Klamm leitet uns ein Rundweg steil nach oben. Er bringt uns in die Nähe des Lärchenhofes, einem Hotel in einem „Ferien- und Naturschutzgebiet", und dann wieder zum Klammeingang zurück.

Wir aber gehen im Tal weiter und gelangen nach 15 Minuten zu einer kleinen Steilstufe bei einer Engstelle, in der eine Staumauer errichtet wurde. Wir müssen etwas bergauf und meinen, die Klamm wäre nun zu Ende. Aber weit gefehlt! Zwischen den Bäumen schimmern noch die Kalkfelswände der hinteren Klamm durch. Nun erst beginnt die echte Griesbachklamm, eine Engstelle, die keinen Platz mehr für einen Steig neben dem Bach zulässt. Wieder wandern wir auf den Holzstegen in der leicht gekrümmten Bachstrecke und sehen bald einen Wasserfall, der über eine weitere Staumauer fällt. Wir überwinden den geringen Höhenunterschied und befinden uns dann in einem Schottergelände, in dem viele Sträucher und Bäume stehen. Hier ist die Klamm zu Ende. Auf dem Rückweg entdecken wir vielleicht linker Hand nach der Engstelle eine kleine Höhle mit einer „Durchreiche".

Ein Paradies für Kinder!

Ausflugsziele in der Umgebung: Kirche in Erpfendorf von Clemens Holzmeister, Daxerklamm.

14. Hasslerschlucht (Haslerschlucht) ✳ ✳

„Wer aber ausharrt bis ans Ende ..."

Zugang: Von Waidring 4 km auf der Bundesstraße Richtung Erpfendorf, entweder über das Reiterdörfl oder über die Abzweigung Mühltal 1 km bis zur Schlucht.

Klammlänge 800 m, Höhenunterschied 120 m, Gehzeit hin und zurück 40 min, Markierungstafeln, ÖK Blatt 91.

Beste Zeit: Frühjahr bis Herbst.

Beschreibung: Wer kennt sie, die Hasslerschlucht? Sie ist unbekannt und wird es auch bleiben. Sie zu besuchen, ist kein solches Erlebnis, dass man von nah und fern kommen müsste. Und doch, wer ausharrt bis ans Ende ..., doch davon später! Zunächst wandern wir über liebliche Wiesen, in denen kleine Felsen eingebettet sind, ein Bächlein plätschert munter dahin: ein richtiges Kinderparadies. Bald beginnt die kleine Schlucht, ein paar Stege, ein Steilstück, das mit einem Seil gesichert ist. Nach einiger Zeit erblicken wir linker Hand einen Wasserfall und rufen: „Ah!" Da aber größere Wassermengen von der rechten Seite kommen, blicken wir in diese Richtung, und nun rufen wir: „Aaaaaah!" Wir befinden uns in einem Felskessel, in dem ein herrlicher Wasserfall zu Tal donnert. Hier sind wir ganz einsam, gefangen genommen von der Natur, umgeben von majestätischen Bergen. Fast fühlen wir uns ein wenig bedroht, weil wir nicht wissen, ob nicht vielleicht mit dem Wasserschwall auch ein Stein oder ein Stück Holz in diesen Felsendom stürzt. Hier, am Ende der Schlucht, vergisst man die Welt, hier spürt man die Macht und Schönheit unberührter Natur. Und doch – da ist Menschenwerk! Vier gusseiserne Kreuze lehnen am Felsen, und eine zerbrochene Tafel sagt uns, dass hier am 19. 1. 1909 fünf Männer durch eine Lawine verunglückt sind.

Ein kurzer Hinweis auf die Herkunft des Namens ist angebracht und in diesem Fall interessant: Ein Bauer, den ich fragte, schwankte zwischen Prophet und Fürst, der so geheißen haben soll. Ein anderer wusste, dass ein gewisser Hassler, ein Deutscher, der in Waidring einen Besitz hatte, vor dem Ersten Weltkrieg den Steig bauen ließ, was jetzt auch am Beginn der Schlucht beim Parkplatz auf einer Tafel dokumentiert ist.

Ausflugsziele in der Umgebung: Griesbachklamm, Daxerklamm, Teufelsklamm, Seilbahn auf die Steinplatte.

15. Prosseggklamm ✶ ✶
„Die zyklopenhafte Schlucht"

Zugang: Von Matrei/Osttirol 2 km auf der Nebenstraße zum Weiler Prossegg.

Klammlänge 2.600 m, Höhenunterschied 50 m, Gehzeit 45 min, Markierungstafeln, ÖK Blatt 152.

Beste Zeit: Frühjahr bis Herbst.

Beschreibung: Die Prosseggklamm verläuft parallel zur Felbertauernstraße, sie zwingt den Verkehrsweg auf die andere Talschulter, wobei man die Straße nicht sieht. Wir verlassen Matrei, passieren Schloss Weißenstein und erreichen bei der Kaltenhausener Brücke den Tauernbach. Nun beginnt der romantische Zugang zur Klamm, deren gewaltige Felspforte man schon von weitem erblickt. Der Weg ist zunächst „im Grünen", dann sehen wir, dass der Pfad teilweise in den Fels gesprengt wurde, wobei die Gefahrenstellen gut gesichert sind. Rechts fällt unser Blick auf die Felsszenerie, die einem riesigen Freilufttheater gleicht, wir steigen nun hinan und erreichen bald einen Tunnel. Hier erleben wir den Höhepunkt der Wanderung: Beim Verlassen des Tunnels leuchtet uns der Untere Steiner Wasserfall entgegen, der über eine fast 120 m hohe Wand herabstürzt. Ganz gefangen genommen war ich von diesem überwältigenden Anblick, und erst später bemerkte ich die technischen Anlagen: das E-Werk der Gemeinde Matrei, die Stromleitungen und die Masten, die Brücken und die Galerien der Tauernstraße.

Nach kurzer Wegstrecke gelangen wir zu einem Kreuz mit den Ehrentafeln der gefallenen Alpenvereinsmitglieder der Sektion Matrei. Dieses Ehrenmal befindet sich in einem großen, vor Jahrhunderten vom Tauernbach ausgehöhlten, halbrunden Kessel, zu welchem einige Stufen hinaufführen. Weiter geht der Weg, uns umgibt eine Landschaft, in der alles so riesig, so zyklopenhaft ist! Ein zweiter Tunnel, der immer nass ist, bringt uns allmählich an das Ende der Schlucht. Das Tal wird weiter, die Berge der Tauernkette werden sichtbar. Als Rückweg bietet sich die Wanderung über die St. Anna-Kapelle und eine Jausenstation an oder, als längere Variante, der ebene Weg bis zur Brücke, wo auf der anderen Seite des Baches die Höhe der Felbertauernstraße erklommen wird. Auf dem Rückweg nach Matrei finden wir nach einem Tunnel eine sehr schöne Gletschermühle mit einem großen, kugelförmigen Stein in einer halbrunden Felsschale. Dieses Naturdenkmal konnte trotz des Ausbaues der Felbertauernstraße erhalten werden.

Der Weg durch die Prosseggklamm wurde in den Jahren 1902 bis 1912 mit Unterbrechungen gebaut. Die Sektion Matrei des OeAV wollte mit dem zur Verfügung stehenden Geld keine Schutzhütte bauen, weil sie meinte, dass die Errichtung eines Klammsteiges billiger käme. Die Männer täuschten sich jedoch gründlich: 27.000 Friedenskronen mussten aufgewendet werden, ein Betrag, um den man drei Schutzhütten hätte bauen können. Da trotz Einsatzes aller Mittel und Subventionen das Werk unvollendet geblieben wäre, bewilligte das Kriegsministerium den Einsatz von Pionieren, die dem Klammfels zu Leibe rückten, was wiederum Probleme mit der Unterbringung und der Verpflegung der Soldaten mit sich brachte. Daran und an einen Einsiedler, der in der ersten Hälfte des 18. Jahrhunderts in einer Höhle mitten in der Klamm hauste – der „Bärtige Seppl" wurde er genannt, und die Höhle ist noch zu sehen –, sollten wir auch denken, wenn wir heute mit frohem Herzen durch diese wunderschöne Klamm wandern.

Ausflugsziele in der Umgebung: Das Virgental mit dem Wasserschaupfad Umbalfälle, Zedlacher Paradies: Dies ist ein in 1.500 m Höhe gelegener „Märchenwald", in dem 600 Jahre alte Lärchen stehen. Sie und die Biotope bilden ein Naturschutzgebiet, in dessen Zentrum der „Baum der Mitte" steht, eine Lärche mit 9 m Stammumfang.

16. Galitzenklamm ★★★
„Ein Naturjuwel am Fuße der Dolomiten"

Zugang: Am Radweg Innichen – Sillian – Lienz bei der Ortschaft Leisach, von der Bundesstraße 500 m.

Klammlänge 300 m, Höhenunterschied 50 m, Gehzeit 30 min, ÖK Blatt 179.

Beste Zeit: Mitte Mai bis Anfang Oktober, Eintrittsgebühr.

Beschreibung: In einem informativen Prospekt über die Galitzenklamm lesen wir: *„Die Galitzenklamm war schon im 19. Jahrhundert ein Anziehungspunkt für Schaulustige aus nah und fern."* Im Herbst 1998 beschloss man, die Klamm wieder begehbar zu machen, und im Frühjahr 2000 wurde mit der Errichtung einer neuen Weganlage und dem Bau der Felsbrücken begonnen, die im Herbst desselben Jahres abgeschlossen wurde. Der Rundweg durch die Klamm wird durch informative Schautafeln zu den Themen Geschichte, Geologie, Vogel- und Pflanzenwelt ergänzt. Interessant ist, dass wie in Tirol beim Zammer Lochputz den Besuchern Schutzhelme „verordnet" werden, obwohl gar keine echte Notwendigkeit besteht, da man durch keinen Tunnel geht. Am Beginn sehen wir die einzige Steinkugelmühle südlich der Alpen in Österreich, bei der ersten Kurve eröffnet sich ein gigantischer Blick nach oben zur Brücke. Nun beginnen elf Serpentinen mit Absicherungen, wir erreichen eine Aussichtsterrasse mit Blick zum Wasserfall. Oben schützen riesige Maschengitter den Weg, wir bewegen uns auf der gigantischen Galerie, die uns zum (derzeitigen) Ende auf eine Brücke führt. Eine gelbe Nixe, die aus einer Schnecke herausschlüpft, ist Symbol dafür, dass wir eben den „Wasserschaupfad Galitzenklamm" bewältigt haben. Der Rückweg führt uns auf einem anderen Pfad zum Ausgangspunkt zurück. Und unsere Gedanken gehen in das Jahr 1886 zurück, als Kaiser Franz Joseph I. die Klamm besuchte. Damals führte der Steg aber tief in der Klamm und war natürlich deshalb bald der Zerstörung preisgegeben.

Ausflugsziele in der Umgebung: Tristachersee, Radweg Innichen – Sillian – Lienz

Kurzbeschreibungen kleinerer Klammen

Tirol ist ein schluchtenreiches Land, besitzt aber wenige Klammen, d.h. wir finden viele gewaltige Durchbruchstäler, aber wenige Engtäler, die durch Steige und Stege erschlossen sind. Wenn wir auch die Bezeichnung „Klamm" auf der Wanderkarte finden, kann es doch vorkommen, dass wir von einem Weg auf der Talschulter nur Einblicke in die Schlucht nehmen können. Diese Klammen und Schluchten rechtfertigen um ihrer selbst willen einen weiteren Anmarsch nicht. Wie viele Schluchten es in Tirol gibt, weiß vermutlich keiner. Die vielen Klausbach- und Mühlbachschluchten kennen nur die Einheimischen. Jene, die einigermaßen eine Durchwanderung oder Besichtigung zulassen, sind hier erwähnt.

Es ist mir auch aufgefallen, dass viele irreführende Bezeichnungen auf Wegweisern zu finden sind. Besonders im Oberland kann man in die Irre gehen: Da gibt es in der Gemeinde Telfs eine **Arzbergklamm**, die aber ein breiter Graben und keine Klamm ist, dagegen ist das benachbarte Tal nirgends als Strassberger Klamm oder Zimmerbergklamm gekennzeichnet, obwohl ich im Internet eine sehr brauchbare Skizze und Beschreibung der Klamm fand. In Leutasch-Waidach wird zweimal auf die **Zipfelklamm** hingewiesen, aber sie ist nur ein vermurter, unangenehmer Graben.

In Scharnitz steht auf einem Wegweiser „**Bärenklamm**", der Weg ist steil und mühsam, bringt aber nicht das erhoffte Erlebnis, hingegen ist die **Eppzirler Klamm** oder **Gießenbachklamm**, durch die es ins Karwendelgebirge geht, nicht mehr auf Hinweistafeln erwähnt, obwohl dort der Bach etwa 500 m in einer Schlucht fließt und schöne Felsszenerien zu sehen sind.

Aber die Tiroler gehen doch „in die Berg" und nicht in die Klamm!

OBERLAND (WESTLICH VON INNSBRUCK)

17. Schlucht von Strengen

Eine der kleinen, unbedeutenden Schluchtstrecken befindet sich in Strengen. Warum gerade diese Enge erwähnt wird, sei durch zwei Tatsachen belegt. Der Name Strengen hängt mit dem Wort „eng" zusammen und dieses wiederum mit dem Wort „streim" in der Bedeutung von gestreng (Streimbäche gibt es mehrere in Österreich). Diese Enge wird von einer alten, schönen Holzbrücke aus dem Jahr 1765 überspannt. An das harte Klima erinnern die Überdachung und die Bretterwand an der Westseite der Brücke. Eine kleine Fahrtunterbrechung ist Strengen auf jeden Fall wert.

18. Radurschelschlucht *

In Pfunds, dem ersten größeren Ort im Oberinntal, wo der Inn aus dem Schweizer Engadin nach Österreich fließt, befindet sich das Radurscheltal, an dessen Ausgang sich die Radurschelschlucht befindet. Allein der Ort mit seinem Torhaus neben der Innbrücke und den verschachtelten Häusern und verwinkelten Gassen ist sehenswert. Man gehe immer bergauf, bis man zum Klammsteig (Wegnummer 9) kommt. Der Weg steigt kontinuierlich an, es werden sechs Brücken mit einem Maschengitter als Rutschschutz passiert, wobei die letzte eine Hängebrücke ist. Bei ihr ist mir die Bedeutung des Wortes „Hängebrücke" ins Wanken geraten: Sie hängt an Seilen, gut, aber liegt unten nicht auf, erst wenn man sie betritt, ist sie „fix", in der Mitte schwankt sie aber richtig. Beim Aufstieg helfen uns bei absturzgefährdeten Stellen Seile, das Gestein ist sehr brüchig, ein Abschnitt ist klammartig. Wenn wir zur Felswand mit der Feuerstelle kommen, ist bald das Ende erreicht. Bei einer Wiese sehen wir hinauf nach Greit, wo der Berghof in 1400 m Höhe zur Rast einlädt. Von dort führt eine kleine Straße zurück nach Pfunds. Die Gehzeit durch die Klamm beträgt 30 Minuten, von Pfunds bis zum Berghof sind es 90 Minuten.

Die vielen unheimlichen U bei Pfunds

19. Salvesenklamm *

Nördlich von Tarrenz zieht sich ein 6 km langes Tal bis zum Hahntennjoch, über das auch eine Verbindung ins Lechtal führt, wobei auch die Orte Bschlabs und Pfafflar berührt werden. Die Salvesenklamm kann nicht begangen werden, es führt allerdings ein 3 km langer Rundweg zum „Hohen Übergang" und wieder auf der anderen Seite zurück. Am Anfang der wilden Salvesenklamm beginnt „der verhexte Kinderlehrpfad", der in mehreren Stationen Interessantes über die Natur nahe bringt. Zugleich beginnt der „Skulpturenweg Salvesen", der den Wanderweg teils mit köstlichen, teils kuriosen Ausstellungsstücken begleitet, die in Bildhauersymposien seit 1996 geschaffen wurden. Es geht bergauf am Brunnenhaus für Tarrenz vorbei, man sieht auf der anderen Talseite eine etwa 10 m hohe senkrechte Felsfalte, dann stößt der Wanderweg von Obertarrenz dazu. Der Weg wird felsiger, und bald erreichen wir den „Hohen Übergang", der sich in großer Höhe über den Salvesenbach spannt. Die Brücke wurde 1957 errichtet und zeigt die damalige Bauweise: Beton und grauslich grüne Stahlrohre. Der Abstieg holt weit aus, man genießt einen gewaltigen Tiefblick zum Eisenrost, der Tarrenz vor Muren, Steinschlägen und Hochwasser bewahren soll. An einer Schipiste vorbei gelangt man dann wieder zum Beginn der Wanderung, zum Heimfelsensteg. Der Dichter Sepp Heimfelsen wurde 1859 in Tarrenz geboren. Wenn Sie nach dieser Wanderung müde sind, dann empfehle ich die Kneippanlage „Frauenbrunnen", wo Radon-hältiges Wasser wieder neue Kräfte mobilisiert. Sie liegt an der anderen Talseite, direkt am Gurgltal-Radweg zwischen Imst und Nassereith.

20. Pitzenschlucht

Die Pitzenschlucht im Pitztal beginnt bei einer Steinbrücke südlich von Schön und endet bei Kienberg. Das Steiglein bleibt zunächst in der Nähe der Schlucht, führt über Steine und Wurzeln, überquert dann ein gutes Stück höher den Klausbach, lässt einen Blick auf die Häuser von Schön frei, überquert einen zweiten Gebirgsbach, von wo wir einen Blick auf Jerzens werfen können. Nach einer Stunde befinden wir uns wieder auf der Hauptstraße. Einladend beschildert, aber wenig lohnend!

21. Pitzenklamm ✱

Manchmal gibt es in Österreich kleine Wunder. Da gibt es am Ende des Pitztales, durch das die Pitze fließt, eine Schlucht, die Pitzenklamm. Sie ist nicht aufregend, obwohl man von der alten Bundesstraße im Inntal oder von der Westbahn den gewaltigen Einschnitt erkennt. Doch dann wurde dieses Gebiet in den Jahren 1994 und 1995 durch zwei Fakten interessant gemacht: Um die Abwässer der Ortschaften Wald, Leins und Ried in die Kläranlage nach Arzl zu leiten, errichtete man eine begehbare Abwasserrohrbrücke. Und die ist eine Fremdenverkehrsattraktion ersten Ranges. Die Pitzenklammbrücke ist eine echte Hängebrücke mit einer Spannweite von 137,5 m und einer Höhe von 94 m. Sie ist damit Europas höchste Fußgänger-Hängebrücke und wird für das Bungeejumping genützt. Unter ihr liegt die Pitzenklamm. Das zweite Faktum liegt in der Tatsache, dass der Vater von Luis Trenker hier in Arzl geboren wurde. Daher revitalisierte man den Steig durch die Klamm und nannte ihn Luis-Trenker-Steig. Man kann die Brücke auch von unten bewundern. Ausgangspunkt ist die Brücke an der Straße Arzl – Wald, wo auch ein Trenker-Gedächtnisstein steht. Ein Tunnel, davor Reste der alten Staumauer, Ruinen einer Mühle und eines Elektrizitätswerkes, Seile zur Beruhigung an der Felswand, Tafeln eines Waldlehrpfades, eine Felsgalerie, eine Kontrollzange für den Wanderpass, eine hohle Fichte, eine kleine Gegensteigung wegen einer Hangrutschung und die steilen Wände sind die Besonderheiten der Klamm, die aber eine Schlucht ist. In einer halben Stunde hat man die Westbahn, die Innschlucht und einen asphaltierten Radweg erreicht. Zum Bahnhof sind es aber nicht 45 Minuten, sondern nur die Hälfte.

22. Kühtrainschlucht

Der Weg in die Kühtrainschlucht im hinteren Ötztal führt von Zwieselstein zunächst auf einem wunderschönen, ebenen Wanderweg entlang der Ötztaler Ache in einer Blockhalde, zieht dann hoch hinauf, da der ursprüngliche Weg durch einen Bergrutsch verlegt wurde, und endet über dem Tal bei einem Gasthaus oberhalb von Sölden, von dem man noch einen beachtlichen Tiefblick in die Schlucht genießen kann.

   Gruselig ist die Sage, die über die Kühtrainschlucht in dem Buch „Österreichische Alpensagen" von Ritter von Alpenburg berichtet wird.

„Von Sölden nach Zwieselstein führt ein fürchterlicher Pfad über die Felswände – ein mit Holzbalken hineingeschlagener Weg, welcher Kühtrain heißt. Einst betete eine Mutter vor dem Marterl, welches ob dem schwarzen Abgrund aufgerichtet ist; ihr Kind war etwas von ihr entfernt. Ein trunkener Bösewicht stürzt es in den Abgrund, die Mutter will es haschen und fällt auch hinunter in die Ötztaler Ache. Beide sind tot – der Bösewicht geht unbekümmert weiter, Sölden zu. Nach langer Zeit führt den nämlichen Mann der Weg dort vorbei; er blickt hinab und sieht Mutter und Kind drunten als Geister stehen (andere sagen, die Mutter allein mit hohlem, todbringenden Blick). Da erfaßt ihn Wahnsinn, und er stürzt auch hinab. Seitdem meidet man diesen Schreckenspfad, denn der böse Geist stößt harmlose Reisende gerne hinab – allein die Mutter und ihr Kind warnen gewöhnlich die Wanderer."

23. Achstürze – Wällerbrücke ✳

Zwischen Tumpen und Habichen im unteren Ötztal stürzt die Ötztaler Ache zweimal über mächtige Geländestufen zu Tal. Die unteren werden auf Wegweisern nicht als Achstürze bezeichnet, sondern es wird auf die „Wällerbrücke" hingewiesen. Von ihr aus kann man das Schauspiel, wie sich die Wasser der Ache in einer großen und breiten Schlucht hinunterstürzen, beobachten. Hier ertrank im Jahr 1957 ein Theologiestudent in den Fluten, und hier gedenkt man des Univ.-Professors Dr. Miroslaw Tyrs, des Gründers der tschechischen Turnorganisation „Sokol", der auch hier in Ötz starb.

Die oberen Achstürze kann man auch von der Straße sehen, ein Kiosk steht an ihrem Beginn. Auf der anderen Flussseite beginnt ein wunderschöner Waldweg durch eine Felssturzlandschaft, und man fragt sich, warum der Weg nicht markiert ist. Doch dann erkennt man es: Hier ging vor Jahren eine Mure ab und verschüttete den Weg. Der verwachsene Steig ist keinem Wanderer zumutbar, höchstens den Mitgliedern der „Expedition Österreich".

24. Auerklamm ✳

Die Auerklamm, nordwestlich von Ötz, kann auf zweierlei Art besucht werden. In ihrem Auslauf kann man sie von der überdachten Holzbrücke an der alten Bundesstraße in Ambach betrachten. Hier braust der Stuibenfall, der aber nicht zu verwechseln ist mit dem berühmten Stuibenfall bei Umhausen im mittleren Ötztal. Will man einen Blick direkt in die Klamm riskieren, so muss man die Straße nach Kühtai in Ötzerau verlassen und erreicht nach einem viertelstündigen Spaziergang wieder eine Holzbrücke, die sich über die Auerklamm spannt. Geht man den Weg weiter, so kommt man zu einem Aussichtsplatz, von dem man einen Wasserfall in der Klamm sehen kann, ebenso die Ortschaft Sautens und den Tschirgant, den „Wächter des Inntals". Vielleicht fallen Ihnen am Rückweg nach Ötzerau ein paar Mauerreste auf: die Ruine Auenstein. Es ist die Ruine einer Ruine. Vor Jahrzehnten war ein Teil der Auerklamm begehbar. Jetzt benützen sie die Canyoning-Abenteurer. 2004 sind zwei Männer ertrunken, während sie die Klamm für eine Gruppe mit Seilen sichern wollten.

25. Höhenbachschlucht – Simms-Wasserfall *

Die Höhenbachschlucht in Holzgau, der „Perle des Lechtales", führt vom Ort, der durch die bekannten und sehenswerten Hausfassadenmalereien („Lüftlmalerei") einen Namen bekommen hat, in 20 Minuten zum Simms-Wasserfall. *„Um die Jahrhundertwende ließ Frederick R. Simms am oberen Ende des Wasserfalls Sprengungen durchführen, um dadurch den Wasserfall freizumachen. Ungerechterweise spricht man seit dieser Zeit von einem ‚künstlichen' Wasserfall. Jahrtausende lang vorher floss aber der Höhenbach auch schon über diese Felsenkuppe und donnerte wie heute noch im freien Fall zu Tal. Der Höhenbach grub sich jetzt immer tiefer und tiefer, bis er irgendwann die Felsbarriere nicht mehr überspringen konnte.*

Erst ab dieser Zeit suchte er sich ein neues Bett, welches er mit seiner prächtigen Wasserkraft entlang des heutigen Baches in den Felsen schliff. Durch die damalige Sprengung wurde der Höhenbach wieder seinem ursprünglichen Verlauf über den Wasserfall zugeführt. Im Glauben, der Natur am besten zu dienen, wird seit 1996 das Wasser in beide Bereiche geleitet. Der Simms-Wasserfall – ob nun künstlich oder nicht – hat in seinem Nahbereich eine überaus sauerstoffhaltige Luft. Atmen Sie durch – Ihrer Gesundheit zuliebe. Eine gesündere Luft gibt es nicht! Berg Heil!" Das alles erzählt uns eine Tafel.

Natur und Technik in Frieden vereint!

26. Stuibenfälle in der Archbachschlucht ★★

Zwischen Plansee und Breitenwang bei Reutte im Außerfern lädt der Archbach zu Naturschönheiten ein. Bei einer Kapelle direkt am Ufer der Ache beginnt der Weg zu einer Staumauer, und darunter liegt ein gewaltiger Kessel, in den man von einer Kanzel Einsicht nehmen kann. Dort kann man im Sommer auch baden. Das ist der obere Teil der Stuibenfälle. Ein gutes Stück weiter flussabwärts gibt es eine Enge, die durch einen netten und gesicherten Steig erschlossen ist. Hier ist es richtig gemütlich, hier spielen Kinder, hier lagern Eltern mit ihren Sprösslingen. Unterhalb der Stuibenfälle sehen wir dann das unvermeidliche Kraftwerk, das dieser großartigen Landschaft fast das ganze Wasser entzogen hat. Trotzdem ist diese Schluchtstrecke noch immer sehenswert.

Der versicherte Klettersteig hinter dem Fall

27. Wasserfall und Klamm bei Ehrwald *

Eigentlich ist diese Klamm nicht der Rede wert, aber da gibt es et-was, das meiner Ansicht nach einzigartig in Österreich ist. 1 km nörd-lich von Ehrwald entlang der Loisach, Richtung Grenze und Garmisch-Partenkirchen, gibt es bei km 5,4 eine Brücke. Dort ist ein kleiner Parkplatz, von dem man ungefähr 100 m Richtung Deutschland zu ei-nem Bach kommt. Die kleine Klamm hat durch die Wegüberbauung fast alles Typische verloren, aber oberhalb von uns fällt ein schöner Wasserfall in mehreren Stufen zu Tal. Der Höhepunkt und das Einma-lige ist aber das: Auf der linken Seite führt ein versicherter Felsensteig bis in die halbe Höhe der Wand, geht hinter dem Wasserfall vorbei und führt auf der rechten Seite wieder zurück. Für einigermaßen ge-schickte Kinder und Erwachsene ist das ein Erlebnis der besonderen Art. Wer das nicht mag, kann unterhalb des Wasserfalles im Becken oder auf einer Bank picknicken.

28. Sturlbachschlucht *

Schloss Klamm oberhalb der Sturlbachschlucht lässt viel erwarten, erfüllt aber die Erwartungen nicht. Der Zugang zur Burg von der Straße Telfs – Nassereith, kurz vor Obsteig, wird durch eine dreikantige Steinsäule markiert, die uns etwas über die Geschichte der Burg erzählt und *„den Wanderer an die Geschlechter erinnern soll, die diese Burg erbauten, die darin wohnten und die sie vor dem Verfall bewahrten"*. Über dieses Fleckchen Erde fand ich etwas in einem Buch aus dem Jahr 1877: *„Bei Obsteig wird die Gegend schon wilder. Zuvor gähnt die Klamm gegen Süden, eine wildromantische Thalschlucht, durch die der Mötzer Bach dem Inn zueilt. An ihrem Eingange blickt von hohem Felsen drohend der Zwingthurm des Schlosses Klamm herab, einst der Schrecken der Gegend, als noch der wilde Oswald Milser sie in Besitz hatte, nun ein Bild herabgesunkener Herrlichkeit. Auch die Starkenberger hatten sie einst inne und übten von diesem Felsennest aus Gewaltthat und Frevel, bis ihnen Friedrich mit der leeren Tasche das Handwerk legte und Schloß und Gut in eigene Verwaltung nahm."*

Die Ortschaft Fronhausen weist auf die „Arbeiterhäuser" der damaligen Zeit hin, der gewaltige Bergfried, von ihnen erbaut, lugt durch die Bäume. In 20 Minuten ist man beim Wasserfall. Ich empfehle die Staubstraße, denn dort finden wir „Erinnerungsbildstöcke". Auf einem lesen wir: *„Am Gründonnerstag 1384 verlangte der hochmütige Ritter die große Hostie und versank in den Boden."* Auf dem Bild erkennt man den splitternden Fußboden.

Wir gelangen nun zu einem wunderschön gelegenen Wirtschaftstrakt, in dem man eine Ferienwohnung im alten Holzhaus mieten kann, sehen einen Brunnen mit einer Statue des hl. Florian. Die Burg ist in Privatbesitz und kann nicht besichtigt werden. Wir kehren zurück zur Holzbrücke und wenden uns nach rechts zur Schlucht. Eine Tafel weist darauf hin, dass der Klammsteig nur für geübte Geher zu empfehlen ist. Tatsächlich steigen wir gleich in vielen Serpentinen die Wasserfallhöhe hinunter und genießen unterhalb des Schlosses den gewaltigsten Eindruck der Schlucht. Aus einem Felsentor mit einem Klemmblock fällt das Wasser zu Tal, das Gestein ist gelb-rot-grün gesprenkelt: das Gelb und Rot der Flechten und das Grün des Mooses. Von hier kann man den langen Abstieg nach Mötz beginnen oder zurück nach Fronhausen gehen und von dort zur Wallfahrtskirche Locherboden weiter fahren.

29. Strassberger Klamm (Zimmerbergklamm) ✳

„Ein romantischer Weg ist auch der zur nahen Straßberger Klamm mit dem Weiler Emat. Durch diese Klamm führt ein wilder Steig, berüchtigt als Schwärzersteig, ins Gaisthal." So las man es vor mehr als 100 Jahren in einem Tiroler Buch. Von Telfs geht es in nordwestlicher Richtung ins Wassertal, von wo aus der Klammsteig zum Weiler Strassberg beginnt.

Heute ist es anders. Zuerst findet man in Telfs keinen Hinweis auf die Klamm. Von einem Kraftwerk nordwestlich von Telfs geht es los, bald verengt sich das Tal, es erwartet uns ein Rastplatz, denn es geht bald steil bergauf. Ein Holzsteg, eine Brücke, Steinschlaggefahr, man sieht Reste des alten Weges – und dann der Höhepunkt der Wanderung: eine massive Hängebrücke mit darüber liegenden Hangstützungen. Hier befindet sich wieder ein Kraftwerk, und die Einheimischen nennen diesen Ort „Die Hex". Als das Kraftwerk für die ehemalige Fabrik gebaut wurde, konnten sich die Menschen nicht vorstellen, dass mit Wasser Strom erzeugt werden kann, es müsse dabei wohl mit „der Hex" zugehen.

Wer will, kann noch weiter den Bergsöhnesteig (!) nach Strassberg aufsteigen. Eine Hütte und ein Tobel, eine „Nase" zwischen zwei Karen liegen an diesem zuerst steilen, dann wunderschönen Steig. Interessant ist der Hinweis, dass hier im Jahr 1850 ein Wasserwal für die Bewässerung der Lehener Felder angelegt wurde. Das fast ausgestorbene Wort Wal hängt wohl mit dem lateinischen Wort vallis, d. h. Tal, zusammen.

30. Gleirschklamm ✳✳ (Überarb. s. Anhang)

Von Scharnitz entlang der Isar 3 km in Richtung SO ins Karwendelgebirge gelangt man zur 1,5 km langen wildromantischen Gleirschklamm, durch die ein alter Triftsteig führt. Auf abenteuerlichen Stegen und durch ein Felsentor geht es an Drahtseilen entlang bis zu einer Brücke über einen Seitenarm der Gleirsch aus dem Jöchltal. Von dort führt der Steig aus der Schlucht heraus und umgeht oberhalb der Gleirsch die weiterführende Schlucht. Auf einer Forststraßenbrücke überquert man nun die Gleirsch, um auf der etwa 150 m höher gelegenen Forststraße zurück zur Mündung der Gleirsch in die Isar zu gelangen. Nach Durchstieg der Isarschlucht kann man dann auf der anderen Seite über die Gleirschhöhe zurückwandern, wobei man hier andere Einblicke in die Schlucht von Gleirsch und Isar gewinnt. Ein Stück kann man sogar an der Schluchtkante wandern, sonst geht man auf einer Forststraße. Eine interessante Alternative ist es, die Wanderung in der anderen Richtung zu unternehmen, weil man da zuerst die Fernsicht in die Schlucht hat und dann durch die Klamm abwärts wandern kann. Ein fünfstündiger, 12 km langer alpiner Rundweg, der absolut sehenswert ist!

31. Schlossbachklamm

Nördlich von Zirl erhebt sich das Schloss Fragenstein, unter dem sich das Schlossbachtal in die Ausläufer des Karwendelgebirges hinzieht. Eine Schilderung aus dem Jahr 1877 soll uns die Atmosphäre näher bringen: *„Ein Weg führt uns am Schloss Fragenstein vorbei, das von einem Felsvorsprunge als malerische Ruine in's Thal schaut. Gebüsch und Gestrüpp wuchert im Schutt der eingestürzten Mauern, um die ausgebrochenen Fenster rankt der Epheu, ‚die mmergrüne Elegie der Zeiten', in den düsteren Thurmlöchern haust die Dohle. Einst das lustige, von Waidmannssang und Becherklang widerhallende Jagdschloß Maxens, steht es jetzt als vereinsamtes Denkmal entschwundener Herrlichkeit."* Der Weg, hoch über der breiten Schlucht, führt direkt zum Schießstand der Schützengilde Zirl, dessen Zieleinrichtung das ganze Tal überspannt. Der Weg weiter in die Schlossbachklamm ist gesperrt, es bleibt die schöne Höhenpromenade, die das Tal quert, durch zwei Tunnel führt, einen Tobel mit Steinschlagschutz berührt und dann zu einer überdachten Holzbrücke leitet. Empfehlenswert ist außerdem der Höhenweg zum Kalvarienberg oder zur Ehnbachklamm.

UNTERLAND (ÖSTLICH VON INNSBRUCK)

32. Stillup(p)klamm

Die Stilluppklamm in Mayrhofen im Zillertal ist namentlich sehr präsent, da ein Ortsteil so benannt ist, die Klamm ist aber fast nicht zu finden, da der Weg durch einen Privatgrund führt. Die Klamm führt „zemmlich" wenig Wasser, da es die Zemmkraftwerke, jetzt Tauernkraftwerke, in dem 5 km entfernten Stilluppspeicher sammeln und zu den Turbinen unterhalb der Klamm leiten. Interessant ist ein Vergleich der Wassermengen, die von den Turbinen kommen und dem dürren Gerinne aus der Stilluppklamm. Ein kleiner Wasserfall ist bald zu sehen, ein Rundweg führt durch die Klamm zu einem Waldweg, auf dem man wieder nach Mayrhofen zurückwandern kann. Achtung, im Bachbett ist Gefahr durch Wasserschwall gegeben!

33. Dornaubergklamm (Zemmschlucht) *

Viel eindrucksvoller ist die Dornaubergklamm, sie musste zwar auch „Wasser lassen", doch von der alten Straße, ausgehend von Finkenberg, nach Ginzling gewinnen wir immer wieder großartige Tiefblicke in die Schlucht. Vom ehemaligen Gasthaus Jochberg sieht man 113 m in die Tiefe, von dort führt auch ein Wanderweg in 5 Minuten zu einem Aussichtsplatz. Riesige Felskolosse mit interessanten Gesteinsrippen; klares, grün schimmerndes Gebirgswasser; nackte, zerstörte Baumstämme; ruhige, im Widerschein des Sonnenlichtes glitzernde Wellen und Holz, Holz und wieder Holz. Geschliffene und „geschmirgelte" Wurzeln, Bretter, Wegmarkierungen, Zaunteile und anderes erzählen uns Geschichten vom Werden und Vergehen in der Natur.

34. Tuxerklamm *

Als letzte der Klammen im Zillertal besuchen wir die Tuxerklamm in Finkenberg. Auch hier hat die Natur Großartiges geleistet. Vom bekannten Teufelssteg kann man in die gruselige Tiefe blicken. In einer alten Reisebeschreibung steht darüber: *„Dann ist in kurzer Zeit das kleine freundliche Dörflein Finkenberg und von diesem, abermals in geringer Entfernung, der berühmte Steg über den Duxerbach erreicht, seiner Schauerlichkeit wegen der Teufelssteg geheißen. Derselbe ist mit großer Kühnheit in einer Höhe von sechsundneunzig Fuß über der Schlucht gespannt, in deren Abgrund das Wasser dahin donnert, daß der kochende Silberschaum an dem schwarzen Gestein emporschlägt wie ein brandendes Meer. Für schwindelfreie Augen ist es ein grau-*

enhaftes Vergnügen, von solcher Höhe in den tobenden Aufruhr hinunter zu blicken."

Es ist verständlich, dass in dieser schaurigen Gegend eine ebenso schaurige Sage ihren Ursprung hat:

Der Teufel sollte beim Bau der Brücke über die Klamm helfen, wollte aber als Dank dafür das erste Lebewesen, das über die Brücke geht. Die schlauen Zillertaler schickten am Morgen nach dem nächtlichen Bau einen Geißbock über die Brücke, und unter Wutgeheul packte der Satan das Tier bei den Hörnern und ritt mit ihm in die Lüfte.

Eine zweite Sage kann man an der Brücke lesen:

Ein junger Bursch wollte sein Heiratsversprechen nicht einlösen, obwohl er mit seinem Mädchen schon ein Kind hatte. Er weigerte sich immer wieder, und einmal rief er auf dem „Höchsten Steg", wie er damals noch hieß: „So wahr dieser Stein, auf dem ich stehe, so hart ist, dass meine Schuhnägel ihn nicht eindrücken, so wahr bin ich nicht der Vater des Kindes!" Kaum war der Meineid gesprochen, da erschien der Teufel und warf ihn in die Schlucht. In der Platte soll man noch lang die tief eingedrückten Nagelspuren gesehen haben. Seit jener Zeit heißt der Steg auch Teufelssteg.

Die jetzige Konstruktion der überdachten Holzbrücke ist aus dem Jahr 1876, die Tiefe beträgt 43 m.

35. Entenlochklamm ✳

Die Entenlochklamm nördlich von Kössen liegt zum Großteil in Deutschland. Ein kurzes Teilstück ist aber von Klobenstein in Österreich erreichbar. Ein kurzer Aufenthalt lohnt auf jeden Fall. Die Wallfahrtskirche und Einsiedelei Klobenstein ist nämlich solch ein verstecktes Kleinod, das in seiner Liebenswürdigkeit zu Herzen geht. Nach alter Überlieferung ging eine Frau durch den Wald, als plötzlich ein riesiger Felsblock auf sie zurollte. Sie rief die hl. Maria um Hilfe an, und da geschah das Wunder: Der Felsblock spaltete sich und blieb zu beiden Seiten der Frau liegen, wo er heute noch zu sehen ist. Als Dank für die Rettung wurde eine Kapelle gebaut, die nun oberhalb des zweigeteilten Felsens steht. Interessant ist, dass sich unter dem Dach der Kirche zwei Kapellen befinden: die Muttergottes-Kapelle und die Kapelle Maria Loretto; beide sind durch einen Gang miteinander verbunden. Von dem Gotteshaus führt ein Steig an einem Gasthaus vorbei zur Klamm. Zwischen zwei Engstellen, die für Wanderer unpassierbar sind, können Kinder auf Sand und Steinen neben der Kössener Ache nach Herzenslust spielen, die Eltern können ihnen aber erzählen, dass es hier in der Klamm eine Höhle geben soll, in der ein feuriger Hund eine Jungfrau und eine Schatzkiste bewacht.

Seit einigen Jahren ist die Engstelle um eine Attraktion reicher: Eine Hängebrücke neben einem Ruheplatz überquert die Ache und führt zum „Schmugglersteig". Von der Brücke aus sieht man besonders schöne, senkrecht stehende Felsplatten.

36. Daxerklamm **

Auf der Straße von Erpfendorf nach Kössen biegt man in Wohlmuting ab und fährt in Richtung Elsental. Unter der Eiblkapelle führt die Forststraße direkt zur Daxerklamm. Von einer Brücke genießt man einen gewaltigen Tiefblick in die Klamm. Nicht überall sehen wir das Wasser fließen, da die Auswaschungen so ausgeprägt und „schwungvoll" sind. Hier wäre das „Fischen verboten", sagt eine Tafel. Nun, leicht wäre das hier ohnehin nicht. Wenige Meter hinter dem Wasserfall leuchtet uns schon wieder ein liebliches Tal. Einmal bin ich bei wenig Wasser von vorn in die Klamm vorgedrungen. Das war ein Erlebnis!

37. Öfenschlucht

Zwischen Waidring und dem Pillersee mit St. Adolari und der Teufelsklamm fährt man durch eine Straßenenge. Seit dem Jahr 2004 weisen braune Tafeln darauf hin, dass dieses Schluchtbiotop aus Hauptdolomit besteht und in dieser markanten Ausprägung in Tälern der Umgebung selten anzutreffen ist. Eine Frau, die ich über die Öfenschlucht befragte, sagte den interessanten Satz: „Die Öfenschlucht is allaweu neu!"

38. Teufelsklamm, im Volksmund „Backofen" *

Die Teufelsklamm in der Nähe des Pillersees zwischen Waidring und St. Ulrich ist keine große Attraktion. Bei der alten Kapelle St. Adolari (gotische Fresken, Rokoko-Altäre, bereits 1013 erwähnt) zweigt die Forststraße Steinberggraben ab, auf der wir 20 Minuten steil ansteigen müssen. Dann die Hinweistafel zur Klamm, wo sich auch ein Kontrollpunkt für den Wanderpass befindet. Der Zugang ist mit Seil gesichert. Die Enge ist nicht begehbar, es führt aber eine Brücke über den Bach. In der Klamm erfrischt uns eine Quelle, rechts oben lauert in einer Höhle ein hölzerner Teufel.

OSTTIROL

39. Wasserschaupfad Umbalfälle **

Seit 1928 ist das hintere Iseltal mit seinen Umbalfällen Ziel von Überlegungen, das Wasser zu sammeln und zur Speisung von Großkraftwerken zu verwenden. Im Jahr 1966 bestand der Plan, das Wasser der Umbalfälle in das fast 30 km weit entfernte Kalser Tauerntal zu leiten.

Die Proteste aus ganz Österreich, ein ökologisches Gutachten, die Erklärung zum Naturdenkmal und die Schaffung des Wasserschaupfades Umbalfälle und dessen Eröffnung am 14. August 1976 verhinderten das naturfeindliche Projekt. Die Isel hat hier 4 km hinter Prägraten im Virgental auf 2,8 km Länge teilweise Klammcharakter.

Bei 14 Haltepunkten wird die Bedeutung des Wassers für Fauna und Flora erläutert, über das tierische und pflanzliche Leben in und am Wasser berichtet, Geologisches dargestellt und auf andere hydrologische Tatsachen hingewiesen. Ein Führer, der auf der Pebellalm erhältlich ist, bietet eine wertvolle Hilfe beim Durchwandern der Umbalfälle. Aus ihm möchte ich zitieren:

„Haltepunkt 3: Die Wirkung des fließenden Wassers

Der Querschnitt des Umbaltales zeigt deutlich, dass die Erosion und der Transport von Geschiebe Vorarbeit für die Abböschung der steilen Talflanken leisten und das keilförmige Tal weiter eintiefen.

Das vom Wasser mitgeschleppte Geröll scheuert den Felsuntergrund ab. Der Fels wird poliert oder wellig ausgedrechselt. Durch Hindernisse entstehen Wirbel (Wasserwalzen), in denen das mitgebrachte Geröll Löcher (Kolke und Strudeltöpfe) in den Felsen mahlt.

Durch Engstellen im Bachbett wird der Druck des Wassers verstärkt, dahinter – vom Druck befreit – höhlt das Wasser den Fels in schön gerundeten Vertiefungen aus (Kavitation). Vor allem in Steilstufen verstärkt sich die Bewegungsenergie des Wassers zur gewaltigen bildhauerischen Gestaltung des felsigen Bachbettes.

Harter Fels im Bachbett wird pro Jahr im Durchschnitt um 1 bis 2 Millimeter abgeschliffen. Der Bach nagt sich in 5.000 bis 10.000 Jahren um 10 Meter tiefer. Im Lauf von rund 1 Million Jahren hat sich das 1.000 m tief eingegrabene Tal gebildet. In weicherem Gestein und durch Klüftung und Schieferung begünstigt, kann sich der Bach rascher eintiefen. Gut erhaltene Kolke und Strudeltöpfe einige Meter über dem heutigen Bachbett zeigen den rascheren Fortschritt des Ausnagens."

Über das Umbaltal schrieb schon im Jahr 1882 ein Reiseführer: „Dasselbe wird an Schönheit der Felsscenen und Wasserstürze von keinem anderen Tauernthale übertroffen."

40. Iselschlucht

Auf der Straße ins Virgental westlich von Matrei steht bei einer Brücke „Blick in die Iselschlucht". Als Schlucht nicht sehr interessant, es geht zwar ein Wanderweg auf einem Fahrweg durch, es gibt aber etwas Interessantes darüber zu lesen:

„Das heutige Virgental ist nicht nur eine Schöpfung der Eiszeit, sondern auch der nacheiszeitlichen ‚Raumausstattung‘ durch Felsstürze und gewaltige Murgänge von der gesteinsbunten Virger Nordkette. Die parallel laufenden kleinen Bäche der Virger Sonnseite haben ihre Schuttfächer bis in die Talmitte vorgeschoben. Durch die Schrägstellung der Talsohle ist der Iselfluss nach dem Klammdurchbruch in Stegach und einer weiteren Einschürfung zwischen Welzelach und den Urbern an den Südrand des Tales gedrängt worden. Sein dumpfes Gurgeln hört man bis zu den Einödhöfen auf der Sonnseite. Mit Respekt haben wir Kinder immer vom großen ‚Pumpelbach‘ geredet."

41. Dabaklamm (Daberklamm)**

Um die Dabaklamm gab es in den Siebzigerjahren des vorigen Jahrhunderts heiße Kämpfe, da sie in dem „zum bevorzugten Wasserbau beantragten Speicherkraftwerk Dorfertal – Matrei" liegt. Doch die Naturschützer haben gesiegt, und die Klamm blieb uns Gott sei Dank erhalten. Vom Parkplatz in der Nähe des Taurachwirtes in Kals erreicht man in 25 Minuten die Klamm, deren Besonderheiten ein schönes Kreuz auf einem Felssockel hoch über der Schlucht und ein Straßentunnel sind. Der Tunnel, natürlich nur für Anrainer, ist unterbrochen und kann gefahrlos begangen werden, was besonders für Kinder ein Erlebnis ist. Anschließend ist der Weg in den Fels gehauen, das Holz des Geländers ist nummeriert, damit es im Frühjahr wieder an derselben Stelle montiert werden kann. Bald ist man in dem weiten und friedlichen Dorfertal und kann den Weg zum Kalser Tauernhaus fortsetzen. Unterhalb der Klamm Richtung Großdorf befinden sich der Eulen- und der Mühlenweg. Trotz immer wiederkehrender Vermurungen sind die fünf Stockmühlen und die Waldstationen für Kinder erlebenswert.

![Die gerettete Klamm im Dorfertal!]

Die gerettete Klamm im Dorfertal!

Sturzelbachklamm: Wild, aber leider unbegehbar

42. Sturzelbachklamm *

Wieder etwas Kurioses! Die Klamm ist unbekannt, nicht zu begehen, nur ein altes Steiglein führt ein kurzes Stück bis zu einem Wasserfall. Warum weise ich darauf hin? Ich möchte auf etwas anderes aufmerksam machen: auf den Radweg Innichen (San Candido) – Sillian – Lienz. Er ist ein Hit! 39 bzw. 30 km geht es asphaltiert bergab entlang der Drau ohne Autos bei Radler-Gaststätten und Brunnen vorbei. Viermal muss man stehen bleiben: zuerst beim Fabriksverkauf Loacker, wo es Schnitten und andere Süßigkeiten gibt, was als Proviant ja unerlässlich ist, einmal bei einem unbekannten Tal, wo quer über dem Einschnitt Seile gezogen wurden, an denen ein riesiges Herz befestigt ist, das nächste Mal bei einer Brücke, wo auf die Sturzelbachklamm, die in 10 Minuten zu erreichen ist, hingewiesen wird und zuletzt bei der Galitzenklamm, die in den letzten Jahren toll ausgebaut wurde (S. 181). Wenn es ein Problem gibt, dann vielleicht das, dass der Radweg an heißen Sommertagen „überlaufen" ist. Tausende Italiener fahren in Familien mit Kindern und in Gruppen dort bergab und nehmen oft die ganze Wegbreite in Anspruch. Aber wenn Sie beim Loacker um halb elf, wie es uns passierte, auf Deutsch einkaufen, dann gibt's vielleicht eine Draufgabe, weil Sie der erste Deutsch sprechende Käufer sind!

43. Die drei Schluchten um den Lavanter Kirchbichl

Im Lienzer Becken, südlich von den römischen Ausgrabungen von Aguntum, im Drautal, also nicht im Lavanttal, befindet sich unterhalb der Lienzer Dolomiten der Lavanter Kirchbichl. Dort befinden sich die zwei Kirchen St. Ulrich und St. Peter und Ausgrabungen von einer antiken Fliehburg und von frühchristlichen Kirchen aus dem 2. bis 5. Jahrhundert. Heute sehen wir einige Säulen und viele interessante geschichtliche Fakten. Bemerkenswert ist jedoch, dass dieser historische Hügel von drei Schluchten und Wasserfällen umgeben ist. Sie sind unbegehbar, aber sie haben in früherer Zeit den Bühel gesichert. Sehenswert! Man kann sogar mit dem Auto hinauffahren!

44. Ein Kuriosum zum Schluss: Die Schlucht im Schloßgarten von Ambras (s. Anhang)

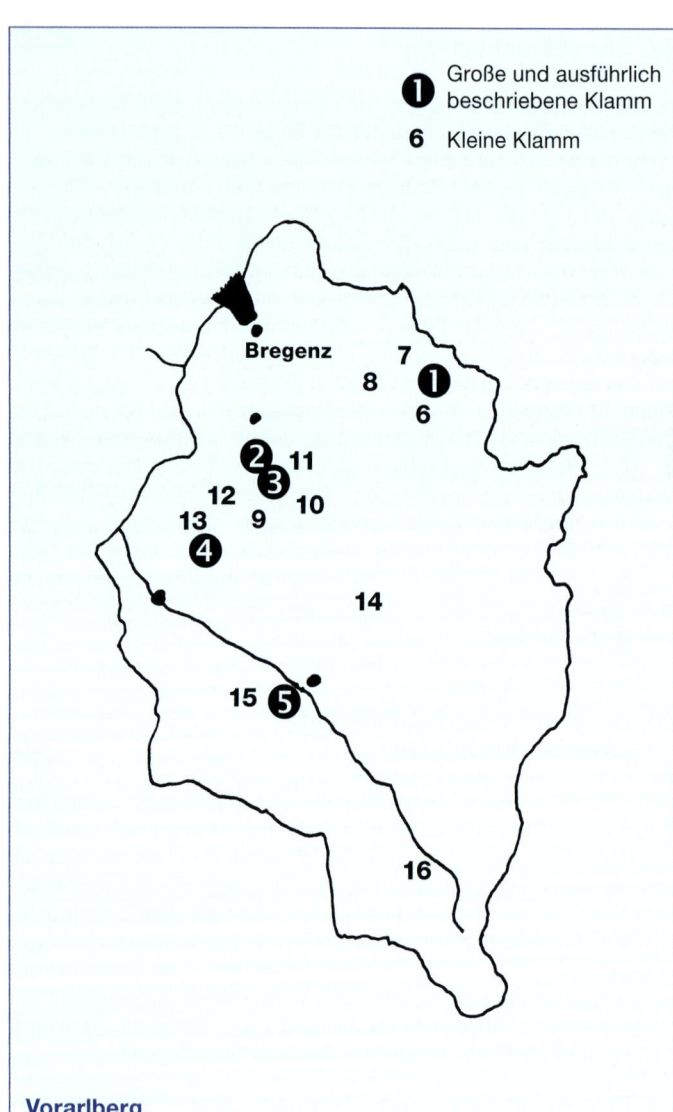

Große und ausführlich
beschriebene Klamm

Kleine Klamm

Bregenz

7
8
6

2 11
3
12 10
9
13
4

14

15 5

16

Vorarlberg

202

Vorarlberg

1. Engenlochschlucht *
2. Rappenlochschlucht ***
3. Alplochschlucht **
4. Üble Schlucht (Übleschlucht) **
5. Bürser Schlucht *

Kurzbeschreibungen kleinerer Klammen

6. Rappenfluh *
7. Kommaschlucht
8. Schlucht der Subersach *
9. Schaufelschlucht *
10. Kirchle *
11. Schlucht der Kobelach
12. Örflaschlucht *
13. Kesselschlucht
14. Engelschlucht
15. Kuhloch *
16. Garneraschlucht *

Foto umseitig:
Alplochschlucht

1. Engenlochschlucht *

„Im Bregenzer Wald versteckt"

Zugang: Von Hittisau 500 m auf der Straße nach Riefensbach, vor der Brücke über die Bolgenach rechts ab und auf dieser Nebenstraße dann wieder rund 10 min.

Klammlänge 600 m, Höhenunterschied 20 m, Gehzeit 10 min, Markierungstafeln, ÖK Blatt 112.

Beste Zeit: Frühjahr bis Herbst.

Beschreibung: Man sollte Hittisau einmal einen Besuch abstatten, denn dort kann man seltene Dinge erleben. Da ist zunächst der Ort, der auf windgeschützter Hochebene im vorderen Bregenzer Wald liegt, dann ist auf dem Weg zur Schlucht ein Dachsbau, der nahe der Straße auf steilem Bergeshang zugänglich ist und von Dachsen und Füchsen bewohnt wird. Dann gibt es eine Hängebrücke über die Bolgenach, die sehenswert, vor allem aber begehenswert ist. Wenn die Brücke über der brodelnden Ache schwankt und schaukelt, wird einem schon recht unheimlich zumute.

Von dieser Hängebrücke ist es nicht mehr weit zur Engenlochschlucht. Bei ihrem westlichen Eingang befand sich früher das örtliche Schwimmbad. In einem alten Werbeprospekt von Hittisau finden wir davon ein Bild. Kaum zu glauben, dass in diesem kalten, von Steinen durchsetzten Gebirgsbach die Menschen badeten. Neben der Hängebrücke ist die Miniaturnachbildung eines Sägewerkes zu sehen, das mit dem gestauten Wasser in Gang gesetzt werden kann. Da kann kein Kind vorbeigehen, ohne den Wasserschwall über das Wasserrad laufen zu lassen. Da hier auch der Wasserwanderweg Hittisau verläuft, findet man einen geschichtlichen Abriss über das Wasserrad und die Wasserkraft in den Jahren 1920 bis 1959. Der Weg durch die Schlucht führt neben der Bolgenach auf und ab, passt sich den Felsabhängen und -nischen an, ist etwas lehmig. Die 140 Stufen in fünf Teilstrecken und die drei Stege werden vom Verkehrsverein instand gehalten. Vielleicht entdeckt man auch am anderen Ufer auf einem großen Stein das Wort ENGENLOCH, das, in weißer Farbe geschrieben, allmählich verblasst. Zum Zeichen der Verbundenheit mit Hittisau hat im September 1990 ein deutscher Urlaubsgast eine Muttergottesstatue eigenhändig in der Schlucht angebracht. Am Ende der Schlucht führt der Weg empor, und nun geht es im Wald oberhalb des Schluchtsteiges wieder zurück. Hier bei den Bauernhöfen verwirklichten die Vorarlberger Kraftwerke ein interessantes Projekt. Im Tal der Bolgenach, ca. 500 m vor der Ortsgrenze von Krumbach, wurde ein Staudamm von 100 m Höhe errichtet, der einen Stausee von 8,5 Mill. m³ Fassungsraum ermöglichte. Drei Viertel des Wassers der Subersach werden durch einen Zuführungsstollen durch den Hittisberg in die Bolgenach geleitet. (Dieses Bauwerk ist bei der Straßenbrücke zu sehen.) Von dem genannten Stausee führt ein Druckstollen durch den Roten Berg in die Kraftwerkskaverne, die im Tal der Bregenzerach in den Fels eingebaut wurde.

Ausflugsziele in der Umgebung: Kommaschlucht, Rappenfluh, Lecknersee.

2. Rappenloch- und
3. Alplochschlucht ✶✶✶
„Zwei auf einen Streich"

Zugang: Von Dornbirn-Zentrum zum Stadtteil Gütle 2 km (Hinweistafeln). Parkplatz mit Gebühr.

Klammlänge 2.500 m, Höhenunterschied 200 m, Gehzeit 1 st, Markierung blau-gelb, ÖK Blatt 111.

Beste Zeit: Frühjahr bis Herbst.

Beschreibung: Der Name Rappenlochschlucht dürfte auf die Waldrappen, eine seltene, schwärzlich-grün schillernde Ibisart, die in der Schlucht, auch Loch genannt, ihren Standort hatten, zurückzuführen sein. Der Waldrapp ist in dieser Gegend schon längst ausgestorben, die Vögel werden im Almtal in Oberösterreich gezüchtet, und im Jahr 2004 wurde der Versuch gemacht, sie mittels eines „Vogel-Motorseglers", an den sie sich gewöhnt hatten und dem sie nachgeflogen sind, vor dem Winter nach Italien zu lotsen.

Rappenloch- und Alplochschlucht, nur 500 m voneinander entfernt, gehören zu den größten Schluchten der Ostalpen und sind eine absolute Sehenswürdigkeit. Sie wurden 1890 zugänglich gemacht, als man für die Spinnerei in Gütle Strom benötigte und deshalb den Staufensee, der zwischen den beiden Schluchten liegt, anlegte. Was der Besucher der Schluchten mit Staunen wahrnimmt, ist die Tatsache, dass solch eine mächtige Steiganlage kostenlos begangen werden kann. Der Stadt Dornbirn, die jährlich über 20.000 € für die Instandsetzung ausgibt, sei daher herzlich gedankt.

Zum Naturdenkmal Rappenlochschlucht gelangt man sehr leicht. Schon in der Stadt Dornbirn gibt es große Wegweiser, die auf die Schlucht aufmerksam machen. Beim Gütle gibt es genug Parkplätze, für die aber eine Gebühr eingehoben wird. Ein Promenadenweg führt zu einer eigenartigen Brücke, die aus zwei Druckleitungsrohren und darüber gelegten Brettern besteht. Wir gelangen dann zu einer Enge mit einem in den Fels gehauenen Weg und meinen, die Schlucht begänne schon. Aber nein! Stattdessen sehen wir rechter Hand die Straße nach Ebnit, die sich um eine Felsnase schlängelt. Wir müssen nun noch ein Stück Weg zurücklegen, kommen bei einem Unterstand vorbei, passieren einen Wasserfall, queren den Fluss und gelangen dann endlich in das Zentrum der Rappenlochschlucht. Steil ragen die Felswände empor, im Flussbett liegen zyklopenhafte Felsblöcke, wie eine Felsenhalle liegt das Rappenloch vor uns, das wir durch einen Tunnel betreten. Majestätisch und großartig ist dieser Anblick. Vergessen wir aber nicht, nach oben zu blicken. An der engsten Stelle überquert die Rappenlochbrücke die Schlucht. Unvorstellbar, wenn man an den ersten Brückenbau denkt! Doch weiter in der Schlucht! Das Tal weitet sich ein wenig, und bald erreichen wir den Wasserfall beim 602 m hoch gelegenen Staufensee, der nach dem 1465 m hohen Staufen benannt ist. Bis hierher sind es rund 20 Minuten, ein Rundgang um den See nimmt ebenfalls 20 Minuten in Anspruch. Es wäre aber schade, würden wir die anschließende Alplochschlucht nicht besuchen. Nach 10 Minuten gelangen wir zum E-Werk, das jedoch die großartige Landschaft nicht sehr stört. Hatte die Rappenlochschlucht wirklich schluchtartigen Charakter, so ist die Alplochschlucht eine enge Klamm mit auf Traversen liegenden und von Wand zu Wand reichenden Stegen. Rechts fällt dem Wanderer eine Quelle auf, die mächtig aus einem Loch in der Felswand schießt. Die Schlucht ist bald durchschritten, und ein promenadenartiger Weg führt uns allmählich aus der Engstelle zur Höhe. Nach 15 Minuten gelangen wir zur 680 m hoch gelegenen Schmitte. Von dort wären es noch 90 Minuten bis Ebnit, vom Gütle sind wir jetzt 45 Minuten entfernt. Autobusfahrt oder Rückweg durch die Schlucht? Wenn man sehr gut bei Fuß ist, kann man den sehr steilen Aufstieg zum Kirchle wagen (S. 214). Geht man durch die Schlucht zurück, fällt einem vielleicht erst jetzt ein zerfurchter Kalkblock am Ende der Alplochschlucht oder ein erratischer Block am Beginn der Rappenlochschlucht auf. Nun kann man den über 40 m hohen Mammutbaum im Gütle bestaunen oder das Krippenmuseum und das Rolls-Royce Museum besuchen.

Ausflugsziele in der Umgebung: Seilbahnfahrt auf den Karren und Wanderung zur Staufenspitze, Kirchle (S. 214), Fahrt zum Bergdorf Ebnit, Naturschau Dornbirn „inatura".

4. Üble Schlucht (Übleschlucht) ★ ★

„Warnung! Achtung! Großartig!"

Zugang: Von Laterns 30 min oder von Rankweil auf der Straße nach Übersaxen etwa 2,5 km, bis zu einer Hinweistafel in einer scharfen Kurve, dann auf der Waldstraße 30 min; Abstieg in die Schlucht 15 min.

Klammlänge 300 m, Höhenunterschied 50 m, von Laterns zusätzlich noch 300 m, Gehzeit 15 min, Markierung blau, Übleweg 33A, ÖK Blatt 111.

Beste Zeit: Frühjahr bis Herbst, nur bei gutem Wetter!!!!

Beschreibung: Die Üble Schlucht ist ein verstecktes Wanderziel, das rund 4 km von Rankweil entfernt, aber schwierig zu erreichen ist. Sie ist keine Mündungsschlucht, sondern eine großartige Engstelle des Frutzbaches mitten im Bergland. Der Zugang ist daher relativ lang und beschwerlich. Wenn man aus der Richtung Rankweil kommt, benützt man den Netschelweg, berührt den Pargezitobel, ein wildes und steiles Seitental, und das Brünnele, bis man zu zwei Ruhebänken gelangt, von wo der Abstieg in die Schlucht beginnt. Von der erwähnten Waldstraße kann man auch die Trasse der Laternser Straße erkennen, die den andern Zugang zur Üblen Schlucht darstellt. Zunächst sind es 7 km von Rankweil bis Laterns, dann beginnt der Abstieg zunächst auf Wiesen, später im Wald an einer mächtigen Felswand vorbei in das tief eingeschnittene Tal des Frutzbaches. Allmählich wird das Rauschen der Ache lauter, und bei einem kleinen Sattel haben wir den Beginn der Schlucht erreicht.

Immer näher kommen wir dem wild schäumenden Wasser, das hier in einer engen Klamm seinen Weg sucht, aber Geländer geben uns Sicherheit. Bald sehen wir den ersten Höhepunkt: Der Weg führt unter Felsen nahe am Wasser. Der Besucher muss zwischen Felsen den vorgegebenen Weg suchen. Die Schlucht wird etwas weiter, der Bach wendet sich nach rechts, und sofort kündigt sich die nächste Engstelle an: Es ist das interessanteste, wenn auch gefährlichste Stück der Schlucht. Wir gehen ganz nahe am Frutzbach wieder unter Felsen.

Fast eine Alpin-Tour!

Großgewachsene müssen sogar schräg oder mit eingezogenem Kopf gehen, damit sie sich nicht verletzen. Drahtseile und Pfosten am nackten Fels verhindern ein Abrutschen in den brodelnden Bach. Bei Schlechtwetter und besonders bei Hochwasser ist diese Stelle gefährlich. Für vorsichtige Besucher, auch für Kinder, ist sie bei gutem Wetter aber durchaus gangbar.

Die Engstelle ist vorbei, nicht aber die Schönheit der Üblen Schlucht. Eine steile Kurve im Gestein, meist im fließenden Bächlein, links und rechts gesäumt von hilfreichem Gestänge, bringt uns eine Stufe tiefer, und wir werfen dann einen Blick auf einen Wasserfall. Hier winkt auch schon die Brücke und damit der Abschluss der Schlucht. Bald haben wir die Talsohle erreicht, und nun geht es in 16 Kehren steil bergauf zum oben erwähnten Netschelweg. Noch einmal: Für abenteuerliche Typen ist die Üble Schlucht ein Erlebnis, für andere ein Wagnis!

Ausflugsziele in der Umgebung: Laternser Tal bis zum Furka-Joch.

5. Bürser Schlucht *

„Ein eiszeitliches Naturwunder"

Zugang: Bürs bei Bludenz.

Klammlänge 2.500 m, Höhenunterschied 150 m, Gehzeit 75 min, Markierungstafeln, ÖK Blatt 141.

Beste Zeit: Frühjahr bis Herbst.

Beschreibung: Das Schönste an der Bürser Schlucht ist ihr Eingang. Schon in Bludenz fallen von fern die riesigen Felswände auf, die den Ort Bürs nach Süden begrenzen. Die Felspforte ist wirklich imposant, und es ist daher schade, dass das Innere der Schlucht nicht das hält, was der großartige Beginn verspricht. Noch dazu ist die Bürser Schlucht seit dem Jahr 1910, als ein Hochwasser die oberen Steiganlagen zerstörte, nur zur Hälfte begehbar. Als nette Wanderung kann sie aber trotzdem empfohlen werden. Wir beginnen „Im Lug" (wahrscheinlich aus dem Rätoromanischen „in locu", d.h. im Dorf), sehen das E-Werk und entdecken einen Schießstand. Die UNESCO-Hauptschule in Bürs hat sich zum 100-jährigen Bestehen des Weges durch die Bürser Schlucht eine kreative Gestaltung des Weges und des Flussbettes überlegt. Es wäre zu hoffen, dass die farbenfrohen Fische über der

Ache noch längere Zeit zu sehen sind. Dann durchqueren wir eine Blockhalde, kommen zu einem überdachten Felssteig, passieren einen interessanten Quelltuff und haben damit den schönsten Teil der Schlucht durchschritten. Ein Waldweg im sich weitenden Tal geleitet uns zu den Resten eines alten Steges. Wir werden dadurch erinnert, dass im Winter Lawinen und im Sommer mitunter Felsstürze den Weg verlegen und die Anlagen zerstören.

Dreimal überqueren wir den Alvierbach, dann geht der Schluchtcharakter endgültig verloren. In den letzten Jahren wurde ein geologischer Wanderweg durch die Bürser Schlucht errichtet, der in zehn Stationen sehr informativ über Moränen, Quelltöpfe, Gesteinsformen und Eiszeit erzählt. Dadurch ist die Klamm attraktiver geworden. Rund eine Stunde geht man, bis der Weg rechts den Hang hinaufführt und nach Bürserberg oder über das Kuhloch (S. 217) und den Platzgufel nach Bürs zurückführt.

Ausflugsziel in der Umgebung: Wenn man die Bürser Schlucht besucht, so sollte man es nicht verabsäumen, auch den Schesatobel zu besichtigen. Wir sehen dieses Gelände, das ein Gruseln hervorruft, schon in Bludenz, können aber auf der Straße nach Tschapina ganz nahe an den Schesatobel heran. Was hat es damit für eine Bewandtnis? Im Vorarlberger Wanderbuch finden wir darüber folgende aufschlussreiche Zeilen: *„… Schesatobel, dem großen Murbruch in der linken Seitenmoräne des eiszeitlichen Illgletschers. Im Gebiet des Bruchkessels der Schesa war der Boden früher von Wald und Weiden bedeckt, und ein Bergbächlein mit sehr kleinem Einzugsgebiet floss zu Tal. Um 1796 sollen größere Waldflächen abgeholzt worden sein. Dadurch kam es zu einer Störung des Wasserhaushalts; der Abfluss wurde ungleichmäßiger, und besonders bei Hochwasser nahm die Schurfkraft des Wildbaches zu. Dieser grub sich in den weichen Moränenschotter ein, die Hänge brachen nach und es folgten mehrere große Murgänge. Durch Niederschläge wurde zusätzlich der bloßgelegte Hang in unzählige Racheln aufgelöst. Nach 60 Jahren war der tiefe Bruchkessel ausgehöhlt, die Schuttmengen bedeckten in der Talsohle eine große Fläche. Die heutigen Ausmaße des Murbruches: 1800 m lang, größte Breite 700 m, seine Fläche etwa 60 Hektar; die vom Wasser abgeführte Materialmenge schätzt man auf 40 Millionen Kubikmeter."* Noch heute werden Hütten in dem gefährdeten Gebiet abgetragen, da die Leute damit rechnen, dass wieder einmal ein Teil des Tobels in die Tiefe stürzt. Im März 1995 bedrohten wieder rund

100 Kubikmeter Gesteinsmassen zwei Wohnhäuser. 18 Personen mussten kurzfristig evakuiert werden. Die Felsmassen oberhalb der Bürser Schlucht kommen nicht zur Ruhe.

Kurzbeschreibungen kleinerer Klammen

Es soll hier ein Loblied auf die Beschilderung der Wanderwege in Vorarlberg gesungen werden. Sie ist geschmackvoll, vorbildlich und klug. Die Wegweiser sind aus Metall, meist stehen der Standort und die Höhenangabe dabei, die Ziele und die Entfernungen sind in deutlicher Schrift angegeben, aber das Beste und Klügste sind die drei Symbolfarben, die neben dem Ziel zu sehen sind:

gelb: leichter Weg
rot: mittelschwer
blau: anstrengend und lang.

Diese Hinweise sind sehr hilfreich und sie stimmen auch: Die Üble Schlucht und die Garneraschlucht sind wirklich nur für Geübte!

Bei einem Besuch im Allgäu konnte ich feststellen, dass auch dort solch vorbildliche Wegweiser aufgestellt sind. Um Nachahmung in Österreich wird gebeten!

6. Rappenfluh *

Da gibt es in Hittisau ein Naturdenkmal, das fast unbekannt ist. Die Rappenfluh ist eine Felssturzlandschaft südöstlich des Ortes beim Weiler Korten, ungefähr 30 Minuten entfernt, im Wald am Hittisberg versteckt. Ein Rundweg von rund 10 Minuten leitet uns wie in einem Labyrinth an interessanten Punkten vorbei: Konglomeratsteine, links eine von Bäumen verdeckte mächtige Felswand, kleine Brücken und Stege, das Geldloch, das 50 m in die Tiefe führt, das 5 m lange Zugloch, aus dem es eiskalt herausströmt (nur 3° C hat die Luft), ein Unterstand, eine Quelle, ein Felsspalt, Zwillinge genannt, in dem ein Klemmblock über uns lastet, und dann kommt man zum tiefsten Punkt: Unter dem „Dachstein", dem größten Felsen der Rappenfluh, liegt ein mächtiger „Saal" mit einer Feuerstelle, ein Unterstand für viele, falls es regnen sollte. Im Tal hört man die Subersach rauschen. Dieser Platz lädt ein zum Sitzen und Sinnieren. Nun geht es aber wieder hinauf zum Kaminloch, das mit Seil und Stufen gangbar gemacht wurde. Oben finden wir dann endlich auf einer roten Tafel jenes Wort, das die Aufnahme der Rappenfluh in dieses Buch rechtfertigt: Klamm. Zum Schluss kann man noch auf das „Dachsteinplateau" steigen und von dem urigen oder unheimlichen Ort Abschied nehmen. Hier sollen ja früher die aus den Sagen bekannten Venedigermännlein gehaust haben! Andere interessante Fakten stehen auf den Tafeln, die in dem 180 x 400 m großen Gebiet zu finden sind. Die Rappenfluh ist ein Muss für Kinder und abenteuerfreudige Erwachsene!

7. Kommaschlucht

Im Ortsgebiet von Hittisau befindet sich auch die Kommaschlucht. Sie ist unbedeutend, birgt jedoch eine Besonderheit: Über sie führt die älteste gedeckte Holzbrücke des Bregenzer Waldes. Die unter Denkmalschutz gestellte Brücke war der erste Übergang über die Bolgenach, der auch mit Pferdefuhrwerken befahren werden konnte. Kurioserweise führt auch heute noch der Wanderweg mit der Nummer 1 zu ihr. Interessant ist außerdem der Gegensatz zwischen der alten Brücke und dem Schwimmbad, das von der Engenlochschlucht hierher „übersiedelte".

8. Schlucht der Subersach

Südwestlich von Lingenau im Bregenzer Wald fällt eine weithin sichtbare Kapelle auf: St. Anna. Sie soll der Ausgangspunkt einer etwas beschwerlichen Wanderung zur Schlucht der Subersach sein. Aber nicht die Schlucht ist das Ziel, sondern der Drahtsteg über den Gebirgsfluss, eine Hängebrücke, wie wir sie im Bregenzer Wald öfter finden. Über sie gelangt man steil bergab und wieder steil bergauf nach Großdorf. Beeindruckender ist aber der Lehrpfad Quelltuff, der bald hinter dem letzten Bauernhof zu erreichen ist. Viele Stufen und Treppen führen uns einen Abhang entlang, der in Gelb und Ocker, in

Schwarz und Grau leuchtet und vom Wasser überrieselt wird. Im Nachmittagssonnenlicht unbedingt sehenswert! Im Tourismusbüro Lingenau gibt es darüber eine Broschüre.

Die Verbindung zwischen Lingenau und Großdorf ist heute kein Problem, weil eine mächtige Brücke über die Subersach führt. Früher musste der Drahtsteg benützt werden oder auf der anderen Seite der Brücke im Gschwandtobel eine holzgedeckte Brücke, die nach dem Baumeister Negrelli benannt wurde, dessen Plan für den Suezkanal ausgeführt wurde.

9. Schaufelschlucht *

Empfehlenswert ist eine Autofahrt von Dornbirn nach Ebnit, bei der man kurz vor der Rappenschlucht abzweigt, diese überquert und nach rund 4 km die Schaufelschlucht passiert. Tunnels, enge Kurven, herrliche Tiefblicke und gewaltige Felsmauern geleiten uns in den abgeschiedenen Ort Ebnit, der über 1.000 m hoch liegt.

10. Kirchle *

Und wieder gibt es etwas Verstecktes, von dem ich nur durch Zufall erfahren habe: die Felsenklamm „Kirchle" hoch über der Rappen- und Alplochschlucht südwestlich von Dornbirn. Von der Straße nach Ebnit zweigt kurz nach der Brücke über die Schlucht links in das Tal der Kobelach eine Straße ab, auf der man in der ersten scharfen Linkskurve den ersten Hinweis zum Kirchle findet. Dort kann man parken und dann ungefähr eine halbe Stunde auf erst ansteigender, dann ebener Forststraße, dem Kirchleweg, bis zu einer Hütte gehen. Dort zweigt dann nach rechts ein Steig ab, und man würde nicht annehmen, dass sich hier heroben eine Klamm befinden könnte. Plötzlich ein riesiger Fels, darin ein schwarzes Loch: Wir befinden uns in einem Felsendom, dem Naturdenkmal „Kirchle", das nach der Eiszeit entstand, als Schmelzwasserbäche den Fels unermüdlich auskolkten. Oben sehen wir eine mit Bäumen bewachsene Naturbrücke, unten einen Felsblock und einen Grillplatz. Nachdem wir das Echo ausprobiert haben, geht es auf der anderen Seite auf Stiegen und an Seilen wieder aus dem Kessel heraus. Ein letzter Rückblick zeigt uns neue

Versteckt, schwer erreichbar, aber sehenswert!

Kolke und Höhlen, dann stehen wir auf einem friedlichen, aber sumpfigen Platz, den wir auf Tritthölzern überqueren müssen. Zurück geht es auf demselben Weg oder über einen steilen und abenteuerlichen, mit Hölzern gesicherten Steig, der zum oberen Ende der Alplochschlucht führt. Der ganze Weg ist rot markiert und hat die Nummer 32. Leider ist das Kirchle im Tal nicht erwähnt, aber es ist auch nicht für Spaziergänger, die nur die berühmte Rappenlochschlucht besuchen wollen.

11. Schlucht der Kobelach

Jeder Besucher Vorarlbergs sollte die *„Naturschau Dornbirn"*, genannt *„inatura"*, auf dem Areal eines ehemaligen Metall verarbeitenden Betriebes besuchen. Verschiedene Lebensräume werden bei einem virtuellen Rundgang in einem der modernsten Naturmuseen Europas präsentiert, auch die Schluchten Vorarlbergs. Auf einem Handzettel las ich, dass einen Vorarlberger Biologen der Wirtatobel bei Bregenz und die Schlucht der Kobelach am meisten faszinieren. Letztere kann man auf einer Straße (siehe „Kirchle") durchwandern.

„Gerade der Ausgang der Schlucht wirkt für den Betrachter ausgesprochen imposant, Polster von Moosen, Farnwedel, Hirschzunge und Kleeblatt-Schaumkraut muten fast subtropisch an." (Aus dem Handzettel)

12. Örflaschlucht ★

Hinter dem Freibad von Götzis erstreckt sich die Örflaschlucht. Steile Felswände stehen drohend um uns, ein künstlicher Wasserfall und eine Brücke über den zahmen Emmebach können das Ziel eines bequemen Spazierganges vom Bildungshaus St. Arbogast sein.

13. Kesselschlucht

In Weiler beginnt die Bergstraße nach Fraxern, und in der ersten scharfen Linkskurve steht ein Wegweiser: Kesselschlucht. Kein Parkplatz in der Nähe, trotzdem einen Versuch wert. Zwei Dinge sind beachtenswert: In dieser Schlucht sieht und spürt man das Walten der Natur sehr deutlich: Nicht immer kann man bis zum Wasserfall beim Kessel vordringen, weil ein Hochwasser den Weg zerstört hat. Vor ein paar Jahren habe ich für meine Schüler die „Einstandsgeschenke" für den ersten Schultag hier gesucht: bunte, interessant gemusterte, eigenartig geformte Steine. Es war eine Herausforderung, für jedes Kind einen passenden Stein zu finden, sei es vom Wesen her oder vom Namen. Hier fand ich eine reiche Auswahl!

14. Engelschlucht

Es wäre nicht notwendig, diese Schlucht zu erwähnen, aber mich beeindruckt die Mühe der Verantwortlichen von Raggal und Marul im Großen Walsertal, die diese kleine Schlucht und ihre Umgebung auf einer Tafel beschreiben. Im Großraum-Biotop Faludriga-Novatal, östlich der Engelschlucht, stand bis 1951 eine uralte Wassersäge. Auf einer schmalen Straße gelangt man in 50 Minuten von Marul zum Sägabüal, der Rückweg kann auf Almwegen erfolgen. Und die Schlucht? Von der Brücke sieht man in eine sich schnell entwickelnde Klamm.

Beeindruckender ist der Elsbach-Wasserfall, den man die meiste Zeit während der kleinen Wanderung sieht.

15. Kuhloch *

Am Ende der Bürser Schlucht steht nirgends, dass der Rückweg westlich des Tales an so einer köstlichen eiszeitlichen Klamm vorbeiführt. Zuerst geht es steil hinauf, dann passiert man die parkähnliche Spial, eine Bergwiese mit Lärchen und Eichen, die einen eigenartigen Reiz ausübt. Dann sehen wir gefährlich aussehende Spalten, Schrunden genannt, die sich nach dem Rückzug der Gletscher gebildet haben. Bald kommen wir dann zum Kuhloch, einem ehemaligen Strudeltopf, durch den einst das späteiszeitliche Fließwasser geflossen ist. Hier sollen sich die Kühe bei schlechtem Wetter aufhalten. Nach ein paar Schritten ist man wieder im Wald und erreicht nach kurzer Zeit wieder den Ausgangspunkt Bürs.

Kuh-Unterstand
aus der Eiszeit

16. Garneraschlucht

In zwei Wanderbüchern fand ich Hinweise auf die Garneraschlucht in Gaschurn, die man in einer Stunde vom Weiler Trantrauas bewältigen kann. Allerdings ist der Steig, blau markiert, d.h. sehr schwierig, steil, mühsam und schweißtreibend. Um den Höhenunterschied von rund 450 Metern zu schaffen, gibt es unzählige Serpentinen zu bewältigen; ein Holzdach, Holzbrücken und eine Felsplatte machen den Weg abwechslungsreich. Dazwischen gibt es eine Terrasse, um einen Wasserfall zu bewundern, der den Fenggatobel – so heißt die Garneraschlucht auch – hinabstürzt. Als Rückweg von den Hütten von Ganeumaisäss empfehle ich die Forststraße. Nur bei trockenem Wetter begehen!

Kärnten

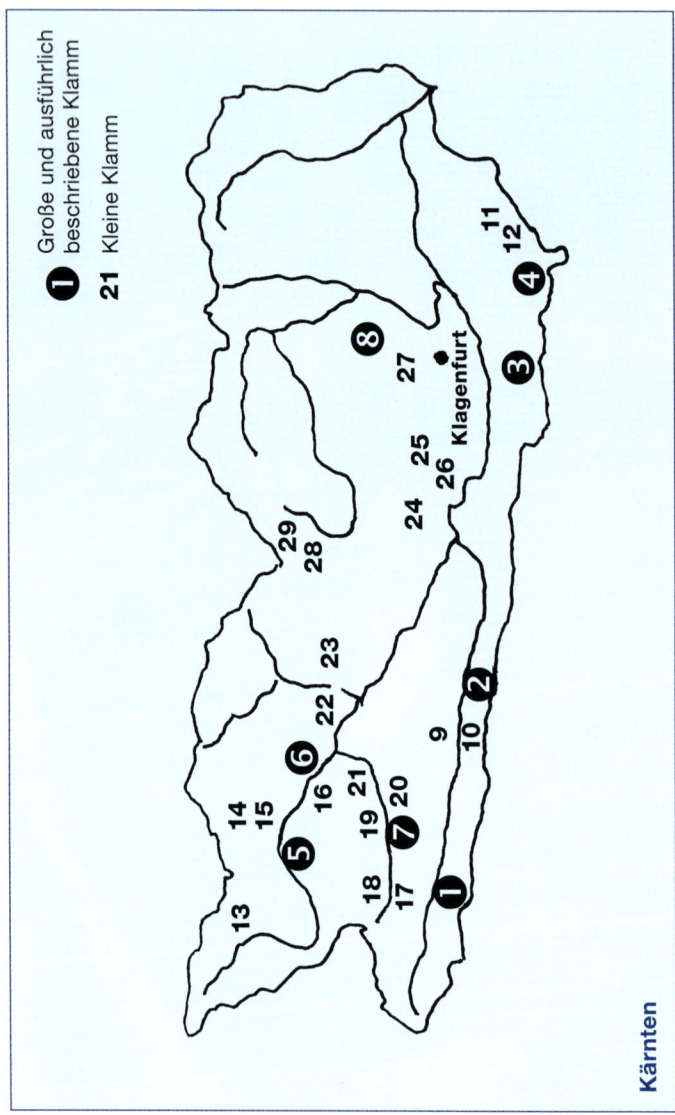

Große und ausführlich
beschriebene Klamm

21 Kleine Klamm

Kärnten

Gailtal

1. Mauthner Klamm (Valentinklamm) ★ ★
   Klabautersteig – alpiner Klettersteig ★ ★ ★
2. Garnitzenklamm ★ ★ ★

Südlich des Rosentales

3. Tscheppaschlucht ★ ★ ★
4. Trögerner Klamm ★ ★

Oberes Drautal, Mölltal

5. Raggaschlucht ★ ★ ★
6. Barbarossaschlucht (Klinzerschlucht) ★ ★
7. Geißlochklamm (Gaislochklamm) ★ ★

Nördlich des Wörther Sees

8. Waldschlucht von Kraig ★

Kurzbeschreibungen kleinerer Klammen

Gitschtal, Gailtal

9. Weißenbachklamm ★
10. Vorderberger Klamm (Wildbachklamm) ★

Südlich des Rosentales

11. Kupitzklamm ★
12. Ebriachklamm

Oberes Drautal, Mölltal, Liesertal

13. Zirknitzgrotte ★
14. Rabischschlucht ★
15. Groppensteinschlucht ★
16. Teuchltal ★
17. Gailbergschlucht/Silberfall
18. Dobelklamm
19. Wildbachklamm (Gnoppitzklamm)

Foto umseitig:
Raggaschlucht

20. Ochsenschluchtklamm *
21. Klamm bei Gerlamoos
22. Lieserschlucht
23. Riegenbachschlucht *

Nördlich des Ossiacher- und Wörther Sees

24. Finsterbachschlucht *
25. Römerschlucht *
26. Teufelsgraben *
27. NBO-Schluchtweg (Schlucht von Ossiach) *
28. Teufelsbrücke von Ebene Reichenau
29. Gruft

1. Mauthner Klamm (Valentinklamm) ★★

„Das gibt´s nur einmal"

Zugang: Kötschach-Mauthen, vom Mauthener Waldbad entlang des Valentinbaches 15 min.

Klammlänge 1.500 m, Höhenunterschied 20 m, Gehzeit hin und zurück 45 min.

Klabautersteig: Klammlänge 2.600 m, Höhenunterschied 100 m, Gehzeit rund drei bis vier Stunden, ÖK Blatt 197.

Beste Zeit: Frühjahr bis Herbst.

Beschreibung: Über die Mauthner Klamm hat die Gemeinde Kötschach-Mauthen einen sehr informativen Wegweiser herausgegeben, dem ich folgende Zeilen entnehme: *„Als diese Klamm noch unzugänglich war, hieß sie im Volksmund die ‚Teufelsschlucht', in deren turmhohen Felswänden die sagenhaften ‚Saligen Frauen' hausten, gutmütige, hilfsbereite Geschöpfe, die den Leuten im Tal gut gesinnt waren. ‚Lonzaschlucht' lautete die Bezeichnung der Klamm bis ins vorige Jahrhundert, ein Name, der in Beziehung zur historischen Siedlung ‚Loncium' (Mauthen) stehen dürfte.*

Die Erschließung der Mauthner Klamm wurde um die Jahrhundertwende eingeleitet, als der Verschönerungsverein Mauthen die Talsperre, hinter der sich bis dahin ein Stausee erstreckte, sprengen ließ und so den ersten Zugang zur wildromantischen Klamm eröffnete."

Heute wandern wir vom Parkplatz des Waldbades, was an Badetagen zu Parkplatzproblemen führen kann, auf dem Valentinbachdamm zu einer für den öffentlichen Verkehr gesperrten Straße, passieren ein Kraftwerk und gelangen dann zur Talsperre mit einem Felsentor. Diese großartige, scheibenförmige Felswand mit dem großen und kleinen „Türl" wird jetzt als Klettergarten benützt. Vor dem Klammeingang liegt ein ausgedehnter Platz, links im Berg ist das Knappenloch zu erkennen, in das die Bewohner Mauthens während der Beschießungen durch die Italiener im Ersten Weltkrieg flüchteten.

Nun zur Klamm selbst: Der Klammweg beginnt auf einer Hängebrücke. Das Tal, zunächst noch breit und bewaldet, zeigt bald das Typische einer Klamm: steile Felswände, die fast senkrecht und plattenförmig aus dem Bachbett aufragen. Ein im Felsen verankerter Weg über dem Wasser, der „Walische Steg", leitet weiter zu den drei „Lonza-Stollen" (kurze Durchschlupfe). Entlang der Mooswand und über den „Forellensteg" gelangt man zur Schwarzbrunnquelle, deren Was-

Unter senkrechten
Wänden

ser für die Versorgung der Orte Kötschach und Mauthen erschlossen
wurde. Der Bach wird nun gequert, in der Betonstiege lesen wir die
Jahreszahl 1981, als die Pioniere, wie auch im August 1985, beim
Weiterbau der Klamm geholfen haben. Es geht hinauf und hinunter,
wir entdecken eine kleine Wand, die wie gekachelt aussieht, Eisen-
stiegen, eine erfrischende Quelle, auf der anderen Seite Reste von
Traversen vom früheren Ausbau in der „Schwarzen Wand", zweimal
überqueren wir noch den Valentinbach, dann erkennen wir in der gegenüberliegenden Wand das „Heilige Grab", eine ganz besonders interessante grottenähnliche Felshöhle. Noch ein kurzer Stollen, und wir
machen die letzten Schritte auf einem Steg einer senkrechten Wand.
Hier ist das Ende des Normalweges.

Klabautersteig – alpiner Klettersteig (C) ★ ★ ★

Doch vor dem Stollen beginnt die Sensation, die einmalig in Österreich
ist: Auf einer gelben Tafel auf der anderen Seite des Baches lesen wir
eine Warnung, dass der Klabautersteig nur für Geübte geeignet ist
und nur mit passender Ausrüstung begangen werden darf, da er der
Kategorie C angehört, was mehr verlangt, als ein sportlicher Wanderer
normalerweise mitbringt.

Versicherte (richtigerweise hieße es „gesicherte") Felsensteige mit Steighilfen wie Seile, Trittbügeln, Leitern usw. gibt es viele in Österreich, aber ein Steig im Wasser, an den Felsen, im Bachbett, das gibt es sonst nirgends. Daher sei an dieser Stelle dem Österreichischen Alpenverein, Sektion Obergailtal-Lesachtal, sehr herzlich gedankt. Diese 13-Mann-Gruppe hat 1992 in mehr als 500 Arbeitsstunden diesen großartigen Erlebnissteig errichtet, wobei rund 230 Trittbügel, mehr als 450 m verzinktes Stahlseil (12 mm) und 150 HILTI-Anker verwendet wurden. Ich bin diesen Steig kurz nach der Eröffnung mit Genuss gegangen, ein paar Jahre später mit großer Anstrengung, weil ihn die Natur durch Steinschlag, Hochwasser u. dgl. langsam wieder zerstört hat. Im Jahr 2005 wurde der Klabautersteig wieder instand gesetzt, wobei man aber weniger zerstörbare Hilfsmittel anbrachte, so dass man jetzt mehr im Wasser vorankommen muss.

Doch nun endlich zu den Überlegungen, wenn man diesen Steig gehen will: Nur bei niederschlagsfreiem Wetter gehen! Nicht bei Hochwasser! Feste, knöchelhohe Schuhe (und ein Ersatzpaar, auch Reservebekleidung) und Kopfschutz sind empfehlenswert, Klettersteigset, Klettergurt ebenso! Verpflegung und Fotoapparat mit Wasserschutz! Nicht allein gehen, es gibt Führungen! Keine Wasserscheu, der Weg führt stellenweise im Wasser, das bis Brusthöhe reichen kann! Zwei meiner Bekannten rutschten aus und fielen in einen Tumpf!

Ich konnte 2005 leider den Weg nicht begehen und bin nur bis zur 2. Finsternis gekommen. Dabei sah ich vier Buben, die ohne Ausrüstung durch die Klamm „hirschten"; sie warfen sich ins Wasser und hatten ihren Spaß daran. Sie behaupteten, dass sie den ganzen Klabautersteig gingen. So geht's also auch! Der Alpenverein hat dankenswerterweise die Naturschönheiten anhand von Tafeln erklärt. Ich zähle nur die Höhepunkte auf, die auf dieser Tour liegen: 1. Finsternis (Engstelle) – Himmelsgewölbe der 2. Finsternis – 1. Wasserfall – 3. Finsternis – Steinerne Rinne (schöner Kolk) – Sonnenstrand (Talweitung) – Klabauterplatten – 2. bis 5. Wasserfall – Wandbuch – Notausstieg zur Plöckenstraße – märchenhafte Moosdusche – 6. Wasserfall – (tiefste Stelle des Steiges) – Kugelstein – Ausstieg in 100 m – zurück zum Gasthof Ederwirt oder über den Römerweg. Nach dieser Dreistundentour von Mauthen aus steht man an der Plöckenstraße, auf dieser sind es 7 km zurück nach Mauthen. Es ist daher zu überlegen, ob man abgeholt werden will, oder ob man mit dem Autobus zurück fährt.

Ausflugsziele in der Umgebung: Schaukraftwerk Hydro-Solar auf der Straße zum Plöckenpass, versteinerter Baumstamm von Laas auf der Straße zum Gailbergsattel.

2. Garnitzenklamm ✴✴✴

„Die alpine Tagestour"

Zugang: Von Hermagor über Möderndorf zum Klammeingang 4 km.
   Klammlänge 6.000 m, Höhenunterschied 500 m plus Gegensteigungen, 150 min, Markierung rot, ÖK Blatt 199.
Beste Zeit: Frühjahr bis Herbst, nur bei gutem Wetter, Eintrittsgebühr.
Beschreibung: Tscheppaschlucht, Raggaschlucht und Garnitzenklamm „streiten" in Kärnten um den ersten Rang. Ob das Naturdenkmal Garnitzenklamm die schönste Klamm Kärntens ist, wie es auf dem Begleitzettel für Klammbesucher steht, soll jeder für sich entscheiden, sie ist auf jeden Fall die längste, alpinste, anstrengendste und wohl auch gefährlichste. Das soll jedoch niemanden von einem Besuch abhalten, denn der Österreichische Alpenverein, Sektion Hermagor, hat eine Beschreibung der Klamm herausgegeben, die jeder Besucher zu Beginn der Wanderung in die Hand bekommt und auf der sich ein genauer Lageplan befindet. Der Klammwart weist außerdem darauf hin, dass das Wasser trinkbar ist. Um halb vier am Nachmittag fragte er einmal in meiner Anwesenheit ein junges Paar, das sich erkundigte, ob sich eine Besichtigung noch lohne: „Gefrühstückt habt´s? Des Wosa kennt´s trinken. Also keine Probleme!"
   Aber es gab doch große Probleme im August 2003: Ein Unwetter machte die Klamm unbegehbar, Muren gingen ab und Brücken wurden zerstört. Nachdem im Sommer 2003 drei neue Brücken in die Klamm gebracht worden waren, wurden sie wieder zerstört. Erst Ende August 2004 war die Klamm wieder ganz begehbar und weist jetzt fünf neue, höher gelegene, gebogene und von Seilen gehaltene Brücken auf. Sie sind aus grobem Holz, und man kann sich leicht einen Speil („Speu", Schiefer) einziehen, wie es mir erging. Sind die Brücken optisch ein echter Gewinn, so sind die seitlichen Umgehungen der Abrutschungen kräfteraubend, weil der Pfad grob geschottert ist. Bei vielen Stellen sind neue Tritthaken angebracht, Seile oder Ketten dazu, und es erfordert manchmal schon etwas Geschick, diese Steil-

Immer wieder Vermurungen und Neuausbau

stufen zu überwinden. Ich habe 120 Minuten bis zur Kühweger Klause gebraucht und 105 Minuten wieder zurück. Das sagt viel darüber, dass es in beiden Richtungen anstrengend ist. Aber – und das sollte man sich immer vor Augen halten: Man gehe so weit man mag, es gibt schöne und weniger attraktive Abschnitte, es gibt steile und flachere Abschnitte, und es gibt immer wieder die Möglichkeit, in das Bachbett abzusteigen und sich dort am Wasser auszuruhen. Und man kann sich bei den elf großen Tafeln, wo alles Wissenswerte über die Klamm aus geologischer Sicht berichtet wird, erholen („Geo-Trail").

Die Klamm gliedert sich in vier Abschnitte, das Interessanteste soll hier in Schlagworten angeführt werden:

1. Teil: 45 min – Talsperre mit Wasserfall – Brücke – Sturzhalde – gekrümmte Felswand – Wurzelgestolper – Brücke – Idawarte mit Wasserfall und schönen Auswaschungen – steiler, steiniger Weg – Gedenkstein: *„Gott hat aus dieser Klamm ein Edelweiß geholt. Hier verunglückte am 23. 7. 1958 Eduard Rauter, geb. 15. 3. 1949, beim Alpenblumen suchen."*

2. Teil: 45 min – Brücke – Franzenswarte mit herrlichem Tiefblick in die Klamm – Steilstufe – Felsenweg – alte Traversen sichtbar –

Brücke – unangenehme Umgehung der Abrutschungen, da hier das Tal weit ist – Rückkehrmöglichkeit über das St. Urbani Kirchlein.

3. Teil: 45 min – Notunterstand – schöne Engstelle – Talweitung – Reste einer Steinlawine, ausgelöst durch den Güterwegbau im Herbst und Winter 1977/78 – Steilstück – Wasserfall mit Brücke – Steilstück – Bachquerung – Rückkehrmöglichkeit auf Forststraße zum Parkplatz und nach Möderndorf.

4. Teil: 30 min – große Quelle am anderen Ufer – Waldsteig, aber dann alpiner, versicherter Klettersteig mit Ketten und Seilen: Trittsicherheit und Schwindelfreiheit sind geboten – Ende des Klammsteiges bei der Kühweger Klause – Möglichkeit des Weiterwanderns auf das Nassfeld.

Ausflugsziele in der Umgebung: Eggeralm, Nassfeld, Gartnerkofel mit der berühmten Blume „Wulfenia", die nur an wenigen Plätzen der Erde zu finden ist.

3. Tscheppaschlucht ✳✳✳

„Die verdreifachte Attraktion"

Zugang: Von Ferlach oder von Kirschentheuer auf der Loiblpass-Bundesstraße bis zum großen Parkplatz, der am massiven Fußgängerübergang zu erkennen ist, von dort 20 min bis zur Klammkassa.

Klammlänge 1.200 m, Höhenunterschied 120 m plus Gegensteigungen, Gehzeit 1 bis 2 Stunden, Markierungstafeln, ÖK Blatt 211.

Beste Zeit: 15. Mai bis 15. Oktober, täglich von 10 bis 18 Uhr, 16. Oktober bis 14. Mai, Dienstag bis Freitag 14–18 Uhr, Eintrittsgebühr.

Beschreibung: War die Tscheppaschlucht schon bisher eine gern besuchte Attraktion, so ist sie in den vergangenen Jahren noch attraktiver geworden, weil der Tschaukofall durch eine großartige Anbindung an den bisherigen Abschnitt Teil des Schluchtenweges geworden ist. Doch davon später!

Bereits im 19. Jahrhundert wurde sie begehbar gemacht, und sie ist bis heute sehr gut ausgebaut. Die Erhaltung der 220 Stufen, fünf Brücken, zwei Leitern, drei kurzen Überbrückungen, 558 Leisten, Pfosten und in den Fels gehauenen Eisenträger kostet die Gemeinde jährlich rund 50.000 €. Besonders die Stiegen und Sicherungsstäbe strahlen

Der Weg geht in sicherer Höhe über den tosenden Bach!

wirklich eine massive Sicherheit aus. Trotzdem seien Wanderer mit schlechtem Schuhwerk und gebrechlichere Leute gewarnt: Die Steiganlage ist kühn angelegt, die Leitern sind sehr steil. Unvorsichtigkeit könnte leicht mit einem verknöchelten Fuß bestraft werden.

Doch nun zur Beschreibung der Schlucht: In den letzten Jahren wurde an der Loiblpass-Bundesstraße ein großer Parkplatz mit Info- und Imbissstube errichtet, über eine Fußgängerbrücke führt der Waldweg ins Tal, wo nach 20 Minuten das „Goldene Brünnl" erreicht wird, wo sich die Klammkassa und noch ein Imbissstand befinden. Etwas später erfreut uns der Überlauf dieses Brünnls mit frischem Wasser, es geht bergauf und bergab, erst nach weiteren 20 Minuten gelangt man zum Beginn der Tscheppaschlucht. Sinterterrassen und ein Quelltopf im weit aufgerissenen braunen Schlund der Schlucht erfreuen uns. Nun geht es über viele Stufen zu Aussichtsterrassen, die gewaltige Tiefblicke ermöglichen, über einen tollen Steg, die „Hohe Brücke", mit Sicht auf einen Klemmblock, auf dem ein Baum wächst, Stufen hinunter, Leiter hinauf, zu unseren Füßen erblicken wir eine „Wurzellandschaft", hervortretende Felsen sind rot bemalt, damit die Köpfe nicht rot von Blut werden. Allmählich verlassen wir die Schlucht, die man leider nicht in der Tiefe durchwandert, und gelangen in ein

Natur und Technik
bei der Teufelsbrücke

Seitental. Dort befindet sich ein Wegweiser, der uns gut informiert. Will man zum Gasthaus „Deutscher Peter", so würde man es in einer halben Stunde erreichen und dabei sehr reizvoll in der Talsohle neben dem Loiblbach gehen. Da würde man aber die letzten beiden Attraktionen versäumen. Geradeaus weiter geht es in 10 Minuten zur Teufelsbrücke, unterquert sie, aber wie?!!!! Hier hat sich die Gemeinde Ferlach etwas Tolles einfallen lassen! Zunächst geht es auf massiven Aluminiumstiegen steil hinauf zu einer Brücke, dann zu einer tollen Wendeltreppe, über eine Galerie unter der Teufelsbrücke, wieder Stufen und schließlich über eine Hängebrücke, die schön schwingt. Der Bau dieser Anlage wurde von der EU und der Villacher Faschingsgilde unterstützt – so liest man es zumindest auf einer Tafel. Die Hängebrücke ist „Brücke der Freundschaft" benannt, denn „Brücken verbinden Ufer, Freundschaften verbinden die Menschen". Hier sollte man eine Rast zum Schauen einlegen, bevor es zu den letzten Attraktionen geht, dem Felsentor und dem Tschaukofall, benannt nach Dr. Peter Tschauko, dem Erschließer des Wasserfalles. 500 l Wasser stürzen in einer Sekunde 26 m tief zu Tal und vom gegenüber liegenden Felsentor sieht alles noch gewaltiger aus. Es war eine gute Idee, den Wasserfall in die Schluchtenwanderung einzubeziehen. Wie geht es weiter? Entweder zum schon erwähnten Gasthaus „Deutscher Peter" in 30 Minuten oder ins Bodental, was aber mehr Zeit in Anspruch nimmt. Egal, ob vom Bodental, vom „Deutschen Peter" oder von der Teufelsbrücke bzw. vom anderen Ende der Galerie – jetzt kommt der Clou: Seit 2000 kann man kostenlos bei Vorweisen der Eintrittskarte in die Tscheppaschlucht mit dem Bundesbus zurück zum großen Parkplatz fahren. Damit ist ein großes Problem gelöst worden. Das ist Kundendienst!

Ausflugsziele in der Umgebung: Bodental mit dem Meerauge, einem zauberhaften Quellteich in türkiser Farbe, Märchenwiese mit großartigem Blick zu den Karawanken.

4. Trögerner Klamm ★ ★

„Wandern im Naturschutzgebiet"

Zugang: Von Bad Eisenkappel bis zum Gasthaus Srienz in Ebriach 7 km. Klammlänge 3.000 m, Höhenunterschied 20 m, Gehzeit 50 min, ÖK Blatt 212.

Beste Zeit: Ganzjährig.

Beschreibung: Im südlichsten Teil von Österreich liegt die Gemeinde Bad Eisenkappel. Der Name des Ortes hat eine interessante Geschichte. Vom 11. Jahrhundert bis 1890 hieß der Markt Kappel (Kapelle) und wurde dann, um eine Unterscheidung zu anderen gleichnamigen Orten zu haben, Eisenkappel genannt, da es hier Eisenhämmer gegeben hat, die das durchtransportierte Eisen verarbeiteten. An den Südhängen des Hochobir, auch „Kärntner Rigi" genannt, geht es durch die Ebriachklamm in das Gebiet von Trögern, einem kleinen weltabgeschiedenen Ort am Fuß der mächtigen Karawanken. Die Straße in diesen versteckten Winkel wurde erst in den Jahren 1923 bis 1925 von Pionieren des Alpenjäger-Regiments Nr. 11 aus dem Felsen gesprengt. Es war dies die erste Straße überhaupt durch die Trögerner Klamm, die dann später ausgebaut wurde. Vorher war Trögern nur auf einem Karrenweg über den südlichen Bergkamm von Seeland her erreichbar.

Obwohl durch die Trögerner Klamm eine Straße führt, sollten wir doch das Fahrzeug auf einem der Parkplätze abstellen, um die Ruhe dieses herrlichen Fleckens nicht zu stören und die Schönheiten dieses Tales intensiver zu erleben. Die Trögerner Klamm mit ihren Seitentälern wurde nämlich „wegen ihrer weitgehenden Ursprünglichkeit, ihrer seltenen Pflanzen und Tiere, ihrer einmaligen Bodenbildungen und anderer Naturschöpfungen" zum Naturschutzgebiet erklärt. Bizarre Felsgebilde aus Dolomit spiegeln sich in den grün-blauen Tümpeln des Trögerner Baches, und die herrliche Alpenflora (Enzian, Petergstamm, Clusius-Primel, Steinröschen, Almrausch, Krainer Lilie u. a. m.) wird uns entzücken. Wenn wir dann noch den Alpenmauerläufer, einige Gämsen oder gar den Steinadler beobachten können, werden wir sicher verstehen, warum dieses Gebiet sowie die Vellacher Kotschna zu Naturschutzgebieten erklärt wurden. Entlang der Straße finden wir immer wieder liebevoll gestaltete Rastplätze und originelle Brunnen: Mühlsteine und Konglomeratfelsen wurden zu Brunnen, Tischen und Sitzgelegenheiten umgeformt. So ist die Trögerner Klamm ein Wanderparadies für Erwachsene und ein Spielparadies für Kinder. Was fehlt, ist vielleicht ein wenig Schatten von Bäumen.

Ausflugsziele in der Umgebung: Wildensteiner Wasserfall in Gallizien, Felsentore der Uschowa (nur für Bergerfahrene!) südwestlich von Bad Eisenkappel.

5. Raggaschlucht ★★★

„Die Einbahnklamm"

Zugang: Von Flattach zum Weiler Schmelzhütte, von dort noch 300 m.
Klammlänge 800 m, Höhenunterschied 200 m, Gehzeit 45 min, ÖK Blatt 181.

Beste Zeit: Geöffnet von Mitte Mai bis zur Zeit des Frosteintritts, Eintrittsgebühr.

Beschreibung: Eigentlich müsste das Motto der Raggaschlucht, auch treffender „Raggaklamm" genannt, „Die schönste Kärntens" heißen, aber dann wären vielleicht die Ferlacher mit der Tscheppaschlucht und die Hermagorer mit der Garnitzenklamm gekränkt, deshalb sei dieses Motto, das später noch erläutert wird, gewählt. Am Anfang der Raggaschlucht stand der Bergbau. Hier wurde seit dem 14. Jahrhundert Kupfererz geschmolzen. Im Rakagraben standen *„drei Schwefelöfen, ein Treibofen, drei Kohlbarren, zwei Erzkuonen, eine Zimmererhütte, ein Rasthaus, ein Verweser-, ein Hutmanns-, ein Schmelzer-, ein Holzknecht- und ein Schweflerhaus"*. Bisher war man der Ansicht, dass mit der Eröffnung der Tauernbahn im Jahr 1909 auch die Erschließung der Raggaschlucht vorangetrieben wurde. Nun aber

Wieder eröffnet!

tauchte in der Gemeinde Flattach ein Buch aus dem Jahr 1883 auf, in dem Folgendes zu lesen steht: *„Eine noch grossartigere Partie ist die Raggaklamm, welche sich an Grossartigkeit mit den berühmten salzburgischen Klammen messen kann. Die Raggaklamm, in welcher sich sieben Tümpfel und acht Wasserfälle, von denen der oberste 24 Meter hoch ist, befinden, ist auf Veranlassung des Herrn Dr. Gussenbauer durch die Section ‚Möllthal‘ des deutschen und österreichischen Alpen-Vereines mittelst der Anlage von 23 horizontalen Stegen und 32 Stiegen mit 545 Stufen erschlossen worden, und wurden diese Bauten am 7. Mai 1882 dem Publicum zur Benützung überlassen.“* Die Steiganlage der Raggaschlucht ist daher nur um sechs Jahre jünger als die der Liechtensteinklamm. Allerdings wurde sie durch Katastrophen immer wieder zerstört und musste in den Jahren 1938, 1950, 1951, 1966 und 1967 neu ausgebaut werden. Im Kärntner Katastrophenjahr 1967, als das ganze Mölltal von Muren und Hochwasser heimgesucht wurde, ersuchte die Gemeinde Flattach eine Pionierkompanie in Villach, die waghalsige Arbeit des Neubaues durchzuführen. Auch im Jahr 2003, in der Nacht vom 27. zum 28. Juli, wurde die Steiganlage durch eine Sturmkatastrophe zur Gänze zerstört, aber in neun Monaten wieder errichtet (Gedenktafel).

Ein (be)rauschendes Erlebnis

Heute ist die Raggaschlucht eine der wildesten, längsten und in der Steiganlage kühnsten Klammen Österreichs. Der Raggabach ist bis zu 200 m tief eingeschnitten, und das Faszinierende ist, dass die Enge nicht durch Talweitungen unterbrochen ist. Der Steg führt immer über dem Wasser, eine Kurve folgt der anderen, es gibt kein „Atemholen", die Schlucht ist nass und wild, laut und romantisch. So mancher bekommt es mit der Angst zu tun, und zart besaitete Seelen oder schlecht Ausgerüstete mögen lieber auf den Besuch verzichten, denn – jetzt kommt der Tupfen auf dem i – der Steg und die Anlage sind so eng und rutschig, dass das Begehen der Raggaschlucht nur in einer Richtung, nämlich bergauf, gestattet ist. Sollte sich jemand der Anordnung des Bürgermeisters widersetzen und einen Unfall verursachen, so müsste er mit einer Bestrafung rechnen. So erzählte es mir der Klammwart, und eine Tafel am oberen Ende der Klamm weist ebenfalls darauf hin. Durch diese Schilderung soll jedoch niemand abgehalten werden, die Schlucht zu besuchen. Denn es gibt eine Art, völlig sicher und mit Genuss die Klamm zu durchwandern: Beide Hände freihalten und sich an den Plastik- und Stahlseilen sowie an den Holzgeländern einfach „hinaufzuziehen". Liebe Gäste, lasst beim Besuch der Raggaschlucht euren Bergstock zu Hause, er ist euch hier keine Hilfe, sondern nur eine Behinderung!

Als ich einmal die Raggaschlucht besuchte, hatte ich ein unvergessliches Erlebnis. Bald hatte ich ein Ehepaar eingeholt, das mit zwei Pudeln unterwegs war. Die armen Tiere waren durch die Nässe und den Lärm sehr unruhig, so dass die Hundebesitzer ihre Lieblinge tragen mussten. Das war nun für die Frau zu viel: Im rechten Arm ein zitternder Pudel, in der linken ein Bergstock, der Gatte, berg- und schluchterfahren, schritt munter aus, die Frau war den Tränen nahe. Ich legte ihr nahe, den Bergstock den Fluten zu übergeben, ließ mir den jaulenden Hund reichen, der sich zeitweise an meiner Schulter festkrallte, aber dann wieder zu seinem Frauchen zurück wollte, und sprach der verzweifelten Frau Mut zu, so dass wir dann doch unser Ziel erreichten.

Einige Details noch: Ein kleiner Mühlgang begleitet uns am Beginn, ein riesiger Klemmblock liegt über uns, geologische Tafeln informieren uns, das Ende der Klamm wird durch einen Wasserfall angezeigt, dort wird das Tal weiter und wir steigen in vielen Kehren zu einem Güterweg empor. Dabei sehen wir, was früher nicht möglich war, in die Klamm zurück und auf das Gelände, wo früher der Wald stand, dessen Bäume in die Schlucht stürzten und die Stege total zerstörten. In 30 Minuten kommen wir auf steilem Güterweg wieder zum Ausgangspunkt zurück.

Ausflugsziele in der Umgebung: Bergbau-Schauraum im Gasthaus, Fraganter Tal, Obervellach mit den Burgen Falkenstein und Groppenstein, Groppensteiner Wasserfall, Drei-Schluchten-Weg.

6. Barbarossaschlucht, früher Klinzerschlucht ★★

„Vom Wunder, wie sich eine Schlucht vom Hammerherrnweg zum Kaiserunterstand zurück verwandelte"

Zugang: Von Mühldorf entlang des Seebaches, 1 km.

Klammlänge 800 m, Höhenunterschied 200 m, Gehzeit des Rundweges 90 min, Wegnummer 3, 569, ÖK Blatt 181.

Beste Zeit: Begehbar vom 15. Mai bis 15. Oktober.

Beschreibung: Im Jahr 1899 ließ der Besitzer der Hammerwerke, Andreas Klinzer, einen 800 m langen Steig durch die Schlucht anlegen, sein Unternehmen ging zu Grunde, sein „Waldschlösschen" verfiel. Nach dem Zweiten Weltkrieg wurden von den Draukraftwerken die Kraftwerke Reißeck-Kreuzeck gebaut, und hier entstanden der Schrägaufzug in Kolbnitz von 614 m auf 2237 m, die weiterführende Höhenbahn zu den Mühldorfer Seen, der Schrägaufzug Kreuzeck, die Speicher Gondelwiese und Rosswiese, daneben aber unzählige kleine Anlagen, Stollen, Überleitungen, Sperren, Überläufe, Reservoire usw. Beim Betreten der Schlucht werden wir nach wenigen Schritten mit ihnen konfrontiert. Das war das zweite Kapitel in der Geschichte der Schlucht – und nun folgt das Wunder. Kaiser Friedrich I., 1123–1190, genannt Rotbart oder Barbarossa, hat hier der Legende nach auf dem Feldzug von Deutschland nach Italien in der Schlucht genächtigt! Ein kluger Schachzug der Gemeinde, um die Schlucht bekannter zu machen. Beim Besuch der interessanten Landschaft tauchen zunächst riesige Felsklötze auf, die das Tal absperren, Brücken, die Sicherheit vermitteln, dann gelangt man zur „Hohlen Gasse", einer interessanten Felsformation: Rechts ist der Felsklotz glatt, aber links ist das Gestein geschachtelt und gewürfelt. Wir erreichen den Tellfall und dann den Barbarossa-Tisch, den Höhepunkt der Wanderung, an dem Kaiser

Barbarossa angeblich nächtigte. Tisch und Bänke stehen unter einem gewaltigen, überhängenden Felsen. Hier bietet sich eine Rast an, ein Feuerplatz liegt vor uns, hier werden auch Ritterjausen abgehalten. In der Schlucht spielt auch eine Sage, die erzählt, dass der Kaiser und seine Mannen mitten in der Nacht von einer schrecklichen Gestalt mit einem Pferdefuß und langem Schwanz überrascht wurden. Sie flüchteten zum Felsen, wo der Tisch stand, da ertönten die ersten Glockenschläge des Tages von Mühldorf her. Die Männer waren gerettet, und der Teufel musste seine Verfolgung aufgeben. Aus Zorn über sein missglücktes Unternehmen stampfte er mit den Beinen so heftig auf den Felsen, so dass deutlich sichtbare Vertiefungen zurückblieben, die so genannten Teufelstritte. Der Satan aber verschwand ganz aus der Schlucht.

Entsteigen wir nun diesem Felssturzkessel, so erreichen wir in kürzester Zeit die Kanzel, von wo wir einen schönen Blick in das Herz der Barbarossaschlucht werfen können. Dort oben steht mitten unter lauter Fichten eine Buche, deren Stamm sich teilt, um sich nach 50 cm wieder zu vereinen. Nach wenigen Schritten befinden wir uns auf dem Weg in den Mühldorfer Graben, der uns wieder ins Tal zurück bringt. Eine lohnenswerte Runde!

Ausflugsziele in der Umgebung: Die Kraftwerksanlagen Reißeck-Kreuzeck, Danielsberg.

7. Geißlochklamm (Gaislochklamm) ★ ★

„Im unheimlichen Tal der Monumente"

Zugang: Feistritz bei Berg im oberen Drautal, 20 min auf dem Radweg
   Klammlänge 500 m, Höhenunterschied 50 m, Gehzeit hin und zurück 30 min, Markierung B 13, ÖK Blatt 198.
Beste Zeit: Frühjahr bis Herbst.
Beschreibung: Von den beiden Klammen, die die beiden Bergstöcke Jauken und Reißkofel nach Norden entwässern, ist die Geißlochklamm die interessantere. Ein gemütlicher Waldweg führt zu ihrem Eingang. In diesem Wald warten einige Überraschungen auf uns: Wacholderbäume, die unter Naturschutz stehen und nur noch in einigen Gebieten Mitteleuropas vorkommen, die Reste eines alten Kalkofens, die aber nett hergerichtet wurden, überdacht und zu besteigen, und da-

neben eine gekippte Lore. In dieser Gegend wurde Kalk gebrannt, das Kalkgestein direkt aus dem Bachbett geholt. Da der Zugang der Klamm am Drautal-Radweg liegt, kann man dort an einer Grill-Station Rast machen, sich beim Werkzeug-Self-Service bedienen – es hängt frei zur Entnahme – und nachher das Kneippbecken benützen. In unmittelbarer Umgebung befindet sich eine Öko-Schule. Gleich zu Beginn werden wir gemahnt, in der Klamm sehr vorsichtig zu sein, das Betreten erfolge auf eigene Gefahr. Und in der Tat: Eine solche Fülle von gruseligen und unheimlichen Eindrücken erlebt man selten: grüne Felsblöcke, steile Geröllhalden mit dazwischen liegenden „Latschen-Nasen", gekrönt von skurrilen Felsgebilden, Steinmonumente mit Löchern, die bedrohlich auf uns nieder blicken. Eine Felsfigur erinnert mich an die Kaiserin Maria Theresia, aber sie sieht gütig drein. Nach einigen Kurven teilt sich das Tal, unser Weg geht rechts weiter, es wird immer wilder und ungepflegter – was aber nicht der Gemeinde Berg, sondern der Natur „anzulasten" ist – und führt zu einer richtigen Klamm. Doch da lesen wir schon auf einem Felsen in roter Schrift: „Ende" und 10 m weiter „Vorsicht". Über einen neuen Steg geht es in noch schwierigeres Terrain. Oft meint man, ein Flugzeuggeschwader nähere sich, so gefährlich dröhnt es über unserem Kopf, es ist aber nur ein kleiner Wasserfall, dessen Rauschen durch die Felswände vielfach verstärkt wird. Ein roter Totenkopf weist auf das tatsächliche Ende der Klamm hin. Die Schilderung der Geißlochklamm soll jedoch niemanden abhalten, sie trotzdem zu besuchen. Die Gemeinde Berg sorgt für die Sicherheit des Klammstiegs, die Landschaft ist allerdings so urwüchsig und gewaltig, dass Veränderungen durch Steinschläge und Abrutschungen immer wieder möglich sind.

Ausflugsziele in der Umgebung: Ochsenschluchtklamm, St. Georgs-Kapelle in Gerlamoos.

8. Die Waldschlucht von Kraig ✳
„Die Schlucht als Vorwand"

Zugang: Im Umland von St. Veit/Glan, von Kraig-Überfeld am See vorbei und dann in westlicher Richtung um den Kulm, 45 min; vom Schloss Frauenstein bei Obermühlbach 20 min.

Höhenunterschied 30 m, Gehzeit 1 st, Markierungstafeln; ÖK 186.

Beste Zeit: Ganzjährig begehbar.

Beschreibung: In einem alten Wanderführer las ich: *„Kraiger Schlösser, Ruinen auf steilen Felsen, die durch eine wilde Gebirgsschlucht getrennt sind."* Dies war der Anlass, den Kraiger Schlössern einen Besuch abzustatten, den ich nicht bereut habe. Vom Kraiger See führt ein Wanderweg zu einem kleinen Sattel, dann zurück ins Tal, rechts unten in einer unwegsamen Talschlucht rauscht der Bach an spärlichen Gebäuderesten längst vergangener Bergwerksanlagen vorbei. Bald erreichen wir den ersten Teich, und unser Blick fällt auf den alten Turm von Niederkraig, das sich mächtig über der Talsohle erhebt. Kurz darauf entdecken wir eine zweite Ruine, den Turm einer Vorburg von Oberkraig, die wie ein Adlerhorst auf fast unzugänglichem Felsen thront. Man denkt an die unvorstellbaren Schwierigkeiten des Bauens, an den Frondienst, den die Leibeigenen leisten mussten. An die vielen, die diese schwere Arbeit nicht überlebten; man versucht, sich das unbequeme, aber vielleicht reizvolle Leben vorzustellen, das die Ritter in den Felsennestern führten. Bei einer Brücke teilt sich nun der Weg. Wählen wir den linken, so wandern wir an sumpfigen Wiesen, an mehreren Teichen vorbei und entdecken nach wenigen Minuten Oberkraig mit seinen beiden Türmen und der oberhalb eines Felsabsturzes stehenden Kapellenruine. Das zentral gelegene Niederkraig zeigt sich nun in seiner vollen Breite, eine gotische Hochburg, die im 16. Jahrhundert ausgebaut und erweitert wurde. Die Barockkapelle unterhalb, auch auf einem Felsen gelegen, war einst ein Turm der Vorburg. Noch einen „Stock" tiefer liegen ein Wirtschaftsgebäude und darunter ein weiterer stiller, verschilfter Weiher. Ein eigenartiger, weltabgeschiedener Winkel, der leider nicht mehr betreten werden darf!

Wählen wir aber bei der Weggabelung den rechten Weg, so gelangen wir in kürzester Zeit auf einer alten Römerstraße in ein Trockental, die erwähnte wilde Gebirgsschlucht, wo sich vor unseren Augen eine Sensation auftut: Reste einer mittelalterlichen Wasserleitung, ein aus drei Bögen bestehendes, 10 m hohes Aquädukt, das sich seitlich leider nicht fortsetzt. Und wieder stehen wir staunend vor der Tatsache, was unsere Vorfahren hier ohne technische Mittel geleistet haben, in welcher Einsamkeit sie hier lebten und die Umwelt gestalteten. Im Aquädukt fallen regelmäßige Ausnehmungen auf, die nach außen gerichtet sind. Vielleicht doch Absperrvorrichtungen in den Toren? Aber ein Tor im Zentrum der Burganlage? Neben dem Aquädukt befindet sich noch eine mit Steinen gemauerte Höhle, in die etwas Tageslicht einfällt.

Ein geheimnisvolles Viadukt

Von hier führt ein Karrenweg hinauf nach Oberkraig, wo man die Ruinen von außen betrachten kann. Ein Steiglein führt dann wieder ins Tal zurück und vereinigt sich mit dem Weg, den wir weiter Richtung Frauenstein gehen. Hier stößt der linke Weg dazu, die Teichkette setzt sich fort, wir passieren eine kleine Waldschlucht und kommen bald zur Burg Frauenstein. Die Rundwanderung, egal von welchem Ausgangspunkt, wird dem Naturliebhaber und dem Burgenfreund in unvergesslicher Erinnerung bleiben. Die in Österreich wohl einzigartige Burgengruppe der urkundlich erstmals 1091 erwähnten Herren von Kraig, einem alten Ministerialengeschlecht Kärntens, ist eine kleine, unbekannte Sensation!

Ausflugsziele in der Umgebung: Burg Hochosterwitz, Magdalensberg mit römischen Ausgrabungen, St. Georgen am Längsee mit ehemaliger Klosterkirche, Ruine Taggenbrunn, Schloss Hunnenbrunn, Kirche Kraig mit Turm abseits des Kirchenschiffes, Kraiger See, spätgotisches Schloss Frauenstein (nicht zu besichtigen).

Kurzbeschreibungen kleinerer Klammen

GITSCHTAL, GAILTAL

9. Weißenbachklamm *

Die Weißenbachklamm bei Jadersdorf im Gitschtal ist ein verstecktes und unbekanntes Wanderziel, dem man mehr Beachtung schenken sollte. Die Hinweistafeln im Ort leiten zu einer Schottergrube, wo man das Fahrzeug parken kann. Zunächst geht es im Wald, dann über einige Stege bergauf zu einer Weggabelung. Hier die kuriose Hinweistafel: Durchgang. Nun wandern wir auf festen Holzbrettern und gelangen bald zu einem Phänomen: Ungefähr sieben Quellen treten nebeneinander ans Tageslicht. Im nunmehr wasserlosen Tal geht es urig weiter. Über neun stabile Holzleitern, von denen die sechste 10 m hoch ist und fast etwas Schwindelfreiheit verlangt, erreichen wir zunächst eine Bank zum Ausruhen und danach eine Forststraße, die uns nach Jadersdorf zurückbringt. Ein schönes Erlebnis, dieser Wanderweg 15!

10. Vorderberger Klamm (Wildbachklamm) *

Im Ort Vorderberg, östlich von Hermagor, steht auf einem Wegweiser „Maria im Graben" und „Vorderberger Klamm". Bei einem Besuch im August 2005 war die Kirche zugesperrt und die Klamm gesperrt. Und dafür muss man Verständnis haben. Immer wieder haben Pioniere des Bundesheeres die nach Hochwasser und Muren zerstörten Stege wieder errichtet. Gerade in Kärnten gab es oft Katastrophen, bei denen „Pioniere wie immer" – diesen Leitspruch fand ich in mehreren Klammen auf Erinnerungstafeln, einmal in der Garnitzenklamm auf einem Holzbrett im Bachbett, vom Hochwasser fortgeschwemmt und dort abgelagert – mithalfen, die Stege und Steige instand zu setzen. Aber was in der Nacht zum 30. August 2003 in Vorderberg passierte, das ist zwei Jahre später noch zu sehen: Die einzige Brücke des Ortes ist noch immer eine Notbrücke, es wird an einem großen „Staubecken" zwischen Klamm und Ortszentrum gearbeitet. Da ist es verständlich, dass die schöne, enge Vorderberger Klamm erst ganz am Schluss dran kommt. Schade! Denn der Weg befand sich im ersten Teil neben dem Bach, daher weggerissen, und setzt sich bald in halber Höhe fort. Dieser Teil ist nur wenig beschädigt, aber wie gesagt, die Klamm ist gesperrt. Die sehenswerte Kirche „Maria im Graben" ist aber bestimmt am „Hohen Frauentag", dem Fest Mariä Himmelfahrt, geöffnet.

SÜDLICH DES ROSENTALES

11. Kupitzklamm *

Im Gebiet um Bad Eisenkappel gibt es vier Klammen: Die Rechberger Klamm liegt unterhalb des Schlosses Rechberg und bildet den Eingang ins Eisenkappeler Becken; durch sie führt die Straße und ist daher uninteressant. Für den Wanderer ist die Kupitzklamm ein nettes Erlebnis. 2 km hinter Bad Eisenkappel Richtung Seebergsattel zweigt das Remschenigtal nach Osten ab. Dort findet man (noch) einen Hinweis auf die Klamm, auf der Straße wieder zwei Kilometer, dann zweigt rechts bei einem Gasthaus der Weg in die Klamm ab, die wir in 10 Minuten auf einem Wiesenweg erreichen. Ein alter Karrenweg mit Brücken („Betreten verboten" von unten, von oben nicht!) leitet uns in 5 Minuten an einer erfrischenden Quelle durch sie hindurch. Bei der engsten Stelle kann man links oben einen alten Tunnel entdecken. Entzückend finde ich, dass Anfang und Ende der kleinen Klamm durch Tafeln markiert sind.

Die Kupitzklamm ist keine weite Anreise wert, wohl aber die imposanten Felsentore auf dem Erlberg (Uschowa). Sie sind eine Attraktion ersten Ranges, verlangen aber Trittsicherheit und Bergerfahrung. Der Rückweg kann dabei durch die Kupitzklamm erfolgen.

12. Ebriachklamm

Die dritte Klamm im Becken von Bad Eisenkappel ist die Ebriachklamm, die sich 3 km westlich befindet. Sie ist nur der Vollständigkeit halber hier erwähnt, weil durch sie eine Straße führt und sie daher für den Wanderer uninteressant ist. Aber es gibt schon etwas Bemerkenswertes: Mitten in den Kalkalpen finden wir eine Diabaszone, ein vulkanisches Übergangsgestein. Links und rechts der Straße ragen dunkelgrüne Felswände steil auf, nur der Fahrbahn und dem Wildbach Platz bietend, während riesige Blöcke dieses Gesteins im tiefen Bachbett sich wie Findlinge ausmachen, mit anderen Gesteinsarten aber ein buntes Wirrwarr am Bachgrund darstellen: eine Fundgrube für Geologen und Sammler.

Etwas anders sieht es der Heimatdichter Hubert Gohl:

> *„Etlane Weglan kemman durtn zomm*
> *und grod gehst weita eine in die Klomm.*
> *Is höllisch eng zan Autofohrn*
> *und passt net auf, liagst in da Fellach mit dein Korrn.*
> *Stal san de Wänd, tief untn da Boch,*
> *schaugst obe, wern leicht die Knia dir schwoch.“*

Die Ebriachklamm führt weiter zur Trögerner Klamm, die gesondert behandelt wird (S. 231).

OBERES DRAUTAL, MÖLLTAL, LIESERTAL

13. Zirknitzgrotte *

Die Zirknitzgrotte in Döllach bei Heiligenblut ist eigentlich eine Klamm, in deren Zentrum die mächtige Höhle (Grotte) liegt. Bis zu 90 m ragen die Felswände auf, die der Wildbach aus dem Zirknitztal geschaffen hat. Der Weg führt steil bergauf, quert mehrmals eine durch Seil gesicherte Felsplatte und bringt uns zum Weiler Zirknitz, wo eine weitere Naturschönheit auf uns wartet: die Neunbrunnen, bei der neun Quellen aus einer Felswand rieseln. Der Sage nach wohnt ein riesiger Lindwurm im Inneren des Berges in einem See und schaut durch die Quelllöcher zu den Menschen hinunter. Im Winter kann man in der Zirknitzgrotte im Eiskletttergarten Wasserfallklettern

Seit dem Jahr 2004 gibt es in dieser Schlucht einen „Grottengolfplatz". Man schlägt den Ball „normal" von einem Loch zum nächsten, man hat eben mehr „natürliche" Hindernisse. Soll sein, es stört das Auge des Menschen wenig. *„Sieh dich als freier Mensch und betrachte die Welt mit einem lustigen Auge – somit hast du den Gedanken erfasst, der hinter dem Grottengolf steht."* Aber – bei meinem Besuch

Klamm, Schlucht oder Kessel?

im August 2004 musste ich einen Alpensalamander aus „hole 3" retten, weil er nicht mehr heraus konnte. Das fand ich dann nicht mehr so lustig!

14. Rabischschlucht *

Die Rabischschlucht südlich von Mallnitz wurde in den Katastrophenjahren 1965 und 1966 völlig zerstört und im Jahr 1983 wieder eröffnet. Durch sie führt ein enger, steiler, aber gut gesicherter Pfad neben den rauschenden Kaskaden des Mallnitzbaches in 30 Minuten zu Tal. Ausgangspunkt ist der kleine Stausee südlich der Autoverladung in Mallnitz. Höhepunkt der Wanderung ist ein riesiger Felsblock, der auf einem Steg erreicht wird und als Aussichtskanzel dient. Am Ende kommen wir beim Kraftwerk der ÖBB vorbei und in wenigen Minuten sind wir bei der Bundesstraße. Mit der Rabischschlucht beginnt der Drei-Schluchten-Weg über die Groppensteinschlucht zur Raggaschlucht (s. u.).

15. Groppensteinschlucht *

Nordwestlich von Obervellach befindet sich der Groppensteiner Wasserfall in der Groppensteinschlucht. Von dem Weiler Raufen führt zunächst ein breiter und ebener Weg in das Tal, später leitet uns ein steiler und schmaler Pfad zur Höhe, müssen wir doch die Fallhöhe von 40 m überwinden. Nach diesem etwas beschwerlichen Aufstieg, an einer abrutschgefährdeten, aber durch ein Seil gesicherten Stelle vorbei, von der man den Wasserfall am besten fotografieren kann, gelangen wir endlich zur Schlucht, aus der sich der Mallnitzbach ergießt. Hoch auf einem Felsen liegt die Burg Groppenstein. Auch hier hat sich in den letzten Jahren viel getan: Führte ursprünglich der Weg weiter zur Bundesstraße, so schuf man einen Wanderweg, der die Raggaschlucht, die Groppensteinschlucht und die Rabischschlucht miteinander verbindet. Eine gute Idee, besonders die letzten zwei eignen sich gut für einen gemeinsamen Besuch. Wenn man jemanden hat, der einen am Ende abholt, dann geht es wunderbar bergab von Mallnitz bis Raufen, ja man kann sich sogar in einem Steigbuch eintragen. Aber – seit einiger Zeit darf man nicht die „Nase", den überaus stei-

Unterhalb des Wasserfalls

len Steig am Ende der Schlucht, im Abstieg begehen. Also das Ganze bergauf? Ich bin es trotzdem mit meiner Tochter gegangen, mit Vorsicht ist es durchaus zu machen. Wie wäre es mit der Formulierung „Auf eigene Gefahr"?

16. Teuchltal ✱

Es gibt noch alte Ansichtskarten von Gebirgstälern aus der ersten Hälfte des vorigen Jahrhunderts, auf denen die engen, steinigen und steilen Verkehrswege zu bestaunen sind. Heute gibt es fast keine derartigen Straßen mehr, da sie begradigt, verbreitert und staubfrei gemacht wurden. Will man ein Relikt aus der früheren Zeit erleben, so zweige man in Napplach zwischen Kolbnitz und Obervellach im Mölltal ab und besuche den unteren Abschnitt des Teuchltales. Vier Tunnel mit einem geringen Durchmesser mussten geschlagen werden, da die Teuchl in einer wilden Schlucht zu Tal rauscht. Das Geländer ist teilweise durch Muren, Steinschläge und Lawinen zerstört. Heute darf die 7 km lange Straße nicht mehr befahren werden, da es eine neue Straße nach Teuchl gibt. Aber ein paar Schritte sollte man auf der alten Straße machen. Ein Erlebnis, das man sich nicht entgehen lassen sollte, wenn man Sinn für urwüchsige Landschaften besitzt.

17. Gailbergschlucht/Silberfall

Von Oberdrauburg führt ein Tal nach Süden, an dessen Ende der Silberfall zu Tal stürzt. Vom Gasthaus Stöcklmühl führt ein neu ausgebauter Steig bergauf bis zu einer Aussichtsterrasse, von der man den Silberfall in der Gailbergschlucht bewundern kann. Eine einsame und beschauliche Angelegenheit!

18. Dobelklamm

Der Dobelbach bei Simmerlach im Oberen Drautal ist einer der gefährlichsten Bäche Kärntens. In und hinter der Klamm ist der ganze Hang in Bewegung, über 100 tiefe Risse durchziehen das Gelände.

Schon den Kindern wird eingeschärft: „Wenn der Bach zu rinnen aufhört, dann muss sofort das Dorf evakuiert werden, denn dann kommt bald die Mure!" Jahrelang war auch die Klamm gesperrt, sie war ein Trümmerfeld, das letzte Hochwasser war 1994. Ende Juli 1995 war die Dobelklamm passierbar, der weitere Weg auf die Alm aber nicht frei. Herr Ludwig Goggenberger, zwar im Rollstuhl, aber voll Liebe zur Natur und zur Heimat, erzählte mir noch weitere interessante Tatsachen: Links von der Klamm befindet sich ein Steinbruch mit Grödner Sandstein; dieses rote Gestein wurde für die Häuser in Simmerlach verwendet. Im Dobelbach nistet die seltene Wasseramsel; im Tal wachsen seltene Pflanzen, darunter die Hopfenbuche, die Fruchtstände wie der Hopfen hat, und die Manneresche, die nur alle sieben Jahre weiß blüht. Weit hinten im Tal wurde früher Gold abgebaut.

Die Dobelklamm und der ganze Graben sind ein Sorgenkind für die Simmerlacher, aber Sorgenkinder sind ja oft besonders geliebte Kinder. Die Klamm – ein Schicksal!

In 4 km Entfernung befindet sich das bekannte Kräuterdorf Irschen.

19. Wildbachschlucht (Gnoppitzklamm)

Auf die Wildbachschlucht nördlich von Greifenburg im Oberen Drautal macht ein wunderschön gestalteter Wegweiser aufmerksam: Wasserweg, Erlebniswanderweg, Naturlehrpfad, Canyoning im Gnoppitzgraben machen neugierig, aber leider ist dort keine Klamm, sondern eher eine Waldschlucht.

20. Ochsenschluchtklamm *

Östlich der attraktiven Geißlochklamm bei Berg im Oberen Drautal liegt die schwierig zu begehende Ochsenschluchtklamm. Zunächst kommt man in ein weites Tal mit einem wunderschönen Felskessel, der in großer Höhe Höhleneingänge aufweist. Man wird an die Kulissen eines Steintheaters erinnert. Der Steig geht nun am Ufer auf und ab, teilweise im Wasser und bricht dann vor einem klammartigen Teil ab.

21. Klamm bei Gerlamoos

2 km östlich von Steinfeld im Drautal liegt die Ortschaft Gerlamoos, die eine Klamm mit einem Wasserfall aufweist. Leider sind beide in großer Höhe (ungefähr 300 m Höhenunterschied) und in etwa 45 Minuten zu erreichen, dazu ist die Klamm nicht begehbar. Aber auf dem Weg dorthin passieren wir die Filialkirche St. Georg, die von dem bedeutenden Meister Thomas aus Villach um das Jahr 1470 mit Fresken ausgestattet wurde. Rund 30 Bilder sind auch von außen durch ein Gitterfenster zu bewundern. Interessant ist die Darstellung der hl. Kummernus, die in Österreich nicht oft zu sehen ist. Der Legende nach wollte sie als heimliche Christin nur Gott gehören und widersetzte sich dem Wunsch des Vaters zu heiraten. Um ihrem Zukünftigen nicht zu gefallen, wünschte sie sich einen Bart und ein langes Kleid, das Zeichen der Ärmsten. Der zornige Vater ließ sie daraufhin kreuzigen. Diese Legende erfuhr im Laufe der Zeit eine Erweiterung: Ein armer Geiger bat um Hilfe in seiner Not vor dem Kruzifix der hl. Kummernus. Da fiel der eine goldene Schuh vom Kreuz herunter, und der Geiger wäre durch den Verkauf aller Sorgen enthoben gewesen, wäre er nicht in den Verdacht des Diebstahls gekommen. Er wurde zum Tod verurteilt, erbat sich aber eine letzte Gnade: Er wollte noch einmal vor dem Bild der Heiligen fiedeln und beten. Da ließ die hl. Kummernus auch den zweiten Schuh fallen. Das Wissen um diese Legende ist notwendig, um die eigenartige Darstellung der Heiligen, die man vorerst für Christus hält, zu verstehen.

22. Lieserschlucht

Die zwei Kilometer lange Lieserschlucht zwischen Spittal/Drau und Seeboden am Millstätter See ist ein enges Durchbruchstal, das deshalb bekannt wurde, da hier immer wieder Wettkämpfe der Wildwasserfahrer stattfinden. Die Seile, die über die Lieser gespannt sind, legen davon Zeugnis ab. Im Tal führt die Bundesstraße durch die Schlucht, aber am linken Flussufer führt hoch über der Lieser der Liesersteig, ein netter Spaziergang mit Rastbänken und Aussichtsterrassen. Interessant ist das nördliche Ende des Weges. Oben drüber spannt sich die gewaltige Autobahnbrücke, und unten bei einer Wegkrümmung führt ein Steiglein zu einem Felsen, der sich genau oberhalb des

Zusammenflusses von Lieser und dem Abfluss des Millstätter Sees befindet. Nach einer kleinen Kletterei, die über einen Felsspalt führt, kann man dann an exponierter Stelle den gruseligen Tiefblick und den majestätischen Ausblick zu den Hohen Tauern genießen.

23. Riegenbachschlucht *

Die Riegenbachschlucht zieht sich nördlich von Millstatt hinein in das Gebiet der Millstätter Alpe. Der erste Teil führt ziemlich steil, aber sehr nett in Richtung Obermillstatt. Dort überquert man die Landesstraße und nach ungefähr einer Stunde erreicht man dann den Herzogfall, ein Naturdenkmal seit 1995. Der Schluchtweg wird als Klangwanderweg angepriesen, aber keine Angst, es werden keine zusätzlichen Schallquellen angeboten, es wird „nur" auf die verschiedenen Naturgeräusche in „Klang-Biotopen" (gurgeln, glucksen, rieseln, ...) aufmerksam gemacht.

23a. PÖLLANTSCHLUCHT * (neu, s. Anhang)

NÖRDLICH DES OSSIACHER UND WÖRTHERSEES

24. Finsterbachschlucht *

In Sattendorf am Ossiacher See befindet sich eine versteckte Naturschönheit: die drei Wasserfälle in der Finsterbachschlucht. Ansprechend sind die Tafeln, die auf den Wasserfallweg hinweisen und einen Übersichtsplan anbieten. Der Weg vom ersten zum zweiten Wasserfall führt etwas abseits und bringt uns dann wieder einen Stock höher zum Wasser zurück. Zwischen dem zweiten und dem dritten Wasserfall müssen wir wieder einen großen Bogen machen, gelangen aber dann in eine kurze, romantische Schlucht, überqueren zweimal den Finsterbach auf Holzstegen und stehen dann vor den stürzenden Wassern. In 20 Minuten war das Ziel erreicht. Beim Rückweg werden wir unsere Blicke über den Ossiacher See schweifen lassen, der majestätisch vor uns liegt.

25. Römerschluft *

Die Römerschluft nördlich von Velden am Wörthersee nimmt ihren Ausgang bei der Franzosenkirche in Göriach fast unterhalb der Autobahn. Die Schlucht folgt den Spuren eines alten Römerweges und führt in 20 Minuten zu einem unbeschrifteten „Römerstein", dem man – wie ein Einheimischer mir versicherte – eine Bedeutung zu geben versucht. Von dort führt ein Weg weiter zum interessanten Forstsee, der mit seiner Felsenumrahmung an das Waldviertel erinnert. Geht man den Schluchtweg aber weiter, so verliert dieser nach 10 Minuten seinen wilden Charakter und leitet in einer halben Stunde hinüber zum Seissersee, der lieblich und unspektakulär in der Landschaft liegt.

26. Teufelsgraben *

Der Teufelsgraben, ebenfalls nördlich von Velden, ist ein romantischer Graben, parallel zur Straße nach Kranzlhofen. In 20 Minuten hat man dieses sehenswerte Tal durchschritten, das für Spaziergänger ein ideales Ziel ist.

27. NBO-Schluchtweg (Schlucht von Ossiach) *

Diese Schlucht ist ein Kuriosum! Man findet sie nämlich nicht auf Plänen, nur im Internet, es gibt eine Broschüre darüber und eine liebenswürdig nachahmenswerte Geschichte dazu. Davon später! Bei einem Urlaub am Ossiacher See reizte mich der Bergzug oberhalb des südlichen Ufers. Nur Wald, keine Straße, keine Schneise sichtbar, Natur pur. Dieser Höhenzug trägt den Namen Ossiacher Tauern (!), ist aber nur rund 1000 m hoch. Dahinter liegen die Orte Glanhofen und Köstenberg, vier Häuser mit dem Namen Alpen (!) und der Gutshof mit Kirche (und eigenem Pfarrer, wie der Bauer sagte) mit dem Namen Tauern. Hier wird seit vielen Jahrzehnten Pferdezucht betrieben, hier befindet sich ein Haus mit einem Stein von 1519, hier herrscht stolze Einsamkeit mit Blick auf den See und auf die Gerlitzen, man ist aber innerlich wie in einer anderen Welt. Einen halben Kilometer bergab, wo eine im Winter vereiste Straße nach Ossiach führt, liegt der

Ossiacher Tauernteich, und dort stand auf einmal: *„Schluchtweg – Begehen auf eigene Gefahr"*. Und dieser Abstieg war ein Erlebnis der Sonderklasse! Ein Baumlehrpfad, Reste einer alten Mühle, eine Wildbachsperre, ein Felsenschlupf, ein Feuchtbiotop, eine Indianerleiter, 16 Holzstege und eine Metallleiter, eine Gedenktafel in den Fels geritzt, abgeschnittene Eisenbahnschwellen als Trittstiegen, zweimalige Forststraßenquerung mit Ausstiegsmöglichkeit, teilweise wie ein hochalpiner Steig angelegt, kräfteraubend sowohl im Aufstieg als auch im Abstieg, da rund 400 Höhenmeter in direkter Linie auf einer Länge von ca. 1600 m überwunden werden. Vermutlich war das früher der schnellste Zugang vom Ossiacher See zum Ossiacher Tauern. Unten steht dann auf dem Wegweiser *„Schluchtweg – schwerer Aufstieg – 1 Stunde"* In wenigen Minuten ist man an der Bundesstraße, wo sich in Rappitsch, westlich von Alt-Ossiach, bei einer Busstation auch ein Hinweis auf den Schluchtweg befindet. Was bedeutet aber nun NBO? Am 6. September 1983 wurde die „Nachbarschaft Ossiach" gegründet, die sich Erwachsenenbildung, Pflege kultureller Belange, Erhaltung des Brauchtums, Orts-, Haus- und Denkmalpflege, Förderung der Jugend und des Gemeinschaftslebens und Nachbarschaftshilfe als Ziel gesetzt hat. Eine besondere Idee war, einen naturnahen Schluchtweg zu errichten. Und so wurden in der Zeit vom 18. Juli 1988 bis 30. Juli 1992 in 1185 Arbeitsstunden mit einem Aufwand von ca. 6.000 € in Zusammenarbeit mit der Universität für Bodenkultur in Wien, deren Studenten unentgeltlich mitarbeiteten, und vielen Helfern aus Ossiach der Schluchtweg und der Waldlehrpfad errichtet. Mir war nicht bekannt, dass Wildbäche jährlich kontrolliert werden müssen. Nun können Gäste, Einheimische und Behördenvertreter durch diese Schlucht wandern. Danke NBO!

28. Die Teufelsbrücke bei Ebene Reichenau

Früher war die Teufelsbrücke, die sich hinter Ebene Reichenau befindet, dort wo die Nockalmstraße von der Straße über die Turracher Höhe abzweigt, einen Besuch wert. Über das „Klamml" wurde 1890 an der engsten Stelle eine Steinbrücke gebaut, 1978 entstand die neue Eisenbetonbrücke. Um die Wirkung des Blickes in die schaurige Tiefe zu steigern, errichtete man eine kleine gläserne Plattform direkt über der Klamm. Leider haben Unwetter die Hänge neben der

Schlucht verwüstet, so dass die Attraktion sehr gelitten hat. Die Sage, die dort angesiedelt ist, ist trotzdem wert erzählt zu werden. Die Menschen konnten sich nämlich nicht erklären, wie der kleine Winklbach diese angsterregende Engstelle geschaffen haben soll. Ein Wilderer schlich an einem Sonntag in den Wäldern des Rinsennocks umher, während die Bauern in der Kirche waren. Als dann noch die Glocken das Wild vertrieben, fluchte er kräftig. Da stand der Teufel vor ihm, der Wilderer ergriff die Flucht und rannte zum hl. Nepomuk neben der Brücke. Der Teufel aber sprang zornentbrannt in den Bach, wobei er die Klamm in den Felsen riss, und verschwand in der Tiefe.

29. Ein Kuriosum zum Schluss: Die Gruft

Die Turracher Höhe, aufgeteilt auf die Steiermark und Kärnten, ist geprägt von drei Seen: dem Turracher See, dem Schwarzsee und dem Grünsee. Über ihnen erhebt sich der Schoberriegel, von wo das tägliche Wetterpanorama-Bild gesendet wird und der in einer Stunde erstiegen ist. Der nächste Berg, in 20 min zu erreichen, wird Gruft genannt. Und das ist sie wirklich: Anstelle eines Gipfelkammes erkennen wir eine schluchtartige Vertiefung, die in drei Abschnitte gegliedert ist, von denen der mittlere der gewaltigste ist: 40 m lang, rund 3 m breit, leicht geschwungen, und darin eine steile Schneezunge, die meist das ganze Jahr hindurch fast nicht zu begehen ist. Am Rande blühen Soldanellen, und von ferne hört man die Murmeltiere pfeifen. Die Schlucht auf dem Gipfel – einmal etwas ganz anderes.

Steiermark

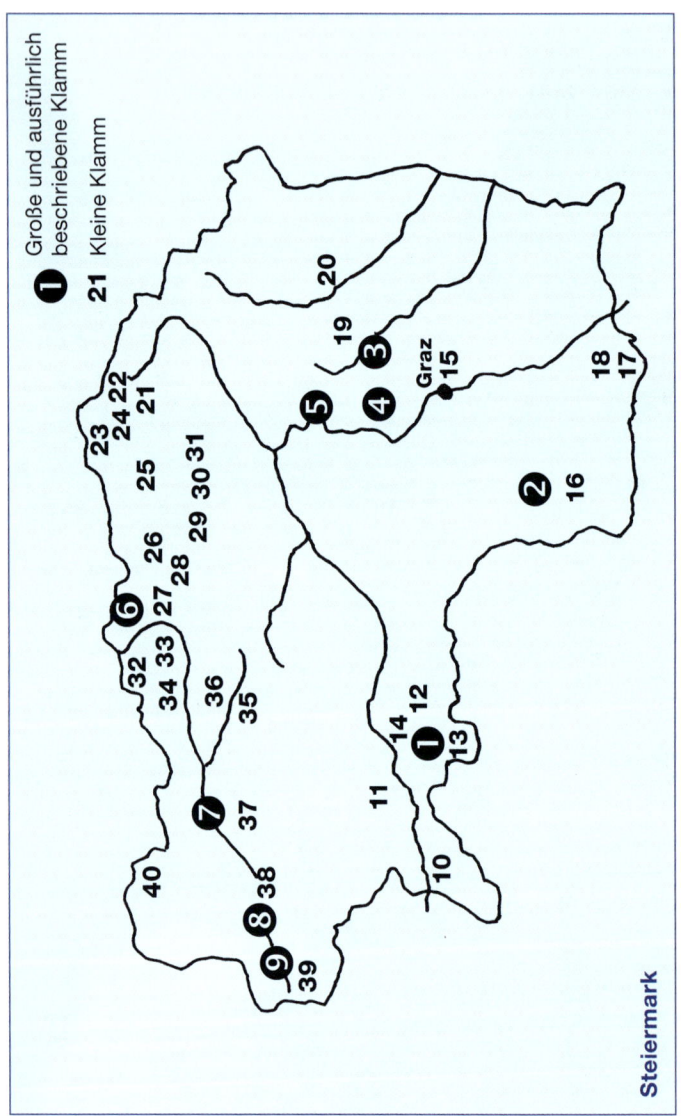

Steiermark

Südlich und westlich der Mur

1. Graggerschlucht *
2. Lassnitzklamm (Klause von Deutschlandsberg) *

Grazer Bergland und Fischbacher Alpen

3. Raabklamm *
4. Kesselfall * *
5. Bärenschützklamm * * *

Salzatal und Ennstal

6. (Palfauer) Wasserlochklamm * * *
7. Wörschachklamm (Wilde Klamm) * * *
8. Notgasse *
9. Silberkarklamm * *

Kurzbeschreibungen kleinerer Klammen

Murtal und Seitentäler

10. Turrachklamm (Turrnbachklause) *
11. Günster Wasserfall *
12. Schweizklamm
13. Olsaklamm
14. St. Lambrechter Klamm *
15. Rettenbachklamm *
16. Sulmklamm
17. Huberklamm
18. Heiligengeistklamm *

Oststeiermark

19. Weizklamm *
20. Schönauklamm *

_____

Foto umseitig:
Krippklamm

Mürztal, Salzatal und Seitentäler
21. Rosslochklamm *
22. Totes Weib *
23. Marienwasserfall *
24. Salzaklamm
25. Salzaschlucht *
26. Schreyerklamm
27. Nothklamm *
28. Seebachklamm
29. Tragössklamm *
30. Marienklamm *
31. Fölzklamm *

Ennstal und Seitentäler
32. Spitzenbachklamm *
33. Krippklamm *
34. Gesäuse **
35. Sunk
36. Flitzenschlucht
37. Donnersbacher Klamm *
38. Öfen bei Gröbming *
39. Talbachklamm *

Salzkammergut
40. Der „Schluchtkanal" vom Kammersee *

1. Graggerschlucht *

„Welch romantisches Waldtal!"

Zugang: Von Neumarkt in Steiermark nach St. Marein, dann nach Mühldorf, 2 km.

Klammlänge 1.000 m, Höhenunterschied 50 m, Gehzeit 30 min, Markierung rot, ÖK Blatt 160.

Beste Zeit: Ganzjährig begehbar.

Beschreibung: Die Graggerschlucht ist wenig bekannt, aber Urlauber, die Neumarkt und dessen vielfältige Umgebung besuchen, sollten dieser lieblichen Landschaft einen Nachmittag schenken. Fast keine Felsen, nur Fichtenwald, Wiesen, Sträucher, Gräser, riesige Huflattichblätter – und trotzdem: eine Wanderung in einem vom Fremdenverkehr nicht überlaufenen Tal voll Stille und Frieden, voll Einsamkeit und Beschaulichkeit. Zunächst geht es im Nadelwald dahin, eine sanfte Talwölbung lädt schon nach zwei Minuten zum Verweilen in einer Kneipp-Anlage und auf einem Kinderspielplatz ein. Fast ohne Höhenunterschied wandern wir talaufwärts, überqueren mehrmals einfache Holzstege, weil Felsen den Weg auf der anderen Seite ratsamer erscheinen lassen. Die Felsen zeigen sich aber nicht in grimmiger Gestalt, sondern schimmern gras- und moosbewachsen durch Gestrüpp und Kräuter hindurch. Nach der Hälfte des Weges wieder eine Bank, und nach kurzer Gehzeit gelangen wir zu einer Lichtung mit Baum als Wegweiser. Wir können hier schon den Weg nach Neumarkt einschlagen (40 min), aber es lohnt, noch die 150 m bis zum Wasserfall zurückzulegen. „Wasserfall" ist zwar ein bisschen übertrieben, denn der Bach fällt in breiter Front über einige Abbrüche zu Tal. Nun wird der Weg wieder eben und überaus romantisch. Der Schluchtweg ist zu Ende, der markierte Weg führt leicht ansteigend nach Graslupp im Erholungsdorf Zeutschach, wo es empfehlenswert ist, im Gasthaus auf einer Terrasse direkt am See zu speisen.

Ausflugsziele in der Umgebung: Das Zeutschacher Becken mit seinen Teichen, die eigentlich Bergseen sind, und den beiden Karstquellen, dem großartigen, sensationellen Zeutschach-Ursprung und dem Pöllau-Ursprung im benachbarten Tal, der Naturpark Grebenzen mit seinen Karsterscheinungen (Wildes Loch, Kesselloch).

2. Lassnitzklamm (Klause von Deutschlandsberg) *

„Die Taferlklause"

Zugang: Parkplatz an der Lassnitz unterhalb der weithin sichtbaren Burg, vom Zentrum Deutschlandsberg 1 km.

Klammlänge 1.500 m, Höhenunterschied 20 m, Gehzeit 30 min, Markierung 578, rot-weiß-rot, ÖK Blatt 189.

Beste Zeit: Frühjahr bis Herbst.

Beschreibung: Die Klause von Deutschlandsberg, eine bequem zu begehende Waldschlucht in einem Naturschutzgebiet, ist „die bekannteste Waldschlucht im Ostabfall der Koralpe" und eigentlich eine Sammlung von liebenswerten Kuriositäten. Die elf Tafeln, an Bäumen und Felsen angebracht, wollen informativ, „erhebend" und tiefsinnig sein, bringen uns aber öfters zum Lächeln. Wie hat sich das Denken in den letzten zwei Jahrhunderten doch verändert!

Der Weg durch die kühle Waldschlucht wurde im Jahr 1814 durch Moritz Graf Fries angelegt, der damals die Herrschaft Landsberg besaß. Er ließ auch das Einsiedlerhäuschen gerade an der Stelle errichten, von wo man nach steilem Anstieg in 25 Minuten die Burg erreicht. Diese sehenswerte Anlage wurde um das Jahr 1125 im romanischen Rundbogenstil erbaut. Im Jahr 1820 kauften die Fürsten von Liechtenstein unter anderem die Herrschaft Landsberg, verkauften die Burg aber später wieder an die Marktgemeinde. Doch zurück von der romanischen Burg zur romantischen Einsiedelei, in der nie wirklich ein Einsiedler hauste. Vielmehr entsprang es dem Zeitgeist der Romantik, künstliche Bauten in die Landschaft zu stellen: Ruinen (Schwarzer Turm, Pfefferbüchsel und Amphitheater bei Mödling ebenfalls von der Herrschaft Liechtenstein), Grotten und Ähnliches. Wer den etwas beschwerlichen Aufstieg zur Burg bezwingen will, findet hier die zwölfte Tafel an einem Felsen: *„Beata solitudo – Sola beatitudo"* (Selige Einsamkeit – einzig die Seligkeit!) Wer versteht das noch? Wer glaubt das noch? Der Einsiedler, der hier gar nicht gelebt hat?

Ausflugsziele in der Umgebung: Burg Deutschlandsberg, Schloss Hollenegg, ein prächtiges Renaissance-Schloss der Liechtensteiner.

3. Raabklamm *

„Die längste Klamm Österreichs"

Zugang: Von Arzberg 15 min, von Weiz 6 km nach Mortantsch zum Gasthaus Jägerwirt.

Klammlänge: Große Raabklamm 8.000 m, (Kleine Raabklamm 4.000 m), Höhenunterschied 120 m, aber viele Gegensteigungen, Gehzeit 3 bis 4 Stunden, Markierung rot-weiß-rot, 765, ÖK Blatt 164.

Beste Zeit: Frühjahr bis Herbst.

Beschreibung: *„Die Raabklamm ist nicht nur wegen ihres landschaftlichen Reizes, sondern vor allem auch wegen ihrer zahlreichen geologischen Aufschlüsse manch anderen Gebieten überlegen, treten doch hier Gesteine verschiedenster Entstehung und unterschiedlichsten Alters auf, wurden diese doch auch wiederholt verformt, d.h. zerbrochen, zerklüftet und verfaltet. Die Verwitterung brachte hier Höhlen hervor, die zu den schönsten zählen, die wir kennen. Am nördlichen Ende der Klamm kamen heiße Lösungen aus der Tiefe und setzten in Spalten Blei-, Zink- und Silbererze ab, die Generationen von Bergleuten redlich nährten."* So stand es im alten Raabklammführer aus

Eine lange und anstrengende Wanderung

dem Jahr 1972, im Jahr 2000 wurde ein neuer, großartiger, färbiger und umfangreicher natur- und landschaftskundlicher Führer herausgegeben, der alle Aspekte der Raabklamm berücksichtigt und absolut zu empfehlen ist.

Ich möchte den Weg durch die Raabklamm in diesem Buch ab Arzberg gehen, obwohl er meist ab Mortantsch beschrieben wird. Es hat zwei Gründe: Erstens sind die 8 km flussabwärts günstiger, zweitens ist das schönste Stück zwischen Arzberg und dem Haselbachsteg und daher, wenn nicht alles gegangen wird, empfehlenswerter. Die Raabklamm hat nämlich ein doppeltes Problem: Erstens ergibt sich durch die Länge das Problem, zum Ausgangsort zurückzukehren: Auf den Straßen über den Gollersattel oder durch die Gösserwände fährt kein öffentliches Verkehrsmittel, und zweitens ist sie doch ziemlich anstrengend: Es ist ein dauerndes Auf und Ab, das man sonst in Klammen selten findet.

Von Arzberg geht es zunächst zum Schreysteg, dann beginnt der erste von mehreren mit Seilen gesicherten Steigen, die bergauf und wieder bergab den Fels neben dem Flussbett überqueren. Immer wieder folgen den „Engstellen" im Fels der Gösserwände weite Schluchtstrecken, in denen Wälder sind. Bald gelangen wir zu einer sehr schönen Stelle, dem Gänzbrunnen, dessen Wasser teilweise von der Firma Schöckl-Alpquell genutzt wird. Von hier sieht man die Galerie Gamswand, die aber leider wegen Steinschlags gesperrt wurde und stattdessen zwei Stege errichtet wurden. Es geht wieder bergauf und bergab, auf der anderen Uferseite sind größere Uferhöhlen zu sehen, zwei Rastbänke laden zum Ausruhen ein, dann erfolgt die Abzweigung zur Grasslhöhle. Auf steilem Pfad geht es hinauf zum Gasthaus Reisinger, von wo in 10 Minuten die sehenswerte Tropfsteinhöhle, die älteste Schauhöhle Österreichs, erreicht wird. Eine Orientierungstafel mit großzügigen Zeitangaben, der Lehbauersteg, eine Steigung, ein promenadenartiger Weg und wieder ein Abstieg bringen uns endlich zum Haselbachsteg. Zweieinhalb Stunden sind es angeblich von Arzberg bis hierher, das ist aber sehr reichlich bemessen. Ein kurzer Abstecher über den Fluss bringt uns zu einem interessanten Weg im Felsen, der nach Haselbach führt, auf der anderen Seite des Steges sieht man noch Reste eines alten Steiges, der uns noch vor wenigen Jahren in die Uhuwand brachte. Bis hierher ist die Raabklamm sehenswert, nun folgt der zweite Teil, der weniger attraktiv ist, weil das Tal weit und der Pfad zeitweise ein Fahrweg ist. Aber es gibt auch hier drei „Sehenswürdigkeiten": Die erste ist das Gebiet um die Wehranlage: ein verfallenes Haus des ehemaligen Wehrwärters Raabmüller, eine schwankende Hängebrücke und die Wehranlage selbst sind sehenswert. Nach einiger Zeit gelangen wir zu einem imposanten Felssturzgebiet, das wir aufsteigend durchqueren. Ein Törl mit Seilsicherung entlässt uns und wir steigen wieder ganz ins Tal ab. Der letzte Teil des Weges führt durch die **Schlossklamm**, die unterhalb des Schlosses Gutenberg liegt, wir müssen aber noch einmal die Höhe erklimmen und erreichen nach drei bis vier Stunden das Kraftwerk Mortantsch. Von hier setzt sich der Weg durch die Kleine Raabklamm fort, der in Oberdorf bzw. Mitterdorf endet. Dieser Teil ist aber eigentlich keine Klamm mehr, sondern ein lieber Weg im Hügelland.

Der Weg durch die Raabklamm wurde am 4. Oktober 1903 festlich eröffnet und hatte damals noch 16 Überquerungen der Raab. Da das Tal teilweise sehr weit ist und Überschwemmungen und Steinschläge den Weg verlegten, wurde dieser immer wieder neu angelegt und Brücken abgetragen bzw. neu erbaut.

Unbedingt erwähnenswert ist der 500 m lange Schau- und Lehrstollen in Arzberg, bei dem geschulte Grubenführer die Besucher in Form eines Rundweges, wo man an anderer Stelle wieder aus dem Berg heraus kommt, in die Montan-Geschichte Arzbergs (Arz = Erz) einführen.

Ausflugsziele in der Umgebung: Die sehenswerten Tropfsteinhöhlen Grasslhöhle und Katerloch (telefonische Anmeldung notwendig!), Ruine Stubegg mit den sommerlichen Burgspielen, Schaustollen und montanhistorischer Lehrpfad in Arzberg.

4. Kesselfall ★ ★

„Die Klamm, die geleugnet wird"

Zugang: Von Semriach 2 km; vom Murtal bei Deutschfeistritz Zufahrt durch den Augraben bis zum Sandwirt 8 km, von dort 5 min.

Klammlänge 1.600 m, Höhenunterschied 70 m, Gehzeit 30 min, Markierung rot-weiß-rot, 740, ÖK Blatt 164.
Beste Zeit: Frühjahr bis Herbst, Eintrittsgebühr, da Privatweg.
Beschreibung: Der Kesselfall scheint dem Namen nach zu den Wasserfällen zu gehören, dem Erscheinungsbild nach ist er jedoch eine

echte Klamm. Interessant ist, dass in den Wanderkarten immer nur die Bezeichnung „Kesselfall" gewählt wird, während zur Eröffnung der Steiganlage am 31. August 1904 eine Tafel angebracht wurde, die vom Kesselfallklamm-Steig spricht, wovon wir uns heute noch überzeugen können.

Nähern wir uns dem Kesselfall vom Sandwirt her, so würde man in einer solch lieblichen Gegend nie eine Klamm und einen Wasserfall erwarten. Zunächst durchschreiten wir eine breitere, aber doch felsige Waldschlucht, gelangen aber bald, nachdem wir einen Felsblock passiert haben, der wie ein Wächter am Weg steht, in das Zentrum des Kesselfalls, einer oft fotografierten Stelle, wo sich zwei übereinander liegende Brücken über die schäumenden Kaskaden des Baches spannen. Dieses Bild ist so beeindruckend, dass im Jahr 1978 das Land Steiermark für die Ausgabe einer Anleihe mit diesem Bild des Kesselfalles warb.

Eine gewaltige Steiganlage (1.800 Sprossen auf 30 Brücken und Leitern) hilft uns, den Höhenunterschied von 38 Metern zu überwinden, allerdings sind feste Schuhe zu empfehlen, denn auch hier – wie in der Bärenschützklamm – bestehen die Stiegen nur aus schmalen Brettern, die sich besser fürs Bergauf- als fürs -absteigen eignen. Vorbei an einem Bankerl und an einer Gedenktafel für einen verdienstvollen Förderer des Kesselfalles gelangen wir in ein freundliches Tal. Wir werfen einen Blick zurück zum Beginn des Steiges, wo ganz zart der Himmel durch das Geäst schimmert, überqueren wieder den Bach, wandern relativ hoch über der Talsohle und erreichen nach dem letzten Stück eine friedliche Talweitung mit einigen Häusern und den letzten Resten der verfallenen Kerschbaummühle. Als Rückweg bietet sich der Weg über das „Steinerne Tor" an, ein ca. 15 m hohes Steingebilde mit einem 7 m hohen Tor und einigen kleinen „Fenstern". Zurück zum Sandwirt, wo wir eine Linde mit 5 m Stammumfang und einem Alter von 200 Jahren bewundern können. Auch das Gasthaus selbst mit seinen vier gemauerten Säulen und dem Geweihschmuck ist wert, dass man es näher betrachtet.

Zuletzt ein köstlicher Ausspruch über eine erstaunliche Tatsache. Eines Tages war der Kesselfall ohne Wasser, da es plötzlich unterirdisch abfloss. Voll Erstaunen und Entsetzen rief da ein Einheimischer: *„Der Kesselfall is obigfolln!"* Aber so schnell das Wasser verschwunden war, so bald war die Klamm wieder vom Rauschen des Wasserfalles erfüllt.

Ausflugsziele in der Umgebung: Die Attraktion von Semriach ist die Lurgrotte, daneben gibt es noch ein sehr gut erhaltenes Römergrab, die gotische Pfarrkirche; Schöckel, der Hausberg der Grazer, Freilichtmuseum Stübing.

5. Bärenschützklamm ★★★

„Zuerst fängt sie nicht an, dann hört sie nicht auf!"

Zugang: Von Mixnitz im Murtal 2 km auf der Straße bis zu den Parkplätzen (beschildert), von dort noch steil bergauf, 1 st.

Klammlänge 1.300 m, Höhenunterschied 350 m (Gesamthöhenunterschied von Mixnitz bis zur Teichalm 938 m), Gehzeit 1 st, Markierung 745, Rückweg 746, ÖK Blatt 134.

Beste Zeit: Geöffnet von Mai bis Oktober, Eintrittsgebühr.

Beschreibung: Die Bärenschützklamm gehört zu den schönsten, gewaltigsten und vor allem längsten Klammen Österreichs. Sie zu durchwandern ist ein großes, wenn auch für Ungeübte nicht ganz problemloses Unterfangen. Natürlich sind die Stege und Brücken tadellos gesichert, aber allein der große Höhenunterschied, der zu überwinden ist, wird Besucher mit unpassendem Schuhwerk oder solche, die keine körperlichen Anstrengungen gewohnt sind, vor manches Problem stellen. Für Bergsteiger und Wanderer bietet sie aber höchsten Genuss.

Der Plan, die Klamm mit einer Steiganlage zu erschließen, wurde bereits 1896 gefasst. Sechs Burschen kletterten in die Schlucht, um das Gelände zu erforschen. Einer aber stürzte ab und erlag seinen Verletzungen. Der Unfall warf das Projekt um fünf Jahre zurück. Im Mai 1901 wurde dann doch begonnen, im Oktober war die Anlage fertig. Dreimal aber mussten die Anlagen und Brücken nicht nur ausgebessert, sondern zur Gänze erneuert werden. Hochwasser rissen und reißen immer wieder die Stege mit sich. Die größten Schäden verursachten dabei geschlägerte Baumstämme, die von den Holzfällern am Rand der Klamm gelagert worden waren. Seither darf dort kein Holz mehr liegen. Ein Unwetter war auch die Ursache dafür, dass die Stelle, an der man in die Bärenschützklamm einsteigt, eine so schöne und treffende Bezeichnung erhielt, wie sie nur bodenständige Menschen finden können: die Wolkenbruchmutter. Es war in den Jahren kurz nach der Eröffnung der Steiganlagen, als die Wirtin in dem Gasthaus beim Einstieg der Klamm beobachtete, wie ein schweres Gewitter den Mixnitzbach immer stärker anschwellen ließ. So schnell sie konnte, lief die Wirtin ins Tal, um die Ortsbewohner vor dem drohenden Hochwasser zu warnen. Es gelang ihr auch. Noch vor der Überschwemmung konnten sich die Leute aus ihren Häusern retten. Die Wolkenbruchmutter hat es sich also verdient, dass man sie nachher so nannte.

Wir müssen also vom Parkplatz zunächst bergauf gehen. Wir passieren eine Felskanzel mit einem Marterl, wir sehen einen Wasserfall und steile Felswände und meinen: „Jetzt geht´s los!" Aber wir täuschen uns. Der Weg geht steil und steinig aufwärts, das Rauschen des Mixnitzbaches wird leiser, das Tal weitet sich, und auf der gegenüberliegenden Seite taucht ein Bauernhof auf. Nachdem wir 260 Höhenmeter überwunden haben, erreichen wir eine Fahrstraße (Fahrverbot) und sehen nach wenigen Minuten die Hans-Kerl-Hütte, 1968 errichtet, wo wir endlich die Eintrittsgebühr entrichten können. Der erste Steg wird überschritten, und dann geht es wieder bergauf, ohne dass das Tal klammartigen Charakter aufweist. Aber nach weiteren 15 Minuten hat sich unsere Mühe gelohnt. Ein Unterstand ist Signal, dass die Klamm jetzt wirklich beginnt, eine Tafel weist auf den Bau hin.

Die Klamm lässt sich in drei Abschnitte einteilen. Im ersten ist das Tal relativ weit, aber steil ragen links und rechts die Wände empor. Die Steiganlage ist kühn, es gibt Wasserfälle, Auswaschungen, zwei Unterstände und sechs hohe Leitern. An einer Stelle liegt ein riesiger Felsblock in der Klamm. Von dieser Stelle hat man einen prachtvollen Blick in die Tiefe der Steilstufe. Im zweiten Abschnitt wird die Klamm eng und bildet das Herzstück.

Nach einiger Zeit taucht eine Diensthütte des Österreichischen Alpenvereins auf, die den Klammarbeitern als Unterschlupf dient, wenn sie vom Schlechtwetter überrascht werden. Sie liegt bereits in 990 m Seehöhe und wurde 1901 erbaut. Wir queren wieder einmal den Bach und sind der Ansicht, die Begehung der Klamm wäre zu Ende. Aber es geht weiter. Der dritte Abschnitt ist nicht mehr so wild, aber doch romantisch. Rechter Hand fällt ein Felsendom auf, der den Namen „Gigeritzkirchen" trägt und in den das Tageslicht von oben fällt. Im letzten Stück ist der Steg direkt über dem Bach auf Traversen angelegt. Nach 15 Minuten verlassen wir das Tal und steigen zur Höhe hinauf, wo wir nach weiteren 20 Minuten die Alpengaststätte „Guter Hirte" erreichen.

Die 109 Holzbrücken und 51 Leitern bedürfen natürlich ständig der Wartung. Die Stämme werden in einem sechsjährigen Turnus ausgewechselt, an extremen Stellen alle zwei Jahre. Es wird statt Fichtenholz, das von innen her morscht, nur Lärchenholz verwendet, das im Kern gesund bleibt. Der Klammmeister geht auch im Winter zwei- bis dreimal durch die Klamm, im April wird mit den Ausbesserungsarbeiten begonnen, wobei Holzarbeiter an Wochenenden die Schäden an den Steiganlagen reparieren. Die Baumstämme, die nur von zwei Mann getragen werden können, weil die Stege so schmal sind, haben oft bis zu 160 kg. Jede Brücke und jede Leiter ist nummeriert, und der Klammwart führt über jedes Stück Holz Buch, damit es rechtzeitig erneuert werden kann. Die Steige sind allerdings nicht „idiotensicher". Meist sind es drei Stämme, über die Trittleisten genagelt sind. Daraus ergibt sich, dass diese wunderschöne, manche sagen „die schönste Felsenklamm Österreichs" mit ihren 2.400 Stufen für kleinere Kinder und nach Regen nicht ganz ungefährlich ist. Am besten ist es, wenn man beide Hände frei hat und sich richtig „weiterhantelt", um die 24 Wasserfälle und alle anderen Schönheiten gebührend bewundern zu können. Wer sich genauer über die Tier- und Pflanzenwelt sowie die Geologie der Klamm informieren möchte, dem sei der „Naturführer Bärenschützklamm" empfohlen, der von der OeAV-Sektion Mixnitz herausgegeben wurde.

Ausflugsziele in der Umgebung: Rund um die Klamm sind Wanderwege in einer Länge von mehr als 100 km angelegt und markiert worden. Bekannte Ziele nach dem Ausstieg aus der Bärenschützklamm sind der Gasthof „Zum guten Hirten", und von dort in 30 Minuten zum Gasthof „Zum Steirischen Jokl", von wo man zur Wallfahrtskirche Schüsserlbrunn absteigen kann. Dieser herrliche Winkel in den Felsabhängen des Hochlantsch birgt ein Felskircherl, dem Wildkirchli im Säntisstock in der Schweiz vergleichbar. Es wurde übrigens vor einigen Jahren wegen eines überhängenden Felsens sehr aufwändig von seinem Platz weggerückt. Weiter geht es auf den 1722 m hohen Hochlantsch und dann zur Teichalm, wo seit 1976 ein neu angelegter See auch Bademöglichkeit bietet.

6. (Palfauer) Wasserlochklamm ✳ ✳ ✳

„3 Sterne für die Natur und die Gemeinde Palfau"

Zugang: An der Straße Wildalpen – Palfau/Göstling Parkplatz mit Hinweistafel, 20 min.

Klammlänge 900 m, Höhenunterschied 300 m, Gehzeit 2 st, ÖK Blatt 101.

Beste Zeit: Frühjahr bis Ende Oktober, Eintrittsgebühr.

Beschreibung: Das Palfauer Wasserloch war Höhlenforschern schon immer ein Begriff. Diese Riesenquelle am Südhang des Hochkars war aber schwer zu erreichen, ihre Schönheit war nur wenigen bekannt. Aber manchmal geschehen Wunder. Die Gemeinde Palfau begann im Jahr 1986, eine Steiganlage zu errichten, wendete 2 Millionen Schilling auf und beendete im Jahr 1994 das kühne Unternehmen. Neben der Bärenschützklamm ist die Wasserlochklamm die zweite, große alpine Klamm-Attraktion der Steiermark. Dafür gebührt der Gemeinde Palfau ein ehrlicher und großer Dank.

Vom Parkplatz geht es zunächst zur Hängebrücke über dem klaren Wasser der Salza, wo viele Wildwasserfahrer einbooten. Wir queren den Sticklersteg, bezahlen und gehen entlang des Wassers ungefähr

Ein anstrengender,
neu ausgebauter Steig

300 m flussabwärts, müssen über einen Waldrücken und sind dann bald am Beginn der Klamm. Nun beginnt die Steiganlage. Dreimal wird der Bach überquert, der Weg führt hoch hinauf, an wunderschönen Kolken vorbei, durch einen Canyon, wendet sich nach links und nun stehen wir vor einem breiten und hohen Wasserfall, wo sich vormittags im Talgrund ein Regenbogen spiegelt. Wieder geht es über Stufen steil bergauf, der Weg führt in ein Seitental und wieder zurück, steigt weiter an, bis man scheinbar am Ende des Steiges angelangt ist. Hier sehen wir den höchsten der fünf Wasserfälle, er ist 39 m hoch. Für viele ist jetzt Schluss. Hier kann man mit etwas Geschick zum Wasser absteigen, sich abkühlen oder den erfrischenden und gesunden „Wasserstaub" einatmen. Der Weg führt jedoch noch weiter, nicht mehr auf Fels und Holz, sondern auf weichem Waldboden, der aber mit Steinen und Wurzelwerk durchsetzt ist, wieder steil und in Serpentinen. Doch diese 15 Minuten Anstrengung lohnen! Wir stehen nun oberhalb der größten Wasser führenden Höhle der Steiermark. Seile direkt am Abhang schützen die Besucher vor dem Absturz, eine Hütte gewährt Unterstand und liefert Informationen über das Palfauer Wasserloch, in das die Taucher immer tiefer und weiter tauchen. Von hier sieht man die ersten paar Meter der Klamm, über die sich eine Naturbrücke spannt. Dorthin führt jetzt ein fester Steg, früher war ein Seil gespannt, an dem man sich abenteuerlich wie an einer Oberleitung „hinüberhanteln" musste. Das Seil ist noch da, an ihm hängt die ehemalige Stütze! Nun ist man am Ziel: Von einer Felsplattform kann man direkt in das Loch der Riesenkarstquelle sehen, auf der anderen Seite überblickt man die ganze Klamm bis zur Straße und denkt sich: So eine kurze Strecke und doch so anstrengend! Mein Arzt meinte, als ich sagte, dass ich dort fast eine Sauerstoffflasche gebraucht hätte: „Dort braucht jeder eine Sauerstoffflasche!" Die Gemeinde Palfau macht am Beginn des Weges darauf aufmerksam, dass absolute Trittsicherheit und alpine Erfahrung beim Begehen der Klamm notwendig sind. Aber das soll niemanden abhalten! Bei gutem Wetter und natürlicher Vorsicht kann nichts passieren! Es ist wie im Leben: Oft muss man sich das Schöne und Einzigartige hart erarbeiten!

Ausflugsziele in der Umgebung: Wildalpen mit dem Wasserleitungsmuseum, Göstling/Lassing mit der Mendlinger Trift, Notklamm in Gams, Forstmuseum „Silvanum" in Großreifling.

6a. Nothklamm ** (neu, s. Anhang)

7. Wörschachklamm (Wilde Klamm) ★★★

„Wild, romantisch und zum Staunen!"

Zugang: Wörschach, Parkplatz, Hinweistafeln, 15 min.

Klammlänge 440 m, Höhenunterschied 50 m, Gehzeit 30 min, Markierung rot-weiß-rot, 295, ÖK Blatt 98.

Beste Zeit: Frühjahr bis Herbst, Eintrittsgebühr.

Beschreibung: Wie eine Klamm, die ganz in der Nähe einer Ansiedlung liegt, das Leben dieser Ortschaft beeinflusst, zugleich aber durch deren Menschen verändert wird, sei am Beispiel der Wörschachklamm kurz aufgezeigt. Ich zitiere aus der Broschüre „Ortsgeschichte von Wörschach" von Stefan Lackner: *„In ständiger Wühlarbeit hat sich der Wörschachbach durch das Felsgestein seinen Weg gegraben, er mag dazu Jahrtausende gebraucht haben. Hoch über dem heutigen Klammsteig kann der aufmerksame Klammbesucher beiderseits der Felswände die Spuren dieser Arbeit in der Form von ausgeschwemmten Felshöhlen sehen. Durch diese Schlucht ist man noch 1880 mit Pferdegespannen gefahren. Am hinteren Klammausgang, oberhalb des heutigen Steges, sehen wir in den Fels gemeißelt die Widerlager. Sie dienten als Auflage für die Träger einer steilen Brücke.*

Eine einmalige Pionierleistung war die Erbauung des Klammsteiges im Jahr 1905. Die Gedenktafel im Mittelteil der Felsenschlucht kündet uns von einer kleinen Schar Heimat begeisterter Männer, die unter großen Opfern diese Tat setzten. Initiator der Erbauung des Klammsteiges war der Sägewerksbesitzer Gabriel Schally in Maitschern bei Wörschach, welcher zum Gelingen dieses Werkes entscheidend beitrug."

Verursacht durch sehr starke Regenfälle kam es am 13. Mai 1967 südwestlich der Stojringalm zu einem Bergsturz, welcher das dortige Landschaftsbild veränderte. In breiter Front wälzte sich eine Erdmure südwärts in Richtung Wörschachbach, wo sie unterhalb des Greimellehen zum Stillstand kam. Die geschätzte Erdmasse der Mure hatte ein Volumen von ca. 150.000 Kubikmetern. Ungefähr 4.000 Festmeter Holz wurden vernichtet. Da man bei einem weiteren Vordringen eine Stauung an der Rückseite der Klamm befürchtete, was für Wörschach eine Katastrophe bedeutet hätte, wurde vorsorglich eine teilweise Evakuierung der Ortsbewohner im Klammgraben angeordnet. An der Stelle, wo die Mure zum Stillstand kam, steht heute eine massive Stützmauer.

Da war einmal ein Fahrweg!

Die Klamm ist unbedingt sehenswert und hat durch die 1999 angebrachten Bildtafeln und Informationen ungemein gewonnen. Nach der
Hütte des Klammwartes sieht man rechts eine wunderschöne Furt
durch den Bach, wird auf die Grundmauernreste eines Schwefelbades
um die vorletzte Jahrhundertwende hingewiesen und erfährt Genaueres über die schon erwähnte Brücke über die ganze Klamm, auf der
bis ins Jahr 1896 das Holz mit Pferdefuhrwerken ins Tal gebracht wurde. Auf einem Bild ist diese Brücke sehr anschaulich in ein Foto hin-
eingezeichnet worden (siehe auch Fölzklamm S. 288). Wie groß die
Dankbarkeit der damaligen Holzknechte war, zeigt die Fotokopie eines Briefes, der mit den Worten beginnt: „Ein Hoch! Ein Hoch! Und
nochmals Hoch!" Entlang der gesamten Klamm wird auf die in den
Fels gemeißelten Widerlager hingewiesen, an einer Stelle hat man sogar einen Querbalken zur Demonstration gelegt. Aber auch auf andere Dinge wird hingewiesen: ein Tuffstein, Gletschermühlen, eine Eibe
(Wussten Sie, dass die Nadeln giftig sind und der Baum bis zu 3.000
Jahre alt werden kann?), Wasserfälle, ein Schutzdach gegen Wasser
von oben, eine Höhle mit der besagten Inschrift („zur Hebung des
Fremdenverkehrs – 1905!"), an unzugänglicher Stelle in senkrechter
Felswand eine Holztafel, auf der, jetzt schon unleserlich, die Namen

von fünf Burschen stehen, die wahrscheinlich den Steg gebaut haben, ein Gedenkkreuz und am Ende ein einmaliges, liebenswürdiges Service: Ein Tisch mit Bankerl – das gibt es oft – aber mit Tischtuch, und in einer „Kühlwanne" Getränke zur Selbstbedienung mit Preisliste! Dieses Vertrauen verdient unsere Hochachtung!

Falls man nicht zur Burgruine Wolkenstein weiterwandern und von dort direkt in den Ort zum Parkplatz absteigen möchte, empfehle ich, sich beim Rückweg die Mappe über die alljährlichen Zerstörungen in der Klamm anzusehen. Es ist unglaublich, wie viel der Steinschlag und das Eis zerstören, was dann im Frühjahr wieder in Ordnung gebracht werden muss. Die Eintrittsgebühr ist also vollkommen berechtigt. Außerdem will der Klammwart die Stege weiterhin aus Holz – zur grünen Steiermark passend – und nicht aus Metall.

Ausflugsziele in der Umgebung: Ruine Wolkenstein, Klammsteig – Spechtensee – Pürgg (4 st), Putterersee bei Aigen.

8. Notgasse ✱

„Nur für extreme Schluchtenfans"

Zugang: Von Gröbming auf den Stoderzinken (Mautstraße), Abstieg zur Brünner Hütte, von dort noch 1 st.

Klammlänge 1.000 m, Höhenunterschied 100 m, Gehzeit 30 min, keine Markierung, Wanderkarte unbedingt mitnehmen! ÖK Blatt 127.

Beste Zeit: Sommer, nur bei Schönwetter!

Beschreibung: Diese Naturdenkmal ist praktisch unbekannt und wird es auch bleiben. Es ist zu entlegen und zu schwierig zu erreichen. Außerdem ist der Weg dorthin nicht markiert, und keine Hinweistafeln machen darauf aufmerksam, da das Gebiet, in dem die Notgasse liegt, Jagdgebiet ist. Wer aber dennoch mit Hilfe einer Wanderkarte den Weg wagt, muss einen schlechten Pfad in Kauf nehmen. Es geht zuerst von der Brünner Hütte Richtung Guttenberghaus. Nach einer halben Stunde zweigt bei einem auffälligen Baum ein Weg zum Hirzberg und nach Bad Mitterndorf ab. Zuerst gelangt man in ein baumloses Becken mit einer Wasserlacke, rechts führt die Gegensteigung wieder heraus, ein markierter Schiwanderweg leitet in das zweite sehr große Becken. Wieder etwas rechts taucht in einiger Entfernung die erste Tafel mit dem Hinweis „Notgasse" auf.

Auf die Notgasse aufmerksam gemacht wurde ich durch das Buch „Erwanderte Heimat – erlebte Fremde" von Helmfried Knoll, und als Dank möchte ich seine treffende Schilderung der sagenhaften Notgasse übernehmen: *„Nach einer Stunde stehen wir am Eingang zum Schluchtensystem der 'Notgasse', einem richtigen Cañon inmitten der waldbedeckten Hochfläche. Immer enger wird der Durchschlupf, immer höher ragen die Felswände zu beiden Seiten empor. Zuletzt mögen sie wohl gute 25 Meter hoch sein. Und das Interessanteste: Wo heute weder Sommer- noch Wintermarkierungen hindurchführen, da finden sich in den Felsen Ritzzeichnungen und Inschriften, die bis 1818 oder noch weiter zurückreichen. Beweis dafür, dass die Einheimischen schon seit vielen Generationen diesen einmaligen Durchlaß kennen und benutzt haben, sei's als Almfahrer, sei's als Wilderer. Wüste Felstrümmer bedecken den Boden, Baumleichen, von Sturm und Schnee zerschmettert, liegen quer darüber und vermodern in der Lage, in die sie gerade gestürzt sind. Nur ganz selten dringt wie aus einer anderen Welt von hoch oben ein schüchterner Sonnenstrahl in dieses Naturdenkmal ersten Ranges."*

Ergänzend dazu noch zwei Details aus meiner eigenen Erfahrung: In einer Felswand fand ich eine Inschrift, die von einem gesunden Selbstbewusstsein oder auch vom Humor eines Hirten Zeugnis ablegt. In sauberer Kurrentschrift steht da zu lesen: *„Josef…, 1871, Küheführer."* Unwiederholbar war mein zweites Erlebnis: Unheimlich war mir zumute, als ich an einem nebligen Nachmittag mutterseelenallein durch die Notgasse wanderte und plötzlich über mir das Wrack eines Sportflugzeuges liegen sah. Der Lack des Rumpfes und der Flügel glänzte noch, also konnte der Absturz noch vor nicht allzu langer Zeit gewesen sein. Bald aber entdeckte ich mit Erleichterung, dass das abgestürzte Flugzeug mit zwei Seilen an den Bäumen befestigt war. Nun erinnerte ich mich, dass zu Pfingsten ein Sportflugzeug am Stoderzinken abgestürzt und erst nach einer Woche von Fliegern des Bundesheeres gefunden worden war. Die Insassen fanden bei dem Absturz den Tod. Nur ein paar Meter weiter und das Flugzeug wäre mitten in die Schlucht gestürzt. Im Mai 1984 wurde für die Verunglückten eine Gedenktafel angebracht. Gleich daneben gibt es nun auch ein Wandbuch, in dem sich die Wanderer verewigen können, und auch den wichtigen Hinweis, dass hier – in 1540 m Höhe – die Bestimmungen des Denkmalschutzgesetzes einzuhalten sind und daher nichts verändert werden darf.

Wenn Sie nicht zum Auto auf den Parkplatz des Stoderzinken zurückkehren müssen, können Sie den langen Abstieg über die Brandlalm und die Öfen bei Gröbming wagen. Hier gibt es eine Zeitlang wunderschöne Hinweise auf die Notgasse.

Zum Schluss möchte ich nochmals die schlecht ausgerüsteten und bergunerfahrenen Wanderer warnen, die Notgasse zu besuchen. Bedenken Sie, dass Sie sich in den Ausläufern des Dachsteinmassivs in 1.700 m Seehöhe befinden, wo Schlechtwettereinbrüche in kürzester Zeit Kälte und Orientierungslosigkeit mit sich bringen!

Ausflugsziele in der Umgebung: Friedenskirchlein auf dem Stoderzinken, Rosegger-Denkmal.

9. Silberkarklamm ★ ★
„Hoch vom Dachstein an …"

Zugang: Vom Ort Ramsau bei Schladming 4 km in Richtung Vordere Ramsau (Lodenwalker), von Weißenbach 6 km, Parkplatz, dann noch 10 min zum Klammeingang.

Klammlänge 500 m, Höhenunterschied 250 m, Gehzeit 20 min, 45 min zur Silberkarhütte, Markierung rot-blau, ÖK Blatt 127.

Beste Zeit: Frühjahr bis Herbst, Eintrittsgebühr.

Beschreibung: Die Silberklamm liegt für Dachsteinbesucher etwas abseits, zu weit im Osten des Massivs, aber Urlauber in Schladming und in der Ramsau sollten sie unbedingt in ihr Programm aufnehmen, da man den Besuch der Klamm mit der hochinteressanten Besichtigung der Lodenwalke verbinden kann. Von der Fabrik geht es steil bergauf auf einer Schotterstraße zum Mauthäuschen. Dabei passieren wir einen herrlich grünen See, der zwei Aufgaben hat: Schutz vor Überschwemmungen in der Vorderen Ramsau und Speicherung des Wassers zwecks Stromerzeugung in der Lodenwalke.

Nach Entrichten der Eintrittsgebühr queren wir gleich den Bach. Nun geht es über Stiegen, Stege, Steinplatten und feinen Schotter hinauf zu einer Felsenge. In ihr liegen zwei mächtige Felsblöcke, ein Wasserfall bildet den akustischen Hintergrund. Die Schlucht weitet sich etwas, ein Bankerl lädt zum Schauen ein, ein Vers aus dem Alten Testament lässt uns nachdenklich werden. Noch viermal müssen wir, stets ansteigend, in der wieder enger gewordenen Schlucht den Bach überqueren, dann erblicken wir einen Wasserfall, der linker Hand herabstürzt. Hier wurde 1993 eine Kletterleiter errichtet, über die man in der Schleierfallwand klettern kann. Sie ist allerdings sehr steil und in ihrem mittleren Teil sogar überhängend. Meine 13-jährige Tochter hat es geschafft, ich nicht. Einige interessante Informationen erwarten uns am Ende der Klamm, vor uns liegt das Silberkar, das der Klamm den Namen gibt. Nicht immer fließt der Torbach zu unseren Füßen, nur nach stärkeren Regenfällen ist er zu sehen, sonst versickert er im Kalkgestein. Wenn wir durch die Klamm, die ein Naturdenkmal ist, zurückgehen, werfen wir einen Blick auf die Berge jenseits des Ennstales: Hauser Kaibling, Höchstein, Hochwildstelle und die Planai, wo Franz Klammer 1973 seine erste Weltcupabfahrt gewonnen hat.

Bei der Klammkassa sehen wir Bilder von den Zerstörungen, die jedes Jahr im Winter durch Lawinen entstehen und die alljährlich behoben werden müssen. Daher ist auch die Eintrittsgebühr zu verstehen. Noch ein kurzer Hinweis für die, die in den letzten Jahren die „Klammheimliche Begegnung" erlebt haben. Diese imponierende Lichtinstallation lief zehn Jahre und wurde von jungen Idealisten in Szene gesetzt. Es wurde ihnen aber zu viel und sie wird daher nicht mehr ins Programm genommen. Ansichtskarten sind die letzte Erinnerung daran.

Ausflugsziel in der Umgebung: Besichtigung der Lodenwalke: Spinnerei, Weberei, Wäscherei, Verkauf, Restauration.

9a. Wilde Wasser * * * (neu, s. Anhang)

Kurzbeschreibungen kleinerer Klammen

MURTAL UND SEITENTÄLER

10. Turrachklamm (Turrnbachklause) *

Die Turrachklamm nördlich von Predlitz an der Straße auf die Turracher Höhe ist eine kurze Fahrtunterbrechung wert. Man kann dieses Naturdenkmal vom Parkplatz „Hoher Steg" besichtigen. Dieser „Hoher Steg" wurde 1996 wieder errichtet und bietet einen sehenswerten

Einblick in die Enge von oben. Die kleine Klamm schloss ursprünglich das ganze Tal ab, so dass erst der Bach sein Bett graben musste und dann – nach zigtausenden Jahren – die Straße in den Fels gesprengt wurde. Man sieht noch die Bohrlöcher im Felsen, und es ist für uns unvorstellbar, wie sich an dieser Stelle die Fahrzeuge vorbeigedrängt haben mögen. Matthias Mander beschreibt in seinem Roman „Cilia" die Klamm im Winter mit dichterischen Worten, und ich möchte dem Leser dieses kunstvolle Sprachgebilde nahe bringen. *„Die riesige ausgekolkte Turrachklamm zeigt an den schrägen, schrundigen Schieferungen der hohen, eisüberquollenen Uferwände die rastlosen Pressungen, Schürfungen, Bohrungen der talwärts drängenden Gipfelwasser. An tief ausgeriebenen Spalten hängen vom Höhlenwind abgetragene, schimmernde, froststarre Sprühschleier, die den gleituferseitigen Tümpel spiegeln."* Er erinnert in dem Roman auch an ein geschichtliches Ereignis: *„…die berüchtigte Engstelle des Turrachtals, den Hohen Steg, massig überhängendes, zueinandergeneigtes Gefels, eine Klause, jahrhundertelanger Gefahrenort in der Schlucht zwischen und unter Felsklötzen und Felstürmen, aus den Steinspalten wipfelabwärtshängende, entwurzelte Baumleichen, eisschrundenbelastet. Vor sechzig Jahren versuchten nach dem niedergeschlagenen Juliputsch sieben Autos voll Kärntner Nationalsozialisten nach Hitlerdeutschland zu entfliehen, wurden in dieser Schlucht von der österreichischen Heimwehr gestellt. Im Feuergefecht starben hier am 26. Juli 1934 fünf dieser Kärntner Aufständischen."*

Heute kann man die Klamm auf eigene Gefahr betreten und dann die Fahrt durch den 117 m langen Tunnel fortsetzen.

11. Günster Wasserfall ★

Der Günster Wasserfall, der höchste der Steiermark, bei Schöder, westlich von Oberwölz stürzt nicht wie viele Wasserfälle über eine Felskante, sondern tost in einer Schlucht, die sich am Ende klammartig verengt, zu Tal. In der Mitte spannt sich eine massive Holzbrücke über das Naturdenkmal. Beim Rückweg sollte man den kurzen Umweg über die Markushöhe gehen, denn von dort eröffnen sich neue Ausblicke auf den Wasserfall. Ein Fels, der an das große Hochwasser 1966 erinnert, liegt im Gastgarten, und in einem alten Mühlstein steckt ein Fahnenmast zur Begrüßung. Achtung! Der Wirt am Beginn des

Weges droht mit Besitzstörungsklage, wenn man parkt, ohne Parkgebühr zu bezahlen oder ein Essen zu konsumieren. Der Parkplatz liegt leider etwas entfernt an der Straße.

12. Schweizklamm

Jeder Autofahrer, der die ehemalige Bundesstraße 17 über den Perchauer Sattel benützt, kennt die Schweizklamm, aber keiner nimmt von ihr Notiz. Bevor man Neumarkt in Steiermark erreicht, passiert man die kurze Engstelle. Einst führte ein Wanderweg, von dem man noch Reste der Steiganlage sieht, durch die Klamm.

Sie hieß bis zum Jahr 1880 Strimitzenklamm. Das Bemerkenswerte an dieser Engstelle aber liegt ganz woanders: „*Rund 150 Gebiete, Regionen, Landschaften, Höhenzüge und Täler auf der ganzen Welt tragen den Namen ‚Schweiz'. Meistens stehen diese ‚Schweizen' in einem direkten Zusammenhang mit Schweizer Auswanderern oder landschaftlichen Ähnlichkeiten. Den Umstand, dass die Schweiz auf der ganzen Welt so prominent wie wohl kaum ein andres Land vertreten ist, hat sich die Schweizerische Verkehrszentrale zu Nutzen gemacht. Rund 50 Steine aus vier Kontinenten von Gebieten mit dem Namen Schweiz werden nach Bern transportiert und finden beim Bundeshaus einen neuen ‚Liegeplatz' in einem Steingarten. Im Gegenzug erhalten die örtlichen Repräsentanten der ´Schweizen´ einen Wegweiser in der Landessprache. Dieser Wegweiser wird am Fundort des Steines aufgestellt und gibt die Luftliniendistanz bis Bern an. Die am weitesten von Bern entfernte Schweiz befindet sich in Neuseeland, der älteste Stein kommt aus Südafrika. In Österreich wurde die Schweizklamm in der Perchauer Schweiz ausgewählt. Der rund ein Zentner schwere Gesteinsbrocken wurde am 15. Juli 1992 dem Schweizer Generalkonsul in Wien durch die Behördenvertreter von Neumarkt und Perchau übergeben.*" Für mich war diese Geschichte die Lösung der Frage, warum es eine sächsische und eine fränkische Schweiz gibt, die ja die bekanntesten ‚Schweizen' sind. Der Wegweiser ist leider beim Straßenumbau abhanden gekommen.

13. Olsaklamm

Alle, die von Neumarkt in Steiermark weiter nach Kärnten fahren, kenne jene Enge, an deren Ende das berüchtigte Nadelöhr unter der Südbahn lag. Diese Engstelle heißt für die Bewohner der Umgebung nur die „Klamm". Sie wäre nicht erwähnenswert, gäbe es da nicht eine interessante Sage, die die Klagenfurter aber nicht sehr freuen wird, da „ihr Lindwurm" in diesem Fall aus der Steiermark gekommen sein soll. Neumarkt und seine Umgebung sollen nach der Überlieferung einmal ein großer See gewesen sein, und die Olsa, der Bach, der das Gebiet durchfließt, hätte einen anderen Verlauf gehabt. In der Gegend des Lindfeldes, wo jetzt noch das Schloss Lind (!) steht, hauste ein großer Lindwurm. Dieser bohrte sich eines Tages durch die noch geschlossene Klamm einen Ausweg, durch den auch der See seinen Weg nahm. Der Lindwurm aber wollte nicht im Lindfeld bleiben, wanderte nach Kärnten aus und wurde schließlich in Klagenfurt getötet. Zur bleibenden Erinnerung wurde im Jahr 1590 auf dem Klagenfurter Hauptplatz der steinerne Lindwurmbrunnen errichtet. Wie der Lindwurm allerdings die 57 km von der Klamm bis Klagenfurt geschafft hat, steht in den Sternen.

14. St. Lambrechter Klamm *

Weithin bekannt ist das Stift St. Lambrecht am Fuße der Grebenzen mit seinen Kunstschätzen. Für Naturfreunde aber gibt es eine kleine Überraschung. An der Rückseite des Stiftes liegt ein kleiner Graben, in dem früher Eisen abgebaut wurde. Die Gemeinde hat dieses Naturdenkmal zu einer kleinen Klamm ausgebaut. Stiegen und Stege führen an kleinen Wasserfällen vorbei, aber interessant wird die Klamm durch mehrere anschauliche Tafeln, auf denen Wissenswertes über den Erzabbau zu lesen ist. Eine Halbhöhle, ein Stollen, eisenhältiges rötliches Gestein, ja sogar Erdrutsch gefährdete Hänge, ein Ausstieg, der 2004 verschüttet worden war, der aber zu einer Wiese führt, von der man über ganz St. Lambrecht sieht. Vielleicht lächelt mancher über diese Klamm, aber sie ist für mich Symbol für die versteckten Schönheiten Österreichs. Und: Ein Ort hat aus Wenigem alles herausgeholt!

Ein erholsamer Spaziergang in Graz

Rettenbachklamm
(S. 278)

Im 11. Bezirk von Graz

15. Rettenbachklamm *

Im 11. Bezirk von Graz, wenn man, vom Zentrum kommend, zum ersten Mal die prächtige Wallfahrtskirche Maria Trost sieht, zweigt linker Hand eine Gasse ab, die in wenigen Minuten zur Rettenbachklamm führt. Sie ist eine romantische und liebliche Klamm, 600 m lang mit einem Höhenunterschied von 50 Metern. Kleine Leitern, einige Stege, sogar ein Sicherungsseil führen entlang des Baches, der einen kleinen Wasserfall aufweist. Ein empfehlenswerter Spaziergang!

16. Sulmklamm

Westlich von Wies liegt die Ortschaft Wernersdorf, wo die 2 km lange Sulmklamm ihren Anfang nimmt. Sie ist als Wanderziel im steirischen Weinland-Führer angeführt, aber leider ist sie nichts für den Klammenfreund, sondern „nur" für den Wanderer. In dieser Waldschlucht sieht man ein paar Felsen und hört das Rauschen der Weißen Sulm. Wer in Eibiswald oder Deutschlandsberg Urlaub macht, wird sie besuchen.

Zwischen Schwanberg und Garanas gibt es auch eine Sulmklamm, allerdings an der Schwarzen Sulm. Ich kenne sie nicht, aber ich vermute, dass sie ein ähnliches Erscheinungsbild wie die an der Weißen Sulm aufweist.

17. Huberklamm

Das gibt es nicht! Eine Klamm, die nach dem Grundbesitzer benannt ist, eine Klamm, bei der man ins benachbarte Slowenien ausweichen muss, eine Klamm, auf die erst hingewiesen wird, wenn man davor steht, eine Klamm, die zum südlichsten Punkt der Steiermark führt, und schließlich eine Klamm, die gar keine Klamm ist, sondern ein feuchter, verwachsener und wilder Graben. Wo das ist? Leutschach – Schlossberg – Spitzmühle – GH Moserhof – südsteirische Weinstraße bergab, dann ins Tal nach rechts – Wiesenweg in Richtung Großwalzer Grenzbach. Es beginnt recht romantisch, der erste Grenzstein trägt die Nummer X 282, es geht in ein grün-weiß markiertes, gewundenes Tal hinein. Da – eine Felswand mit geschacheltem, streifenförmigen Muster – allerdings liegt sie im Wasser. Nach einiger Zeit kommt man zu einer Stelle, wo zwei Bäche zusammenkommen, Markierung nicht sichtbar! Unbedingt den rechten Graben nehmen! Es geht ganz steil bergauf, der „Klamm-Charakter" ist längst vorbei, da sieht man die Knapp-Quelle unter einer Felswand und den Rest eines alten Kalkofens. Der Weg führt nun durch Slowenien im Bogen zum südlichsten Punkt der Steiermark. Von dort sind es noch 3 km durch Wald, Wiesen und Gehöfte zurück zum Moserhof mit der „Hand", einer aus Kalkgestein gemeißelten Arbeitshand. Der Weg ist aber nicht leicht zu finden! Das Ganze ist eher ein Kuriosum, aber für Abenteuerlustige mit Reisepass ein Erlebnis!

18. Heiligengeistklamm *

Sveti Duh, das ist der slowenische Name für den Ort Heiligengeist, der nach dem Ersten Weltkrieg geteilt wurde. Zu ihm führt von der Spitzmühle in der Gemeinde Schlossberg, 6,5 km südlich von Leutschach, die Heiligengeistklamm. Sie weist teilweise beachtliche Felsen auf, ein paar kleine Wasserfälle, es geht stetig bergan, zweimal sichern Seile den Weg. Auffallend sind die vielen Vermurungen durch immer wiederkehrende Unwetter, die ein entsprechendes Schuhwerk verlangen. Ansprechend sind einige Tafeln gestaltet, denn durch die Klamm führt der Schlossberger Mühlenweg. Man erfährt durch sie Interessantes über die Mühlen, die bis in die Fünfzigerjahre des vorigen Jahrhunderts ihre Arbeit getan haben. Vom Standpunkt des Botanikers ist die Klamm deshalb von Interesse, da sie unter Naturschutz steht und vor allem eine Vielzahl verschiedenartiger Farne und andere Seltenheiten unserer Flora aufzuweisen hat. Zwei Stunden kann man für den Aufstieg rechnen, dann muss man noch auf der Straße zum Grenzübergang Großwalz hinauf und dann noch 70 Höhenmeter bis zu den zwei Gotteshäusern in Sveti Duh. Aber alles wird in Erinnerung bleiben! Pass nicht vergessen!

OSTSTEIERMARK

Östlich der Mur finden wir Traumhaftes und Enttäuschendes: Bärenschützklamm und Kesselfall sind absolut sehenswert, Raabklamm und

Weizklamm sind mit Autofahrten verbunden, die Rettenbachklamm in Graz ist lieblich, aber unbekannt. Daneben gibt es in den Plänen Klammen, die irreführend sind: Nördlich des Stubenbergsees befindet sich ein Engtal, das sich bis Lebing hinzieht: Diese **Freienberger Klamm** ist vom Verkehr geprägt und uninteressant. Südlich des Stubenbergsees finden wir die **Herbersteinklamm (Feistritzklamm)**. Sie hat dasselbe Erscheinungsbild, eng und bewaldet, ist aber nie eine Klamm im üblichen Sinn. Außerdem ist sie im nördlichen Teil gesperrt und im Mittelteil Bestandteil des Tierparks Herberstein. Empfehlenswert ist der Besuch der 634 m hohen Geierwand, von der man eine phantastische Sicht auf das Stubenberger Becken, zum Schloss und in die Klamm hat.

In St. Radegund am Fuße des Schöckels heißt es in der Umgebung von der Burgruine Ehrenfels und unterhalb des Novysteins „Klamm". Aber mehr als ein bewaldeter Graben ist dort nicht zu finden, allerdings empfehle ich vom Zentrum St. Radegunds aus den Besuch der **„Ungarischen Runde"**, einen Meditationsweg, der uns zu mehreren gefassten Quellen, zu einem Durchschlupfstein, zu einer urigen Douche (Dusche), zu Kneippanlagen, zur „Tarockpartie" und einem Wunschstein in einem schluchtartigem Tal führt, wo man Körper und Seele auftanken kann.

Interessant ist schon, dass man waldreiche Schluchttäler hier Klammen nennt, wogegen interessante, kurze Felstäler Brühl genannt werden. Wenn man in **Hartberg, Pöllau** oder **Stubenberg** ist, sollte man die Hinterbrühle dieser Orte besuchen. Besonders kleine Kinder werden sich darin wohl fühlen.

19. Weizklamm *

In der Weizklamm, 5 km nordwestlich von Weiz, zwängt sich die Straße auf einer Länge von 2.400 m in gefährlichen und unübersichtlichen Kurven knapp zweispurig neben dem Weizbach durch die Felswände. Mehr sieht man, wenn man auf der Straße zu Fuß durch die Klamm wandert. Als Rückweg bietet sich für tüchtige Geher der steile und beschwerliche Jägersteig an, der hoch über die Klamm führt. Höhepunkt ist eine metallene Hängebrücke, es geht aber noch weiter bergauf zum Rablloch und zu zwei Durchgangshöhlen, bevor der Weg wieder zum Klammbeginn zurückführt.

20. Schönauklamm

Die Schönauklamm bei Pöllau/Schönegg ist ein bewaldeter Graben, der im „Naturpark Pöllau" liegt. Ein paar Felsen, zwei Stege, Reste einer alten Mühle, ein zweistöckiges (?) Vogelhaus, das liebliche Bächlein und viel Grün machen den Reiz dieses Platzes aus. Durch sie führen ein Schaupfad und eine Laufstrecke, am Anfang bekommt man acht Baumstämme in einer „Krippe" erklärt. Es sind ein paar liebenswürdige Minuten, in denen man Bach und Wald auf sich wirken lassen kann.

MÜRZTAL , SALZATAL UND HOCHSCHWAB

21. Rosslochklamm *

Wer etwas Seltenes und Ausgefallenes erleben möchte, der halte auf der Bundesstraße zwischen Mürzsteg und Frein bei Kilometer 25,8 auf einer Forststraße, der Fischerriegelstraße, wo er nach 500 m zur Rosslochklamm gelangt. Diese kleine Klamm ist mit ihrer Enge und Kürze ein wunderschönes und überblickbares Beispiel für die Arbeit des fließenden Wassers, man muss allerdings weglos im Bachbett gehen. Wenn man genau schaut, erkennt man, dass seitlich im Fels noch Ausnehmungen zu sehen sind, in denen die Balken verankert waren, auf denen die Brücke gelagert war. Und im Bachbett liegt auch noch eine verrostete Eisentraverse. Da fällt auf, dass kein Wasser durch die Klamm fließt, außer im Frühjahr und nach längeren Regenfällen. Beim Betreten der Brücke vor der Klamm überrascht uns aber bei einer Messstelle die ungeheure Menge des abfließenden Wassers. Woher kommt es? Am Bergfuß neben dem Weg sprudelt, quillt und brodelt es aus vielen unterirdischen Quellen: ein beachtliches Naturschauspiel!

22. Totes Weib *

Kurz vor Frein passieren wir, von Mürzsteg kommend, die Felsenenge „Totes Weib". Seit November 1995 nimmt ein Tunnel die Gefahren der Enge. Bis dahin war die Durchfahrt nicht völlig problemlos, da sich die Fahrbahn auf knapp zwei Fahrspuren verengt, im Sommer Stein-

Das Kreuz lädt
zum Verweilen ein

schlaggefahr droht und im Winter Gefahr durch herabfallende Eiszapfen besteht. Diese Stelle galt schon immer als schwer passierbar; bis zum Jahr 1883 war sie nur auf Holzstegen zu begehen. Wie es damals ausgesehen haben mag, zeigt ein wunderschönes Aquarell von Eduard Gurk (1801–1841) mit dem Titel: *„Blick in eine Klamm bei Freyn in der Steiermark"*. Als der damalige Kronprinz nach Mariazell pilgerte, stellte der Künstler 40 Aquarelle her, die in der Graphischen Sammlung Albertina in Wien untergebracht sind. Hoher Besuch bewirkte auch, dass die Straße ausgebaut wurde. Als hier Kaiserin Elisabeth am 26. August 1883 mit ihrem Pferd auf dem vermorschten Steg in das Wasser einbrach, wobei aber niemand zu Schaden kam, wurde sofort mit dem Ausbau begonnen, da doch das kaiserliche Jagdschloss in Mürzsteg in unmittelbarer Umgebung der Felsenenge lag. Der Name „Zum toten Weib" rührt wahrscheinlich von einer Sennerin, „die unter romantischen Umständen hier aufgefunden worden sein soll" (Illustrierter Führer für die Strecke Wien – Salzburg, 1905). Sicher ist jedoch, dass zwei Männer in den Jahren 1923 und 1956 beim Edelweißpflücken am Beginn der Engstelle abstürzten. Gedenktafeln künden uns von ihrem Schicksal, wobei ein Spruch aus dem Jahr 1923 in uns eigenartige Gefühle weckt:

> *„Nur dem erblüht des Lebens höchstes Glück*
> *Der mühevoll sein Ziel erklommen.*
> *Am hehrsten doch wird dieser Augenblick*
> *Wenn Ihm hiebei der Tod hinweggenommen.“*

Im Herzen der 1 km langen Enge befindet sich ein Wasserfall, der aus einer Höhle hervorsprudelt. Vor gar nicht allzu langer Zeit führte noch eine Steinbrücke an das andere Ufer, und zu Beginn des vorigen Jahrhunderts leitete eine Steiganlage zu dem Höhlensystem mit der Karstquelle hinauf, von dem man bisher 400 m erforscht hat und das einmal einem Einsiedler als Wohnstätte gedient hatte.

23. Marienwasserfall ✳

In Grünau an der Straße von Mariazell nach Lunz befindet sich 5 Minuten vom gleichnamigen, derzeit unbewohnten Hotel entfernt der Marienwasserfall. In einer kleinen, aber romantischen Schlucht fällt das Wasser zu Tal. Das Besondere ist aber, dass hinter dem Wasserfall ziemlich weit oben eine Marienstatue steht, die man leicht übersehen kann, da sie schon von der Feuchtigkeit sehr dunkel geworden ist. Von einer Plattform sieht man die 1 m hohe und 85 kg schwere gusseiserne Plastik.

24. Salzaklamm

Die Salzaklamm bei Mariazell zwischen Rasing und Halltal ist keine Klamm im üblichen Sinn. Das breite Durchbruchstal bietet einen gemütlichen Spaziergang von einer Stunde Dauer. Erst das Ende mit zwei Holzstegen und Seilsicherung ist etwas interessanter. Zu wenig für eine Klamm!

25. Salzaschlucht　*　(📷)

Das Tal der Mariazeller Salza zwischen Gusswerk und Großreifling, wo sie in die Enns mündet, ist zwar für den Wanderer nicht bedeutsam, für den Wildwasserfahrer und den kulturgeschichtlich Interessierten birgt es eine starke Anziehungskraft. Trift und Flößerei gaben mehr als 100 Jahre den Menschen in diesem Tal Möglichkeiten der Arbeit. In den Jahren 1840 bis 1900 wurde ein weit verzweigtes System von Klausen und Rechen angelegt, das den Transport des Holzes zu den Köhlereien vom jeweiligen Wasserstand unabhängig machte. Die 2 m langen Holzstämme wurden bis in die Fünfzigerjahre getriftet, ein Großteil des Holzes war für die Meiler in Hieflau und Eisenerz bestimmt. Als wilde Trift bezeichnete man das Schwemmen mit dem Schneewasser, die geregelte Trift während des ganzen Jahres bedurfte im Oberlauf der Salza einer Stauvorrichtung, der Presceny-Klause. Sie ist 47,5 m breit, 15 m dick und hat eine Maximalhöhe von 15 m. Über sie berichtet eine Tafel: *„Die Presceny-Klause ist das bedeutendste forsttechnische Bauwerk dieser Art und diente bis 1954 der Trift und der Flößerei auf der Salza. Erbaut 1840/42, von den Österreichischen Bundesforsten in den Jahren 1926/29 gründlich überholt, wurde die Anlage letztlich durch die Sektion Graz der Wildbach- und Lawinenverbauung unter dem Sektionsleiter Wirkl. Hofrat Dipl.-Ing. Albert Wagner im Denkmalschutzjahr 1975 instand gesetzt."*

Zwischen Greith und Weichselboden befindet sich die **Klausschlucht**, auch Klausgraben, in der der Triftsteig wieder instand gesetzt wurde. Es ist die einzige Möglichkeit, entlang der Salza zu wandern. Leider ist das Tal eher weit. Trotzdem führt die Straße ca. 150 m höher entlang eines alten Talbodens. Sie gelangt über den Hals und die Rotte Rotmoos über einen Umweg nach Weichselboden.

Auch über die Flößerei gibt es interessante Fakten: Das Holz wurde auf den Bindeplätzen in den Monaten April bis Dezember gelagert. Dann ging es an die Arbeit. Drei bis vier Männer bauten das Floß zusammen, das aus 30 m³ Holz bestand und 18 m lang war. Sobald die Klause geöffnet wurde, begaben sich 10 bis 15 Flöße auf die Reise. Von 9 Uhr bis 16 Uhr dauerte der gefährliche Transport, wobei drei Rastplätze vorgesehen waren: Brunn vor Wildalpen, Fachwerk am Fuße des Hochkars und Palfau. In Weißenbach an der Enns war dann die gefährliche Reise zu Ende. Jährlich wurden hier 40.000 m³ Holz flussabwärts transportiert.

Einen Einblick in die Salzaschlucht gewinnen wir von der Brücke in Palfau. Die Salza ist hier cañonartig eingeschnitten, Ort und Straße liegen ca. 50 m über dem Fluss. Man erkennt hier deutlich die Verkittung des Schotters, wobei sich an den Steilwänden Rippen und Hohlformen gebildet haben. Hier ist die Paradestrecke der Rafter, Wildwasserfahrer, Kanuten und Floßfahrer, die von der Wasserlochklamm bis zum Ennstal die Salzaschlucht wirklich bewundern können.

26. Schreyerklamm

Die Schreyerklamm zwischen Wildalpen und Hinterwildalpen an den Nordhängen des Hochschwabmassivs ist nicht mehr begehbar. Sie ist verwüstet durch unzählige Hochwasser, und anstelle des ehemaligen Steiges wurde ein 250 m langer Stollen errichtet, der die Jäger und Forstbeamten der Stadt Wien in die höher gelegenen Teile des Tales bringt. Trotzdem ist die Klamm für die Wiener von Bedeutung: An ihrem oberen Ende befindet sich die westlichste Quelle der 2. Wiener Hochquellenwasserleitung.

27. Nothklamm *

Die Nothklamm in Gams bei Hieflau ist ein interessantes Erlebnis, steht aber ganz im Schatten der Kraushöhle, die in ihr liegt, ist aber doch besuchenswert. Am Beginn des Privatweges, einer schmalen und nicht ungefährlichen Schotterstraße, die auf eigene Gefahr zu begehen ist, wurde 1994 auf dem Parkplatz für die Höhlenbesucher eine Info-Tafel und eine geschmackvolle WC-Anlage errichtet. Die steile Straße führt hoch über dem Abgrund dahin, die Geländer sind teilweise schon desolat und zerstört. Drei Tunnel und drei Erinnerungstafeln weisen auf die Gefährlichkeit dieser Klamm hin. Bis zum Jahr 1911, in dem die Straße von der Staats- und Fondsforstverwaltung erbaut wurde, gab es nur einen Fußweg, der im Winter und nach Regenfällen nicht passierbar war. Eine Erinnerungstafel berichtet: *„Nicht weit von dieser Stelle verunglückte am 16. August 1908 Maria Furtner, gewesene Forstarbeiters Gattin im 63. Lebensjahr durch einen Fehltritte, sie stürzte in den Bache und starb an inerlichen Verletzungen. Schlafe* *selig im Herrn.*" Auf dem Votivbild sieht man, wie das Blut aus dem Bauch rinnt. Und eine zweite Tafel erinnert an einen jungen Burschen vor nicht allzu langer Zeit: *„Diese Schlucht war sein Tod. Warum weiß nur Gott.*" Eine Tafel mit der Inschrift STOAREITH gab mir zu denken: Reith weist ja üblicherweise auf Rodung hin, aber an manchen Orten auch auf Kurve: die Straße von Türnitz nach Mitterbach hat viele Reithen = Kurven, also: die Steinkurve.

Ein Kreuz neben einem Höhlenspalt und die Tafel Naturdenkmal erinnern uns daran, dass sich hier die Kraushöhle befindet. Ich konnte sogar einmal den Geruch der Karbidlampen riechen, obwohl der Höhleneingang ein gutes Stück höher liegt. Diese Höhle ist eine Besonderheit, da in ihr Gips in allen Stadien, vom amorphen Zustand bis zu den schönsten Kristallen, zu sehen ist. Der Weg zur Kraushöhle zweigt bergwärts ab, in der Nähe führt ein Steig ins Tal, der nach Gams zurückführt. Von einer Brücke kann man einen Blick in die Enge der Nothklamm werfen. Im Forstmuseum „Silvanum" in Großreifling gibt es ein Bild von der Nothklamm in früherer Zeit, als noch ein Triftsteig durch sie führte. Durch die Nothklamm führt auch der Geo-Pfad, der, vom Geo-Zentrum Gams ausgehend, in über 30 Stationen auf interessante geologische Besonderheiten hinweist.

28. Seebachklamm

Zwischen Leopoldsteiner See und dem Fowiestal im Westen des Hochschwabs liegt die „Klamm", ich nenne sie Seebachklamm. Sie ist keine Sehenswürdigkeit, bietet aber für den Spaziergänger und den Freund alter Sagen doch Interessantes. Vom Abfluss des Leopoldsteiner Sees führt eine Forststraße zur Seeau, deren Häuser wir rechts umgehen. Nach einer guten Stunde Wegzeit befinden wir uns in einem der Winterquartiere für das Wild des Hochschwabs. Auf engstem Raum sind Raufen aufgestellt, damit das Wild auch in der harten Jahreszeit mit Futter versorgt werden kann. Zur Klamm gelangen wir auf markiertem Karrenweg ansteigend. Wir kommen bald zum so genannten „Jungfernsprung", einem Felsen, der bis zum Grund der Schlucht abfällt. Über ihn gibt es folgende Sage: In der Nähe des Felsens lebte während des Sommers eine hübsche Sennerin, die einmal von einem fremden Reiter, der bei ihr wegen eines starken Gewitters Schutz suchte, bedrängt wurde. Sie floh zur Klamm, um sich dort zu verbergen, aber der Fremde jagte ihr auf seinem Pferd nach. In ihrer Todesangst versuchte sie, die andere Seite der Schlucht mit einem Sprung zu erreichen, was ihr auch gelang. Der Reiter jedoch, dessen Pferd durch einen Blitz geblendet wurde, sprang zu kurz und stürzte in die tobende Tiefe. Eine gruselige Sage, die sich bestimmt nicht so zugetragen hat. Die Seebachklamm ist auch für den besten Weitspringer nicht zu bezwingen. Es zeigt sich aber wieder, dass Klammen für das Volk immer geheimnisvolle und oft Schrecken erregende Orte waren. - Noch ein Hinweis: An der Straße Hieflau – Eisenerz liegt die Wassermannhöhle, von dem die Erzbergsage „Eisen für immer!" handelt. Es besteht leider keine direkte Parkgelegenheit, die Wassermannhöhle ist aber sehenswert.

29. Tragössklamm *

Das Becken von Tragöss ist ein Stückchen Paradies. Eine Straße führt von Bruck/Mur zu den Abhängen des Hochschwabmassivs, das im Norden einen imposanten Abschluss bildet. Das Herzstück dieses Beckens ist wohl der Grüne See, aber auch in dieser herrlichen Landschaft können wir bei einem Urlaubsaufenthalt zwei sehenswerte Klammen besichtigen.

Die Tragössklamm wird von jenen Wanderern durchschritten, die von Tragöss-Oberort zur Sonnschienalm auf dem Hochschwab aufsteigen. In einer Wegstunde erreichen wir nach nicht allzu beschwerlicher Steigung den Klausriegel, von wo wir einen herrlichen Blick auf die Messnerin haben. Dieser Vorberg des Massivs hat in schwindelnder Höhe ein Felsenfenster, das „Messnerinloch", durch das man das Blau des Himmels sehen kann. Unser Weg führt nun bergab in die Klausen, ein nach allen Seiten abgeschlossenes Becken (vergl. Kloster, Klause, Klosett!), in dem sich ein kleiner See befindet. Vorbei an der Stelle, wo der See versickert, gelangen wir sehr bald zur Tragössklamm. Ein steiler Schotterweg führt zwischen den Felswänden der Messnerin und des Achensteins an einer Quelle vorbei zum Klammboden, einer majestätisch daliegenden Bergwiese, auf der sich die Klammalm befindet. Von hier sind es noch zwei Stunden bis zur Sonnschienalm.

30. Marienklamm

Ganz anders erleben wir das Naturdenkmal „Marienklamm" im Haring-graben, die in einer halben Stunde von Tragöss-Oberort leicht zu erreichen ist (Hinweistafel im Zentrum). Nichts weist in dem Graben darauf hin, dass hier so ein Kleinod verborgen ist. Vor einer kurzen Straßensteigung weist links eine Tafel auf die Klamm hin, und nach wenigen Schritten befinden wir uns bei einem Bildbaum, an dem ein Marienbild zu sehen ist.

Nun treten wir in die 100 m lange Engstelle ein, in der wir uns so-fort wohl fühlen; eine Szenerie, die Bühnenbildcharakter besitzt, die für die Kinder ein ideales Spielgelände darstellt. Ein Aussichtsfelsblock, ein paar Bänke, Stege und Feuerplätze sind da, ein liebes Bächlein, begrenzt von Konglomeratfelsen mit Auswaschungen, aus denen wir ablesen können, wie hoch einst das Wasser gereicht haben mag. Auf der rechten Seite ein „weinender Felsen": In Bodennähe quillt Wasser aus dem bemoosten Felsen heraus. Schließlich, am Ende der kurzen Klamm, überquert in 20 m Höhe ein Steg diese kleine, kaum bekann-te Sehenswürdigkeit. Von ihm genießen wir noch einen letzten guten Einblick in die Klamm.

31. Fölzklamm

Die Fölzklamm am Fuß des Hochschwabs hat eine persönliche Note, wie es keine andere Klamm aufzuweisen hat. Die 50 m lange Felsen-enge besitzt eine aufwändige Brücke aus massiven Baumstämmen, die von Felswand zu Felswand reichen. Es gibt also nicht die übliche, wagenbreite Längsbrücke, die Klamm ist vielmehr „zu", das Wasser ist unsichtbar, nur durch die Ritzen zu sehen, Absturzgefahr besteht keine, eher die Möglichkeit des Verknöchelns. Im Jahr 2004 wurde die Konstruktion nämlich von Soldaten des Bundesheeres eindrucksvoll erneuert. Gezählte 368 quer liegende rohe Baumstämme, die seitlich begrenzt sind und auf einem teilweise sichtbaren Unterbau liegen, lassen das Gehen beschwerlich werden, auch für Fahrzeuge ist es ein richtiges Gerumpel. Ob es so bleiben wird oder noch Bretter drüber kommen? Schon die Zufahrt durch den Fölzgraben von Thörl ist in-teressant, weil das Tal immer enger wird, bis es in der Enge der Fölzklamm mündet. Allerdings muss man auf den Parkplätzen eines ehemaligen Hotels Parkgebühr zahlen, wenn man eine kleine oder große Hochschwabtour machen und das Auto dort abstellen will.

ENNSTAL UND SEITENTÄLER

32. Spitzenbachklamm *

Einen netten Spaziergang bietet die Spitzenbachklamm bei St. Gallen, 5 km südlich von Altenmarkt im Ennstal. Zunächst bietet der Ort St. Gallen einige Sehenswürdigkeiten, u. a. die Ruine Gallenstein, die einstige Fluchtburg des Benediktinerstiftes Admont, und der Wasserspielpark Eisenwurzen, der ein absoluter Hit für Kinder ist. Über einen kleinen Bergrücken im Ortsgebiet gelangt man in die 2 km lange romantische Spitzenbachklamm. Im cañonartigen Einschnitt des Tales entzücken den Wanderer die vielen Wasserfälle und Katarakte sowie die Felswände mit eigenartigen Gesteinsbildungen, die manchmal an Monumente, manchmal an erhobene Zeigefinger denken lassen. Die Klamm trägt auch den Namen *„Tal der Schmetterlinge"*, denn hier wurden 156 Arten nachgewiesen.

Fast unberührte Natur

33. Krippklamm *

Und wieder eine „neue" Klamm? Nein, die Revitalisierung des historischen Treppelweges entlang der Enns im Ortsteil Krippau nördlich von Großreifling. Hans Gasteiger, ein berühmter Tiroler Wasserbaumeister und Erbauer des Reiflinger Rechens, errichtete um 1570 unter schwierigsten Bedingungen diesen Transportweg entlang der Enns, um den Flussaufwärtstransport von Schiffen mit Pferdezug zu ermöglichen. Die Pioniere aus Leibnitz in der Steiermark setzten vor wenigen Jahren den Treppelweg instand, an der Eisenstraße wurde ein Parkplatz mit Informationstafeln angelegt, und ein 2,5 km langer Rundweg führt in 45 Minuten zur Enns, die sich beim **Hirschensprung** als ansehnlicher Fluss durch die Schlucht zwängt. Es ist keine Klamm, aber außer der Salzach in den Salzachöfen hat kein Gewässer so gewaltige Wassermengen wie hier die Enns. Zwei Stollen, aus denen es kalt und feucht herauszieht, sind weitere Besichtigungsziele. Klammliebhaber werden eher wieder den gleichen Weg zurückgehen, denn die Sicherheit gebenden Stege in der Hirschensprung-Schlucht, wie sie auch genannt wird, verleiten uns, die Klamm auch von der anderen Seite zu betrachten.

34. Gesäuse * *

Der Vollständigkeit halber sei auch das Gesäuse erwähnt, diese hochalpine, 16 km lange Felsenschlucht der wild fließenden Enns zwischen Admont und Hieflau, die Peter Rosegger als die *„großartigste und mannigfaltigste der österreichischen Alpen"* bezeichnet hat. In den letzten Jahren wurde das „Gseis" oder „Xeis", wie die Einheimischen im Dialekt sagen, sehr aufgewertet, denn hier entsteht der siebente Nationalpark Österreichs. Dort, wo die Straße nach Johnsbach abzweigt, entstand ein Informations-Zentrum, dessen Mittelpunkt ein Weidendom ist. Er besteht aus lauter Weidenästen, die zu einem „Haus" gebogen wurden, es ist also ein „lebendes Gebäude". Es gibt dort eine Forschungswerkstatt, Veranstaltungen, einen Lehrpfad als Stegkonstruktion und vieles mehr. Der Besucher wird beim Erlebnispfad „Lettmairau" in angemessener Höhe über dem Auboden „schweben" und auf reizvollen Aussichtsplattformen über der Enns Spannendes und Lehrreiches über den Lebensraum „Enns-Auen" erfahren. Das Gesäuse wird ganz neu erlebt!

35. Sunk

Es ist eigenwillig, was ich Ihnen da anbiete. Ein aufgelassenes Bergbaugebiet, ein unmarkierter Weg, und doch hat dieses Tal einen eigenartigen Reiz für mich: Sunk, das bedeutet „eingesunken, versunken". In Hohentauern, südlich von Trieben, wurde in den letzten Jahren ein Naturerlebnispark errichtet, der Keltenberg. Ein Teil davon ist die Fels- und Höhlenwelt in der Sunk, wo Magnesit abgebaut wurde. Von dort, einer lieblichen Senke mit ein paar Teichen, ging früher ein markierter Wanderweg hinunter Richtung Bundesstraße. Zunächst fällt ein riesiger Steinbruch auf, in dem man Pinolitmagnesit findet. Dieses Gestein sieht, wenn es geschnitten wird, z.B. in der Edelsteinschleiferei Krumpl in Weißkirchen bei Zeltweg, aus wie Eisblumen: feine grauschwarze Linien, die ein reizvolles blattartiges Muster ergeben. Der Weg führt zwischen Felsblöcken, Abraumhalden in einer wasserlosen Schlucht zu Tal. Das ist urig und etwas unheimlich, aber ungefährlich. An der Bundesstraße fährt ja der Bundesbus vorbei, Einstieg ist bei km 3,0.

36. Flitzenschlucht

Was soll man von einer Schlucht halten, die am Beginn auch als Fliezenweg und Fliezengrabenweg bezeichnet wird? Auf der gemeindeeigenen Tafel von Gaishorn am See steht allerdings Flitzenschlucht. Es wird darauf hingewiesen, dass sie auf eigene Gefahr zu begehen ist, weil oft Hochwasser und Muren den alpinen Steig zerstören. Als ich sie besuchte, war sie gerade frei, aber kein großes Erlebnis: Ein verwachsener Graben, der zur Mödlinger Hütte führt. Die erreicht man aber besser auf der Mautstraße, die beim Beginn der Flitzenschlucht beginnt.

37. Donnersbacher Klamm ★

Dieses Naturdenkmal liegt hinter der Ortschaft Donnersbach, einem Seitental des Ennstales bei Steinach-Irdning. Die Hinweise beginnen schon im Ort, was schön und problematisch ist, denn nach einer Strecke im Ort muss man dann etwa 400 m auf der Landesstraße gehen, und erst bei einer Brücke beginnt die Klamm – noch immer nicht, wohl aber der Steig, der als Baumlehrpfad angelegt ist, bei einem Gedenkstein für eine im Alter von 22 Jahren verstorbene Evi vorbeiführt und durch Gatter bergauf und bergab führt. Plötzlich sieht man einen Mann vor einer Hütte sitzen, erkennt aber bald, dass hier ein „Holzknecht" vor seiner eingerichteten Hütte auf Besucher wartet. Erfreut stellt man fest, dass die Volksschulkinder von Donnersbach einen Schaukasten gestaltet haben, der die Bedeutung des Waldes darstellt, auch eine kleine Holz- und Mineralienausstellung ist zu sehen. Noch von früher ist die Gedenktafel, die an den Initiator, den Bürgermeister Karl Zettler, erinnert, der den ehemaligen Triftsteig in den Jahren 1936/37 zum Klammsteig ausbauen ließ. Jetzt endlich beginnt der Weg durch die Klamm. Holzgeländer, Stege und kleine Wasserfälle, eine „Moosdusche" und dann eine köstliche Idee: Weil die Brücke über den Bach überdacht ist, steht auf einem Holzschild „Klein Luzern". Hier ist das Tal schon ziemlich eng, wir müssen noch einmal hinauf und hinunter, Triftsteigreste sind zu sehen, und dann gelangen wir zum Herzen der Klamm, der Klammsteigruhe mit einem Kreuz, und der Möglichkeit, sich den Aufenthalt durch eine Lochung bestätigen

Die überdachte Brücke heißt „Klein Luzern!"

zu lassen. Noch ein Felsdurchschlupf und dann geht es steil und lang zur Straße hinauf, wo man den Klammrundweg fortsetzen kann. Ratsamer ist es, durch die Klamm zurückzugehen.

38. Öfen bei Gröbming *

Im Gröbminger Winkel befinden sich die Öfen, eine gewaltige, kurze Felsschlucht, durch die sich seit dem Jahr 1979 eine asphaltierte Forststraße zieht, die sich in sechs S-Kurven eindrucksvoll den Berg hinauf zieht. Bei der ersten Kurve fallen zwei Dinge auf: Auf der linken Seite sind zwei kühne Klettersteige angelegt worden, durch den rechten Felshang führt ein Stollen mit einer Wasserleitung. Für Kinder ist es ein Erlebnis, durch den Stollen zu kriechen; es ist ungefährlich, erfordert bei der schrägen, martialischen Leiter und im Gang doch etwas Geschick. Am Scheitelpunkt der Öfen, was so viel wie Loch bedeutet, empfängt uns eine friedliche Almwiese. In der Lend, am Beginn der Schlucht, wurde 1995 eine Kneippanlage errichtet. Es werden wohl wenig Wanderer nur die Schlucht besuchen, wer aber die Notgasse (S. 270) besucht und nach Gröbming absteigt, passiert sie auf jeden Fall. Sie liegt zwischen dem Stoderzinken und dem Kammspitz. Welch ein treffender Name für diesen Berg! Wenn wir den Gröbminger Winkel verlassen, sehen wir linker Hand oben den gezackten Grat, den Kamm des Kammspitzes, werfen wir aber vom Ennstal einen Blick zurück, so erkennen wir nur den Spitz des Berges, hinter dem sich der Stoderzinken mit dem Friedenskirchlein versteckt.

39. Talbachklamm *

Die Talbachklamm, die Schladming und Rohrmoos-Untertal miteinander verbindet, während die Straße in vielen Serpentinen ausweichen muss, bietet einen netten, unbeschwerlichen Spaziergang in einer Schluchtstrecke von 2 km. Besonders der Beginn in Schladming in der Nähe der Schladminger Brauerei, wo man einen schönen Blick auf die Stadt und den Höhenzug der Ramsau hat, erfreut unser Herz. Hier kann man von einer Aussichtsterrasse gut die vielen Wasserfälle, die die Kraft des Wassers verringern, und die Werksanlagen für das 1. obersteirische E-Werk (1895) sehen.

40. Ein Kuriosum zum Schluss: Der „Schluchtkanal" vom Kammersee *

Es gibt eine „Schlucht", die von Menschen gemacht wurde. Ich meine jenen Kanal, der im hintersten Winkel des steirischen Salzkammergutes den Toplitzsee und den Kammersee miteinander verbindet. Angeblich haben Strafgefangene um das Jahr 1548 diesen Holztriftkanal zum Zweck der Holzlieferung aus dem Felsen gehauen. Das darin beförderte Holz wurde bis Bad Aussee geflößt und diente zur Befeuerung der Salzsudpfannen. Die Bootsfahrt auf dem geheimnisumwobenen Toplitzsee zum anderen Ende, wo man „ausgesetzt" wird, der Steig zum Kammersee, wo man vor dem dünnen Wasserfall des Traunursprungs steht, und der Weg zurück neben (oder in) dem Kanal, das alles sind unvergessliche Momente.

Von Menschen geschaffen!

VERWENDETE LITERATUR

Alpenburg, Ritter von: Österreichische Alpensagen, Swoboda, Wien 1977.

Ast, Hiltrud: Führer durch das Waldbauernmuseum in der Alten Hofmühle zu Gutenstein, 2., erweiterte Auflage, Gutenstein 1976.

Auferbauer, Günther: Wandern um Graz, Führer durch das Grazer Bergland, Styria, Graz–Wien–Köln 1974.

Auferbauer, Günter und Luise: Wandern im Steirischen Weinland; Bergverlag Rother GmbH, München 2004.

Barth, Friedrich: St. Wolfgang, Ein Heimatbuch, Selbstverlag der Marktgemeinde St. Wolfgang im Salzkammergut 1975.

Baumgartner, Bernhard: Die Voralpen an Traisen und Gölsen, Ein Wander- und Landschaftsführer, Verlag Niederösterreichisches Pressehaus, St. Pölten 1978.

Baumgartner, Bernhard/Tippelt, Werner: Mariazeller Bergland mit Schneealpe, Veitsch und Hochschwab, Verlag Niederösterreichisches Pressehaus, St. Pölten 1977.

Buchenauer, Liselotte: Bergwandern in der Steiermark, Tyrolia, Innsbruck–Wien–München 1976.

Denzel, Eduard: Kärnten, Auto und Wanderschuh, Denzel Verlag, Innsbruck 1977.

Eisenkappel, 700 Jahre Markt, Aus der Geschichte und Natur eines Kärntner Grenzlandmarktes, Im Verlag des Geschichtsvereines für Kärnten, Klagenfurt 1968.

Förster-Ronnigers Touristenführer in Wiens Umgebungen, Verlag Alfred Hölder, Wien 1903.

Gasser Hannes: Erlebnis Karwendel, Leopold Stocker Verlag, Graz 1977.

Goldberger, Josef: Salzburger Wanderungen 1, Tyrolia, Innsbruck–Wien–Munchen 1972.

Gruber, Peter: Das Gebiet der Salza (Diss.), Graz 1966.

Hensler, Emil: Nordtiroler Wanderbuch 1, Tyrolia, Innsbruck–Wien–München 1968.

Hochquellenleitung, Die zweite Kaiser-Franz-Joseph-Hochquellenleitung der Stadt Wien, eine Gedenkschrift zum 2. Dezember 1910, Verlag Gerlach-Weidling, Wien 1910.

Hörmann, Ludwig von/Schmied, Hermann von/Steub, Ludwig/Seyfferitz, Karl von/Zingerle, Ignaz: Wanderungen durch Tirol und

Vorarlberg (nebst Südtirol), Bavarica Reprint im Süddeutschen Verlag, München 1877–1977.

Janetschek, Ottokar: Der Raxkönig, Kremayr und Scheriau, Wien 1959.

Jungblut, Roman/Märk, Josef/Stahr, Fritz: Vorarlberger Wanderbuch, Tyrolia, Innsbruck–Wien–München 1976.

Kärnten Kompaß, Urlaub bei Freunden, Carinthia, Klagenfurt.

Klaus, Alfons und Dr. Karl: Kötschach-Mauthen – Plöcken und Umgebung, Selbstverlag, 1977.

Knoll, Helmfried: Erwanderte Heimat – erlebte Fremde, Verlag Das Berglandbuch, Salzburg 1969.

Knoll, Helmfried: Wanderungen rings um Wien, Tyrolia, Innsbruck–Wien–München 1972.

Knoll, Helmfried: Vom Nordwald bis zur Puszta, Tyrolia, Innsbruck–Wien–München 1974.

Knoll, Helmfried: Wandern in Österreich, Verlag Kremayr und Scheriau, Wien 1978.

Kyselak, Joseph: Zu Fuß durch Österreich, Skizzen einer Wanderung nebst einer romantisch pittoresken Darstellung mehrerer Gebirgsgegenden und Eisglätscher, unternommen im Jahre 1825, nachgegangen und nachgedacht von Ernst Gehmacher, Verlag Fritz Molden, Wien 1982.

Lackner, Stefan: Ortsgeschichte von Wörschach, Wörschach 1978.

Loderbauer, Hannes: Pyhrn-Priel-Wander- und Bergsteignadel in der „Gmundner Buchreihe", o. O., Band XIII.

Loderbauer, Hannes: Wandern am Traunsee in der „Gmundner Buchreihe", o. O., Band II.

Lofer, Amtlicher Führer durch Lofer und Umgebung, 1967.

Mander, Matthias: Cilia oder Der Irrgast, Styria, Graz–Wien–Köln 1993.

Matzer, Mario/Siebenhofer, Walburga: Naturerlebnis Österreich – Steiermark; Verlag Styria, Graz–Wien–Köln 2002.

Mayr, Herbert: Vorarlberg: 35 Wanderungen, Natur und Kultur, praktische Tips, DuMont, Köln 1977.

Meisinger, Augustin: Naturdenkmale Niederösterreichs, Verlag Amt der nö. Landesregierung, Wien 1951.

Der Mini-Goiserer, ein Wegweiser, Kurverwaltung Bad Goisern, 1995.

Morton, Friedrich: Hallstatt, Führer mit Bildern durch Hallstatt und Umgebung, Hallstatt 1925.

Neumarkt, 100 Jahre Sparkasse des Bezirkes (Stmk.), Neumarkt 1968.

Oberwalder Louis: Virgen im Nationalpark Hohe Tauern, Edition Löwenzahn, Innsbruck 1999.

Pehr, Franz: Kärnten, Ein Handbüchlein für Heimische und Fremde, Verlag Johannes Heyn, Klagenfurt 1921.

Perl, Florian: Ramsau bei Schladming, Selbstverlag, o. O., 1975.

Peterka, Hubert/End, Willi: Wiener Hausberge, Verlag Anton Schroll, Wien 1964.

Petermann, R.E.: Illustrierter Führer auf den k. k. österr. Staatsbahnen für die Strecke Wien – Salzburg und die Anschlusslinien, Verlag der Buch- und Kunstdruckerei, Steyrermühl, Wien 1905.

Pilz, Hans: Wandern in Oberösterreich 1, Salzkammergut – Ennstal, Tyrolia, Innsbruck–Wien–München 1978.

Pinkau, Guido/Holzleiter, Johannes: Wandern mit Kindern – Oberösterreich; Leopold Stocker Verlag, Graz–Stuttgart 1999.

Raabklamm, Der Naturlehrpfad durch die Raabklamm, Landschaft, Pflanzen, Tiere, Oesterr. Alpenverein, Sektion Graz, Graz 1972.

Reimer, Michael/Taschner, Wolfgang: Die schönsten Familienwanderungen in Vorarlberg, loewenzahn in der Studienverlag Ges.m.b.H., Innsbruck 2003.

Reiterer, Karl: Unser Steirerland, Verlag der Deutschen Vereins-Druckerei und Verlagsanstalt, Graz 1907.

Rohrecker Georg: ErlebnisWandern rund um Salzburg, Flachgau Verlag Anton Pustet, Salzburg–München 1997.

Schiechtl, Meinhard: Tiroler Wanderbuch 2, Tyrolia, Innsbruck–Wien–München 1977.

Schladming, das Tor zum Dachstein-Tauern-Gebiet, Verlag Ernst Kortschak, Schladming 1960.

Schröfl, Otmar: Das Salzkammergut, Touristik-Verlag, Wien 1947.

Schueller, Harald: Salzburger Wanderungen 2, Tyrolia, Innsbruck–Wien–München 1973.

Sperner, Wolfgang: Ausflugsziele in Oberösterreich, Oberösterreichischer Landesverlag, Linz 1978.

Steiermark, Jahrbuch des Landesverbandes für Fremdenverkehr, Graz 1905.

Stenzel, Gerhard: Von Burg zu Burg in Österreich, Verlag Kremayr und Scheriau, Wien 1973.

Stenzel, Gerhard: Von Schloß zu Schloß in Österreich, Verlag Kremayr und Scheriau, Wien 1976.

Thuswaldner, Werner/Bluhm, Gerhard: Naturdenkmäler im Land Salzburg, Verlag Alfred Winter, Salzburg 1985.

Tourismusregion Nationalpark Gesäuse, Ennstaler Alpen und Naturpark Eisenwurzen, Admont 2005.

Umbalfälle, Wasserschaupfad, Verein zum Schutz der Erholungslandschaft Osttirol, Lienz.

Umlauft, Friedrich: Die Österreichisch-Ungarische Monarchie. Geographisch-statistisches Handbuch für Leser aller Stände, A. Hartleben's Verlag, Wien–Pest–Leipzig 1897.

Vellachtal, Zu Gast im Vellachtal, Wanderführer, Information, 1972.

Wesely, August: Vom Leopoldsberg zum Großglockner, Verlag für Jugend und Volk, Wien 1927.

Zetsche, Eduard: Aus den Umgebungen Wiens, Schilderungen und Bilder, Deutsche Verlagsanstalt, Wien 1894.

Ziegler, Franz: Das Schloss Groppenstein im Möllthale, eine Skizze, Verlag Moritz Schückl, Wien 1883.

Canyoning: http://www.rafting.at
Rosengartenschlucht: http://www.networld.at/articles
Barbarossaschlucht: http://www.wasserreich.at
Kraiger Schlösser: http://www.burgenseite.com/a_Kraig_txt.htm
NBO-Schluchtweg: http://www.wasserreich.at
„Schluchtkanal" beim Kammersee: http://www.ausseerland.at

REGISTER

Achstürze – Wällerbrücke....... 187

Ackersbachklamm 144

Adlitzgräben.......................... 57

Almbachklamm 146

Alplochschlucht 206

Archbachschlucht................... 189

Arzbergklamm........................ 183

Aubachschlucht 144

Auerklamm 187

Autobahnklamm...................... 64

Backofen 197

Balbersteine,
Schlucht der.......................... 55

Barbarossaschlucht................ 236

Bärenklamm........................... 183

Bärenschützklamm 263

Burggrabenklamm
(Burgauklamm)...................... 132

Bürser Schlucht 210

Chorinskyklause 99

Constantia-Schlucht.............. 9

Dabaklamm, Daberklamm...... 199

Daxerklamm.......................... 196

Deutschlandsberg,
Klause von 258

Dittelbachwildnis 96

Dobelklamm.......................... 246

Dr. Vogelgesang-Klamm........ 78

Donnersbacher Klamm........... 291

Dornaubergklamm 194

Dürnbachklamm 55

Ebriachklamm 242

Ehnbachklamm 165

Ehrwald, Wasserfall
und Klamm............................. 190

Eibentalklamm 60

Eiblklamm............................. 136

Eng 36

Engelschlucht 216

Engenlochschlucht 205

Entenlochklamm 195

Eppzirler Klamm.................... 183

Erlaufschlucht 61

Erlebniswelt Mendlingtal 49

Falkenschlucht....................... 40

Falkensteinschlucht 148

Farnschlucht 9

Feistritzklamm....................... 280

Finsterbachschlucht 249

Fischbachschlucht.................. 134

Flitzenschlucht 291

Fölzklamm............................. 288

Franzosenschlucht.................. 9

Freienberger Klamm 280

Fuchsleitengraben 53

Gadaunerer Schlucht.............. 142

Gailbergschlucht.................... 246

Gaislochklamm 237

Gaissteig 138

Galitzenklamm 181

Garneraschlucht 218

Garnitzenklamm..................... 226

Gasteiner Klamm 116

Gasteiner Wasserfall.............. 143

Geißlochklamm...................... 237

Gerlamoos, Klamm bei.......... 248

Gesäuse 290

Gießenbachklamm/Mühlviertel 88

Gießenbachklamm/Scharnitz 183
Gimbach-Kaskaden.................. 97
Glasenbachklamm 146
Gnoppitzklamm 247
Gosauzwang 98
Graggerschlucht 257
Griesbachklamm...................... 178
Gröbming, Öfen bei 293
Groppensteinschlucht 245
Große Klause 32
Große Schlucht im Reich-
raminger Hintergebirge.......... 88
Gruft.. 252
Günster Wasserfall 274

Hachleschlucht 159
Hagenbachklamm.................... 26
Hartberg, Brühl von 280
Has(s)lerschlucht 179
Heiligengeistklamm 279
Heindlbödenschlucht.............. 94
Herbersteinklamm 280
Hexenloch 147
Hintere Tormäuer 42
Hirschensprung-Schlucht 290
Höhenbachschlucht................ 188
Hölle 83
Höllental 57
Höll-Leitenbach–Wasserfall ... 90
Huberklamm 278

In der Noth 62
Innersbachklamm 106
Iselschlucht............................ 198

Johannesbachklamm 35

Kaiserklamm 174
Kaltenbachwildnis.................. 81

Kammersee, „Schluchtkanal" 294
Kesselfall................................ 261
Kesselfallklamm 89
Kesselschlucht....................... 216
Kienbachklamm 96
Kirchle 214
Kitzlochklamm 114
Klabautersteig (Mauthner K.).. 224
Klamm der Uwelöcher............ 139
Klammgraben 9
Klammleiten 70
Klamm/Semmering 56
Klamschlucht 72
Klause/Mödling - Hinterbrühl . 53
Klausschlucht 284
Kleine Klause 34
Klinzerschlucht 236
Kobelach, Schlucht der 215
Kogler Wasserfälle................. 64
Kommaschlucht 213
Koppenschlucht...................... 99
Kraig, Waldschlucht von......... 238
Kranebitter Schlucht............... 166
Krippklamm............................ 290
Kuhloch 217
Kühtrainschlucht..................... 186
Kundler Klamm 174
Kupitzklamm 242

Lahnbachgraben..................... 47
Lammerklamm
(Lammeröfen)......................... 123
Lange Brücke.......................... 54
Lassingfall 44
Lassnitzklamm........................ 258
Lavanter Kirchbühel,
Schluchten um den................. 201
Leitenkammerklamm 140
Lenzenschlucht....................... 137

Leutaschklamm 162
Liechtensteinklamm............... 117
Liembachklamm 144
Lieserschlucht........................ 248
Lohnbachschlucht (-fall) 25

Maria an der Klamm
(Maria Klamm)........................ 97
Marienklamm 288
Marienwasserfall.................... 283
Mauthner Klamm 223
Mayrbergklamm...................... 107
Mendlinger Trift...................... 49
Mödling, Klause bei 53
Möslklamm............................. 173
Mühlbachschlucht 83

NBO-Schluchtweg.................. 250
Nixenfall 98
Notgasse................................ 270
Noth, Die 47
Noth, In der 62
Notklamm im Klausgraben..... 90

Ochsenschluchtklamm........... 247
Öfen bei Gröbming 293
Öfenschlucht.......................... 196
Olsaklamm............................. 276
Örflaschlucht.......................... 216
Ossiach, Schlucht von............ 250
Ötschergräben....................... 45

Palfauer Wasserlochklamm.... 266
Pesenbachtal 87
Pitzenklamm 186
Pitzenschlucht 185
Plötz 129
Pöllau, Brühl von 280
Prosseggklamm...................... 180

Raabklamm............................. 259
Rabischschlucht 244
Radurschelschlucht............... 184
Raggaschlucht........................ 233
Rappenfluh............................. 212
Rappenlochschlucht............... 206
Rechberger Klamm................. 242
Reißtalklamm 59
Rettenbachklamm................... 278
Rettenbachwildnis (-klamm)... 95
Riegenbachschlucht............... 249
Rindbacher Wasserfall 100
Rinnerberger Klamm 77
Römerschlucht........................ 250
Rosengartenschlucht 157
Rossbachklamm 59
Rosslochklamm 281
Rossruckklamm 139

Saalachpromenade und
Sonnenweg 138
Salvesenklamm....................... 185
Salzachklamm (Salzachöfen) . 121
Salzaklamm............................. 283
Salzaschlucht.......................... 284
St. Lambrechter Klamm 276
St. Martiner Schlucht 137
Saurüssel(brücke) 58
Sausende Schlucht................. 86
Schaufelschlucht 214
Scheuchenstein,
Klamm von 55
Schlossbachklamm 193
Schlossklamm......................... 261
„Schluchtkanal" vom
Kammersee............................ 294
Schlucht von Ossiach............. 250
Schnanner Klamm 152
Schönauklamm........................ 281

Schösswendklamm 141
Schreyerklamm 285
Schwarz(au)bachklamm 128
Schwarzbergklamm 136
Schwarzenbachklamm 96
Schweizklamm 275
Seebachklamm 286
Seisenbergklamm 111
Sigmund-Thun-Klamm 113
Silberkarklamm 272
Sillschlucht 168
Simms-Wasserfall 188
Spitzenbachklamm 289
Steinbachklamm/Göstling 47
Steinklüfte 131
Steinwandklamm 28
Steyrdurchbruch 91
Steyrschlucht 93
Stiegengraben 46
Stierwaschmäuer 42
Stillensteinklamm 76
Stillschlucht 168
Stilluppklamm 193
Strassberger Klamm 192
Strengen, Schlucht von 183
Strimitzenklamm 275
Stro(h)wollner Schlucht 108
Stromboding 94
Strubklamm 146
Stubenberg,
Hinterbrühl von 280
Stuibenfälle 189
Sturlbachschlucht 191
Sturzelbachklamm 201
Subersach, Schlucht der 213
Sulmklamm 278
Sulzbachfall 141
Sulzbachgraben 60
Sunk 291

Talbachklamm 293
Taubenbachklamm 61
Taugler Strubklamm 145
Teuchltal 246
Teufelsbrücke bei Ebene
Reichenau 251
Teufelsgraben 250
Teufelsklamm 197
Teufelsschlucht (Saalach) 138
Tiefenbachklamm 172
Tief(en)steinklamm
(Tiefsteinbachklamm) 133
Toreckklamm 41
Totes Weib 281
Tragössklamm 287
Traunfall 101
Trefflingfall 41
Triftsteig in der
Großen Schlucht 88
Trockene Klammen 126
Trögerner Klamm 231
Tscheppaschlucht 228
Turrachklamm
(Turrnbachklause) 273
Tuxerklamm 194

Übelbach 60
Üble Schlucht 208
Umbalfälle 197
Ungarische Runde 280
Uwelöcher, Klamm der 139

Valentinklamm 223
Vorderberger Klamm 241
Vordere Tormäuer 41
Vorderkaserklamm 109
Waldbachstrub 85
Waldegger Klause 32
Wasserlochklamm 266

Weichtalklamm 38
Weißenbachklamm/
Gitschtal.................................. 241
Weißenbachklamm/
Kamptal................................... 52
Weizklamm............................... 280
Wiesklamm............................... 172
Wildbachklamm/
Vorderberg 241
Wildbachschlucht/
Greifenburg............................. 247
Wildbachschlucht/St. Martin.. 139
Wilde Klamm........................... 268
Willersdorfer Schlucht 9
Wolfsklamm 171

Wolfsschlucht 74
Wörschachklamm.................... 268

Ysperklamm 24

Zammer Lochputz 155
Zemmschlucht 194
Zimitzwildnis 95
Zimmerbergklamm 192
Zinkenbachklamm/
Abtenau.................................. 144
Zinkenbachklamm/
Wolfgangsee 148
Zipfelklamm 183
Zirknitzgrotte........................... 243

ANHANG

Abenteuer-Wasserweg
   Liebenfels 326
Altenbachklamm 331
Alpinsteig Höll, Schlucht des
   Riesachbaches zwischen
   Riesachfall und Riesachsee 330

Burggrabenklamm.................. 311
Burgstallschlucht 309

Drachenschlucht 322
Donnerschlucht 322

Fellbachklamm 321

Geisterklamm 313
Gießenbachklamm 318
Gleirschklamm 316
Granatschlucht
   (Radentheiner Schlucht,
   Kaninger Schlucht) 325

Hochstegklamm in den
   Malteiner Wasserspielen 323

Nothklamm 329
Opponitzer Schluchten-
   wanderweg 307

Pöllantschlucht 325

Rosslochklamm 333

Schlossgarten von Ambras,
   die Schlucht im 320
Steinbachklamm 308

Tuxerbachklamm 318

Winnerschlucht 311

Anhang

NIEDERÖSTERREICH

17a. Opponitzer Schluchten- wanderweg ✱ ✱ ✱
(Ergänzung zu S. 52)

„Die neu ausgebauten Schluchten im Privatbesitz"

Zugang: Auf der Bundesstraße B 31 von Waidhofen nach Opponitz große Hinweistafeln, dann die schmale Straße ungefähr einen Kilometer bergauf zum Bauernhof Ober-Dippelreith. Dann noch 30 Minuten zum Beginn der Schluchten.

Wegstrecke 3 km, Höhenunterschied 150 m, Gehzeit 2 st, ÖK Blatt 70.

Beste Zeit: Schneefreie Zeit.

Beschreibung: Man kommt aus dem Staunen nicht heraus! Zunächst ist man irritiert: Im Tal fließt die Ybbs, und wir fahren auf den Berg. Was mögen das für Schluchten sein? Wir gelangen zu Jausenstation und Bauernhof Ober-Dippelreith, können unser Auto abstellen, lesen die große Hinweistafel, und müssen weiter auf Forststraßen und Wiesenwegen bergauf wandern. Wunderschöne handgefertigte Schilder weisen uns den Weg, bis wir endlich den Eingang erreichen. Den Eingang wovon? Es ist keine Schlucht, schon gar nicht eine vom Wasser durchflossene Klamm, sondern eine Bergzerreißung und ein Bergsturzgebiet mit engen Gängen, Felswänden, Höhlen und abenteuerlichen bizarren Felsformationen. Die erste Enge, die Hexenschlucht, ist so eng, dass Menschen mit großer Oberweite wirklich nicht durchkommen. Die Engstelle kann aber auch umgangen werden. Seile bieten Hilfe an. Nach dieser fulminanten Ouvertüre geht es wieder bergauf, an der Ochsenlucka vorbei, und wir erreichen fast den höchsten Punkt des Berges. Eine weitere breite Schlucht führt uns zur anderen Hangseite, dann geht es über die Bärenhöhle, den Teufelssteig und den Sauschädelfelsen wieder zu Tal. Hier wird sogar ein Seil zum Hinunterklettern angeboten, die Geländestufe kann aber wieder gefahrlos umgangen werden. Die geschmackvollen Holzschilder weisen uns wieder über einen anderen Weg bei einem Teich vorbei zu einem Wassertrog, in dem ein Mann liegt. Eine köstliche Skulptur! Man kommt zur Jausenstation zurück und erfährt das nächste Faktum zum Staunen: Die Familie Kronsteiner, der der „Schluchten-Grund" gehört, hat mit Hilfe der Gemeinde Opponitz und des Alpenvereins den Weg neu angelegt. Der Bauer und seine Frau überlegten sich, wie sie alle Felsszenerien in einem Rundwanderweg der Reihe nach berühren. Die Eröffnung war am 9. Juli 2006. Die Adresse der Biobauern heißt übrigens Ofenberg 4. Und da meine ich doch, dass das Wort „Ofen" auf Löcher hindeutet, siehe Salzachöfen, Lammeröfen und Lamprechtsofenloch, Namen, denen man in den letzten Jahren ihre originelle Bezeichnung genommen und durch „Klamm" bzw. „Höhle" ersetzt hat. Da diese Bergzerreißung in einer Zeit stattgefunden hat, als es noch keine Aufzeichnungen gab, war das da oben eben immer der Ofen, der Ofenberg.

Nach einer zünftigen Brettljause nach der doch anstrengenden Wanderung können die Kinder mit zahlreichen Haustieren in Kontakt treten und die Erwachsenen den informativen Falter studieren. Und der rührigen Familie Kronsteiner DANKE sagen!

Ausflugsziele in der Umgebung: In der Noth in Ybbsitz.

19. STEINBACHKLAMM *
   (Überarbeitung von S. 53)

Die Steinbachklamm führt von Marbach/Donau hinauf in das Waldviertler Bergland. Für die 200 m Höhenunterschied auf 3 km braucht man doch eineinhalb Stunden, es ist aber interessant zu erleben, wie das nach Süden offene Tal langsam seinen Pflanzenwuchs ändert. Der Laubwald mit viel Buschwerk verschwindet allmählich, frische und würzige Luft von Tannen und Fichten umfängt uns am oberen Ende der Klamm, die eigentlich ein weites Tal mit wenig signifikanten Felsbildungen ist. Die Stege haben Namen nach Waldtieren, und auf Tafeln lesen wir köstliche Sätze. Der Einstieg befindet sich bei einer Mühle auf der Straße nach Münichreith. Eigenartigerweise befindet sich auf der Straße nach Maria Taferl in der ersten Haarnadelkurve auch ein Hinweis auf die Steinbachklamm, aber da befindet man sich in einem anderen Tal. Eine Irreführung!

OBERÖSTERREICH

12a BURGSTALLSCHLUCHT ★★
(Ergänzung zu S. 88)

Versetzen Sie sich bitte in meine Lage: Ich lese die „Ganze Woche" und finde in der Rubrik „Österreich Quiz" folgende Frage: In welchem Bundesland befindet sich die Burgstallschlucht? Ich bin außer mir! Ich schreibe ein Buch über Österreichs Klammen und Schluchten, und dann kommt ein Redakteur mit einer Schlucht, von der ich überhaupt noch nichts gehört habe, und tut so, als gehöre das zur Allgemein-bildung! Ein Schreiben an das Blatt bleibt unbeantwortet. Im Google finde ich ein armseliges Bild der Schlucht. Was ist also mit der Burgstallschlucht?

Der Besuch hat mich glücklich gemacht, und ich bedanke mich bei dem Redakteur, der mich auf die Spur gebracht hat. Die Burgstallmauer ist mit 948 m die höchste Erhebung im Bezirk Perg und liegt im Gemeindegebiet von St. Georgen am Walde. Von dort führt auch der Wanderweg 03 auf diesen Berg, was rund 2 Std. in Anspruch nimmt. Will man es kürzer haben, so zweige man, von Dimbach kommend, in Erlau in der Linkskurve nach dem Ortseingang rechts den asphaltier-ten Güterweg ab, fahre stetig bergauf, bis man linker Hand eine gel-be Tafel sieht, die auf die Burgstallmauer hinweist. Dort, am Anfang des Forstweges, parke man. 30 Minuten sind angeschrieben, aber flotte Geher schaffen es in einer Viertelstunde. Der Gipfel ist eine ty-pische Felsenpyramide, wie wir es im Wald- und Mühlviertel oft erle-ben. Ein Betonkreuz steht am höchsten Punkt, Seile sichern vor dem Abhang, und man sieht schön hinüber nach St. Georgen. Aber was ist mit der Schlucht? Auf der rechten Seite des Gipfels führt ein un-angenehmer Pfad zu Tal und man wundert sich eigentlich: Eine Schlucht ist doch normalerweise im Tal, aber wir befinden uns hier am höchsten Punkt! Am Fuß der Gipfelpyramide hat sich der Fels gespal-ten, besser: Die Wollsackformen der Böhmischen Masse ließen einen ungefähr 30 m langen, steilen und engen Gang entstehen, durch den man mit Hilfe eines Hanfseiles auf unebenem Grund, aber doch si-cher, wenn auch etwas beschwerlich, zur Höhe steigen kann. Nichts für gemütliche Spaziergänger, aber abenteuerlich für sportliche Typen und vor allem für Kinder! Natürlich „Auf-Eigene-Gefahr", wie auf einer Tafel zu lesen steht. Auf zwei weiteren Tafeln lesen wir noch eine

Wandersage von im Inneren der Felsen vergrabenen Schätzen und den Hinweis: „Zur-Burgstallschlucht".

Trotz der Bindestrich-Sucht finde ich: Sucht die Schlucht!

Die Schlucht
auf dem Gipfel

SALZBURG

21a BURGGRABENKLAMM ★★
(Ergänzung zu S. 132)

In der Zeitung las man es, und ein Kontrollbesuch bestätigte es in dramatischer Form: Die Klamm ist gesperrt! Ein Wanderer rutschte auf einer Brücke, von denen es nur zwei gibt und die völlig ungefährlich sind, aus, zog sich eine schwere Verletzung zu und klagte die Gemeinde. Der Bürgermeister kann die Verantwortung nicht übernehmen, das Gericht lässt sich Zeit – und die Klammenliebhaber müssen warten. Nun würde man eine vorübergehende Sperre der Klamm erwarten, aber so sieht es nicht aus. Das Gasthaus ist verlassen, und die untere Brücke ist einfach weggerissen! Es ist kein Zugang möglich. Wie es aussieht, kann es noch Jahre dauern, bis die Klamm wieder eröffnet wird. Wenn ich daran denke, dass ich diese Klamm mit meinen Volksschülern auf den Projektwochen jedes Mal besuchte und die Kinder den Steig ohne Geländer problemlos bewältigten, dann bin ich sprachlos, glücklich über die Vergangenheit und zornig über die jetzige Situation!

36a WINNERSCHLUCHT ★
(Ergänzung zu S. 144)

Kein Mensch würde die Winnerschlucht um ihrer selbst willen besuchen, aber das, was sich oberhalb von ihr befindet, ist unbedingt einen Besuch wert. Wie auf S. 126 kurz erwähnt, gibt es an den Nordabhängen des Tennengebirges bei Abtenau und Oberscheffau einige Wasserfälle, von denen der Winnerfall der mächtigste ist. Doch er hat ein Problem, nein, nicht er, die Besucher haben es: Er ist die meiste Zeit nicht zu sehen, nur zur Zeit der Schneeschmelze und nach schweren Wolkenbrüchen geht der im Kalkstock des Gebirges liegende Siphon über und der Wasserfall „geht". Mit großer Wucht stürzt er zu Tal, muss eine S-Kurve zurücklegen, unterquert einen Holzsteg, bis er schließlich in eine Schlucht stürzt und dann die Talsohle erreicht. Ein kurzes Stück führt der Steig entlang der Schlucht, dann endet er bei einer kleinen Terrasse.

Ein paar Hinweise, wie man zum Winnerfall gelangt: Von Golling kommend zweigt in Oberscheffau, am unteren Eingang der Lammeröfen, in einer Linkskurve eine Straße über eine Brücke ab. Gleich dahinter sollte man parken, weil das die letzte problemlose Parkgelegenheit ist. Nun geht es eben ins Tal an einem Baumlehrpfad und alten, verfallenen Mühlen vorbei zu einer revitalisierten Kugelmühle, was ungefähr 25 Minuten in Anspruch nimmt. Dort sieht man schon den Schwarz(en)bachfall, der immer zu Tal rauscht, auch wenn der temporäre Winnerfall wieder einmal Pause macht. Wenn nämlich der Wasserspiegel im Inneren des Berges das höhere Niveau der Winnerfallhöhle erreicht, tritt das Wasser auch dort heraus. Nach der Alten Mühle geht es sehr steil bergauf. Sehenswert ist das Naturdenkmal immer – mit und ohne Wasser. Am eindrucksvollsten wohl dann, wenn der Winnerfall plötzlich „ausbricht" und zu tosen beginnt. Diesen Glücksfall haben wohl am ehesten nur die Einheimischen erlebt!

Der Wasserfall
ohne Wasser!

4. Geisterklamm ✷✷ (Neue Beschreibung)
(Überarbeitung von S. 162)

Zugang: Vier Zugänge, zwei in Österreich: Leutascher Schanze und zwei an der Straße nach Mittenwald bei der Höllkapelle (keine Parkplätze!), zwei in Deutschland: beim Klammhäuschen der „alten" Leutaschklamm und über den Gletscherschliff (Parkplatzprobleme in Mittenwald!). Von Österreich in wenigen Minuten erreichbar, in Deutschland zunächst 15 Minuten von Mittenwald, dann sehr steil ungefähr je 30 min.

Klammlänge 3 km, davon ausgebaut 850 m, Höhenunterschied: mit Zugang rund 30 m, Schanze – Mittenwald 120 m, Gehzeit 30 min, Rundweg 120 min, ÖK Blatt 117.

Beste Zeit: Frühjahr bis Herbst, Parkplatzgebühr.

Beschreibung: „Diese spektakuläre Schlucht mit ihren größtenteils senkrechten Wänden zu erschließen, war zwar immer schon ein Wunschtraum der Touristiker, war aber für eine Gemeinde wie Leutasch unfinanzierbar.

Die EU hat mit dem EUREGIO-Gedanken geradezu eingeladen, ein grenzüberschreitendes Projekt auszuarbeiten und erhebliche Fördermittel (50 %) zu lukrieren. Der Tourismus spielt dies- und jenseits der Staatsgrenze eine große Rolle, also war es naheliegend, den Gästen einen völlig neuen, höchst attraktiven, grenzüberschreitenden Wanderweg durch die spektakuläre Schlucht der Leutascher Ache einzurichten. Aber immer noch waren die restlichen Finanzierungskosten für die beteiligten Gemeinden Leutasch und Mittenwald zu hoch, obwohl sich auch das Land Tirol mit 30 % an diesem sensationellen Projekt beteiligte. Immerhin ging es um Gesamtkosten von 1,365.000,- Euro. Als man schon befürchten musste, dieses Projekt niemals in die Tat umsetzen zu können, kam die freiwillige Fusion der Tourismusverbände des Seefelder Plateaus, somit auch des Leutaschtales. Das ‚Klamm-Projekt' als echte Attraktion für Gäste aus nah und fern machte es plausibel, dass auch Seefeld mit seiner Finanzkraft und die kleineren Fusionspartner sich an den Kosten beteiligten. Nun konnte zur Realisierung geschritten werden.

Wie fast immer verteuerte sich das Projekt auf Grund unvorhersehbarer geologischer Probleme erheblich. 3 m tief musste jeder einzelne Anker in den brüchigen Kalkfels getrieben und gedübelt werden, mit welchem die Konstruktion verschraubt wurde. Von EUREGIO und dem Land Tirol waren keine zusätzlichen Mittel mehr zu bekommen, also beschloss man schweren Herzens, den Erlebnispfad an zwei Stellen hinauf an den Schluchtrand zu verlegen, wo erheblich billiger gebaut werden konnte."

Im Sommer 2004 „kam es zu einer ersten Begehung inzwischen fertig gestellter Teile. In luftiger Höhe zwischen 15 und 20 m über dem Fluss schritten alle beteiligten Bürgermeister über den Steg. Traurig blickte man in die unerschlossen bleibenden Schluchtteile. Oben am Schluchtrand würde man nur wenig davon sehen. Beim anschließenden Weißwurstessen ging ein Ruck durch die Ortsvorsteher: Die fehlenden 90.000 Euro für einen kompletten Schluchtausbau müssen her, koste es, was es wolle. Ohne EUREGIO, ohne Land Tirol würde es die beteiligten Gemeinden nach dem Einwohnerschlüssel noch einmal hart treffen, aber wenn nicht jetzt, dann nie – das war die Erkenntnis. Also ging man erneut in die Gemeinderäte – und erhielt in jedem einzelnen Ort einen einstimmigen Beschluss: Dieses Jahrhundertbauwerk muss perfekt durchgeführt werden, da ist kein Platz für faule Kompromisse. An vorderster Front ‚kämpften' natürlich die Bürgermeister der am meisten betroffenen (und auch profitierenden) Gemeinde Leutasch als Grundeigentümer.

Die Baukosten laut Schätzung betragen rund € 1,365.600,00, es darf kein Eintritt eingehoben werden, das war eine Auflage der EUREGIO als Hauptförderer, eine Parkgebühr wird aber eingehoben werden."

Die Begehung des Erlebnispfades gliedert sich in drei Abschnitte:

„Zum ‚oberen Schluchtabschnitt' auf Leutascher Seite zählt der Parkplatz im Bereich Schanz, die Verbindung zum bestehenden Fußweg in der beginnenden Schlucht bis zum ‚mittleren Schluchtabschnitt' beim alten Wasserkraftwerk. Hier erfolgt der Zugang zum eigentlichen Laufsteg bis zur Höllkapelle. Es sind rund 425 lfm Steg auf Konsolenkonstruktion und die Höllbrücke mit rd. 24 m Spannweite. Hier befindet sich ein weiterer Zugang von der Straße aus in ähnlicher Konstruktionsweise. Der ‚untere Schluchtabschnitt' ist die Fortsetzung von der Höllbrücke bis Panoramabrücke mit einem Zugang zum Gletscherschliff (und gleichnamigen Gasthaus) und Zugang Mittenwald. Auch dieser Abschnitt umfasst rund 425 lfm Steg auf Konsolenkonstruktion, rd. 1.010 lfm Weg und die Panoramabrücke mit rd. 27 m Spannweite (einseitig abgespannte Brücke).

Die Konsolenkonstruktion besteht durchgehend aus verzinkten Stahl-profilen, ebenso die Laufstege und die Geländerkonstruktion (langle-big, geringer Wartungsaufwand). Die Konsolen werden mit Injektionsdübeln (2–3 m lang) an der Felswand verankert. Die Konstruktion ist durchlässig für Regen und Licht, wodurch die Vegetation unter den Laufstegen weiter bestehen kann. Durch die ‚transparente' Konstruktionsart wurde der Eingriff in die Natur (Felsabtrag und Böschungen) so gering wie möglich gehalten.

Die beiden Brücken bestehen aus einer Aluminiumkonstruktion. Aufgrund des geringeren Gewichts war ein Einfliegen mittels Hubschrauber möglich."

Es ist zu hoffen, dass dieser Erlebnispfad von den Besuchern des Gebietes gut angenommen wird, dass es zu keiner Konkurrenz zur Leutaschklamm kommt, denn jede hat ihre eigene Note: Der Erlebnispfad ist in luftiger Höhe, kühn, lang, ohne Wasserfall und kostenlos, die Leutaschklamm in der Nähe des Wassers, kühl, kurz und eine echte Klamm mit Wasserfall. Vielleicht trifft das neue köstliche Symbol das Wesentliche: Der bayerische Löwe tanzt mit dem Tiroler Adler.

Der Erlebnispfad wurde am 20. August 2005, der Themenweg „Im Reich des Klammgeistes" und der grenzüberschreitende Rundweg direkt von der Klammkassa der Leutaschklamm hinauf Richtung Straße und Schanze im Juni 2006 eröffnet. Und was ist jetzt dazu zu sagen? Ich bin ehrlich und sage: Ich bin enttäuscht! Es beginnt schon mit dem Parkplatz: 5 € Parkplatzgebühr (aber dafür kein Eintrittsgeld), zu zahlen bei einem Kassenautomaten beim Klammstüberl. Dann das Motto: „Ein grenzenloser Erlebnissteig im Reich des Klammgeistes". Und dann geht es los: Eine Fülle von Tafeln, die teils informativ, teils märchenhaft über die Entstehung der Klamm erzählen. Dichterzitate, Spiegel, Klangröhren zum Spielen, ein Gong, ein Schalltrichter zum besonderen Hören, ein Windspiel, ein Okloskop, ein Klammgeist in einer Kluft mit aufleuchtenden Augen und „schaurigem" Heulen. Dazu die Bezeichnungen: Geisterschloss, Regenbogenschlange, Schleiertanz und Feenharfe, Teufelsgumpen, Geistergrotte, Zauberspirale, Teufelswasser, Hexenküche, Donnergrollen, Höllengrusel usw. Die Besucher stehen bei den Stationen und behindern die Vorbeigehenden. Und was kann man beobachten? Viele Menschen schauen mehr auf die Tafeln und die Installationen als in die Klamm. Zwei positive Stationen sind ein Seil, das sich 47 m lang am Geländer entlang zieht, um zu zeigen, wie tief es zur tiefsten Stelle der Klamm ist, und eine

Ansammlung von Steinen, die durch Gletscher und Wasser hunderte Kilometer hierher in die Klamm befördert wurden. Schlimm ist die Behauptung auf einer Tafel, dass der Mensch ein zweidimensionales Wesen sei und daher Höhe und Tiefe nicht feststellen könne. Da war ich platt! Symptomatisch ist der Hinweis, dass man keine Steine ablassen darf, weil sonst die Wanderer in der Leutaschklamm – oder wie sie hier genannt wird: „Mittenwalder Wasserfallsteig" – UND DIE KLAMMKOBOLDE gefährdet werden!

Vielleicht fehlt mir der Humor, aber ist es wirklich notwendig, eine Klamm so zu „überinszenieren"? Spricht uns die Natur allein wirklich nicht mehr genug an, sodass man durch so eine „überkandidelte" Schlucht wandern muss? Muss wie im Fernsehen „Infotainment", also Information mit Unterhaltung, sein? Genügt die Größe der Natur (und das Werk der Menschen) nicht mehr allein? Sollen die Erwachsenen auf das Niveau von Volksschülern gebracht werden?

Natürlich soll man sich die Geisterklamm ansehen! Und zwar am besten so: Parken bei der Leutascher Schanze, dann den Klammgeistweg am andern, linksseitigen Ufer, Höllbrücke, eventuell Abstecher zur Höllkapelle, Klammgeistweg bis zur Panoramabrücke, über diese, dann Aufstieg zur Staatsgrenze, auf dem Koboldpfad über den Gletscherschliff zum Klammhäuschen der Leutaschklamm. Jetzt als Höhepunkt den Steg zum Wasserfall! Gleich neben dem Häuschen führt nun sehr steil der Koboldweg wieder zur Panoramabrücke, der folgende Abschnitt wird noch einmal begangen, ab der Staatsgrenze den anderen Klammgeistweg zurück zum Parkplatz. Dazu gibt es einen informativen Folder.

Ausflugsziele in der Umgebung: Leutascher und Seefelder Becken, Gleirschklamm.

5a. Gleirschklamm ⁑ (Neue Beschreibung)
   (Überarbeitung von S. 192)

„1am, aber 1a!"

Zugang: Von Scharnitz in das Isartal bis zum gebührenpflichtigen Parkplatz. Von dort zunächst die Straße taleinwärts rund 800 m bis zu einer Brücke, wo eine Tafel auf die Gleirschklamm hinweist. Nun über die Scharnitzer Alm, einer Gaststätte im Tal, in rund einer Stunde zur Klamm.

Klammlänge: 1500 m, Höhenunterschied: 50 m, Gehzeit: 30 min, ÖK Blatt 117.

Beste Zeit: Sommer bis Herbst.

Beschreibung: Wie unrecht habe ich jahrelang der Gleirschklamm getan, weil ich sie nicht kannte und annahm, dass sie wie rund ein Dutzend anderer Klammen im Scharnitzer Becken einfach eine ortsübliche Bezeichnung für ein steiles, aber nicht durch einen Wanderweg erschlossenes Tal ist. Erst durch den Füssener Mesner und „Wander-Planer" Alfred Vogler habe ich auf einer Internet-Seite erfahren, dass die Gleirschklamm ein äußerst attraktives Wanderziel. Zwar ist der Anmarsch weit, in rund 25 „Talwangen", (d.h. jeder Graben muss „ausgegangen" werden) kommt man dann immer näher zu der Schlucht, in der die Isar fließt. Nun geht es in einer gewaltigen S-Kurve wieder hinunter zum Flussbett, und dann ist man bei der Gleirschklamm. Ein Naturlehrweg begleitet uns, und wir kommen bald zur ersten Engstelle. Einst führte durch die Klamm ein Triftsteig. Auf abenteuerlichen Stegen und durch ein Felsentor, an Wasserfällen vorbei geht es an Drahtseilen entlang bis zu einer Brücke über einen Seitenarm der Gleirsch aus dem Jöchltal. Von dort führt der Steig aus der Schlucht heraus und umgeht oberhalb die Gleirsch die weiterführende Schlucht. Auf einer Forststraßenbrücke überquert man nun die Gleirsch, um auf der etwa 150 m höher gelegenen Forststraße zurück zur Mündung der Gleirsch in die Isar zu gelangen. Nach Durchstieg der Isarschlucht kann man dann auf der anderen Seite über die Gleirschhöhe zurückwandern, wobei man hier andere Einblicke in die Schlucht von Gleirsch und Isar gewinnt. Ein Stück kann man sogar an der Schluchtkante wandern, sonst geht man auf einer Forststraße. Eine interessante Alternative ist es, die Wanderung in der anderen Richtung zu unternehmen, weil man da zuerst die Fernsicht in die Schlucht hat und dann durch die Klamm abwärts wandern kann. Ein fünfstündiger, 12 km langer alpiner Rundweg, der absolut sehenswert ist! Es ist zwar einsam hier, aber die Natur erlebt man aus erster Hand! (Siehe Motto!)

Ausflugsziele in der Umgebung: Leutaschklamm, Geisterklamm, Karwendelgebirge.

34a TUXERBACHKLAMM *
(Ergänzung zu S. 195)

Ich tu mir schwer mit dieser Klamm. Sehe ich nur die Klamm an sich, dann ist sie zu vernachlässigen, sehe ich aber die Umgebung, dann ist alles zusammen sensationell. Das Zillertal hat viele „Gründe": den Märzengrund, den Ziller Grund und das Ziller Gründl, den Stillupp Grund, den Floiten Grund, den Zemmgrund, den Zamser Grund und den Schlegeisgrund. Nur das weite Tal, das sich hinter Finkenberg nach Südwesten hinzieht, hat nicht den Namen Grund, sondern heißt Tuxertal. Nach 18 km endet es in Hintertux in einem großartigen Talschluss mit vielen Wasserfällen. Gleich hinter der Talstation der Hintertuxer Gletscherbahnen erkennt man linker Hand den eindrucksvollen Kesselfall. Nach kurzem, steilem Anstieg gelangt man zum wirklich großartigen Schraubenwasserfall, der in unzähligen Windungen und Kolken zu Tal braust. Diese Klamm ist leider nicht begehbar, man kann aber von mehreren Terrassen in die tosende Tiefe blicken. Der Rundweg führt weiter über das Walfischmaul nach Waldeben, einer Talweitung, von der man einen wunderbaren Ausblick zum gewaltigen Tuxer Wasserfall hat. Auch er stürzt aus einer engen Klamm zu Tal. Nun überquert man auf einem schmalen Steg die kurze Tuxerbachklamm, nett, aber in Tirol keine Offenbarung. Hier zweigt sich der Weg: Entweder man steigt rund 300 Höhenmeter auf zur Bergstation oder man folgt auf der anderen Talseite dem Steig zurück nach Hintertux. Bedauerlich ist, dass es keine Verbindung etwa in der Hälfte des Schraubenwasserfalles gibt, denn hier ist eine Wiese und eine Brücke, deren Betreten der Grundeigentümer aber strengstens verbietet. So könnte man eine kleine Wasserfallrunde unternehmen. Aber die große Runde ist auch unbedingt einen Besuch wert.

34b GIESSENBACHKLAMM * *
(Ergänzung zu S. 195)

Bitte, wieso ist eine deutsche Klamm in einem österreichischen Klammenführer? Es sind drei Gründe, die dafür sprechen, wenn auch mit einem kleinen Augenzwinkern.

Erstens: Die Gießenbachklamm ist nur etwas mehr als 1 km von der österreichischen Grenze entfernt.

Zweitens: In dem Wanderführer „Wandern an wilden Wassern in Tirol" von Karl Stankiewitz ist sie angeführt, außerdem seit Jahren in der umfangreichen Broschüre „Tirol erleben", die die schönsten Ausflugsziele Tirols bekannt macht.

Drittens: Die Klamm liegt in Kiefersfelden, und einige „Kieferer" propagierten am 1. April 2009 und dann in den folgenden Sommermonaten den Anschluss an das Land Tirol, weil sich gewisse wirtschaftliche Vorteile ergeben würden. Aber diese Tatsache ist ja völlig utopisch!

Nun zur Klamm: Im Grenzort Kiefersfelden bei der evangelischen Kirche zweigt die Thierseestraße ab, die kurz vor der Grenze zu einer Mühle führt. Dort beginnt schon das Staunen: Eines der größten Wasserräder Europas, es hat 7 m im Durchmesser, hat zwei Schaufel-

Ein Abstecher wert

reihen von je 1 m, ist ganz aus Holz und erzeugt bei vier Umdrehungen pro Minute ca. 20 kW Strom. Köstlich ist die Aufschrift, die auf die Gefahr des Hineingreifens hinweist: „Jeder Vernünftige faßt nicht ins Rad und wirft nichts hinein. Allen andern ist es strengstens verboten. Lebensgefahr." Nun führt eine Schotterstraße in 10 Minuten zum Kraftwerk Gießenbach, und schon locken die herrlichen Klammenwände. Aber leider! Der Pfad leitet in ein Seitental, und wir müssen rund 200 Stufen hinauf zur Klammschulter steigen. Hier ließ der Vater von Gunther Sachs schon im Jahr 1928 einen sicheren, weil betonierten Weg anlegen, von dem wir in den tiefen Abgrund hinunterblicken und etwas später zwei interessante Tuffwände betrachten können. In kürzester Zeit nimmt die Tiefe der Klamm ab, und vor uns taucht die Staumauer des Kraftwerkes auf. Eine völlig andere Landschaft liegt vor uns: Saftige Wiesen, die von kleinen Bächen durchzogen werden, ein Spielparadies für Kinder. Die paar Schritte zur Schopperalm muss man einfach noch zurücklegen, denn dort setzt sich das Natur- und Kinderparadies mit Hängebauchschwein und anderen Tieren fort.

44. EIN KURIOSUM ZUM SCHLUSS: DIE SCHLUCHT IM SCHLOSSGARTEN VON AMBRAS *

(Ergänzung zu S. 201)

Das Renaissanceschloss Ambras oberhalb des Dorfes Amras im Osten Innsbrucks ist immer einen Besuch wert. Es wurde von Erzherzog Ferdinand von Tirol seit 1564 ausgebaut, und er hat es seiner Gattin Philippine Welser geschenkt. Kunstschätze, Handschriften, Rüstungen, Gemälde – wahre Schätze sind dort zu bewundern. Um das Schloss ist ein englischer Garten angelegt: gewundene Wege, zwei Weiher, eine Grotte, freie Ausblicke, doch dahinter wird es ganz anders: Im Wildpark, der östlich an den englischen Garten anschließt, gibt es eine tiefe Schlucht, ein Bach stürzt über einen Wasserfall zu Tal, mehrere Brücken und eine kleine Höhle machen die Landschaft noch interessanter. Aber hier gibt es fast keine Besucher, nur Jogger.

21a FELLBACHKLAMM ✱
(Ergänzung zu S. 248)

Zwischen Villach und Spittal an der Drau liegt Feistritz, das eine Autobahnabfahrt besitzt. Von dort führt eine Straße zum Ostufer des Weißensees. Zwischen Zlan und Stockenboi liegt Gassen, hier befindet sich eine Hinweistafel zur Fellbachklamm. Nirgends in der Literatur fand ich einen Hinweis auf diese Klamm, erst beim Vorbeifahren wurde ich auf sie aufmerksam. Und lohnt ein Besuch? Die Klamm ist eigentlich eine Schlucht mit ein paar Wasserfällen, hat aber zwei Besonderheiten, die es sonst nirgends gibt.

Vom Parkplatz geht man an den letzten Bauernhäusern vorbei stetig ansteigend ungefähr 20 Minuten, bis man zu einer Staumauer aus dem Jahr 1939 gelangt. Das Staubecken ist voll mit Felsen und Steinen, das Wasser fließt über die Kante und wird damit seiner Wildheit beraubt. Das Tal wird enger, der zweispurige Fahrweg wird zum schmalen Pfad, da die Holzbrücke vom Hochwasser zerstört wurde. Und hier offenbart sich auch das Thema der Klamm: HOCHWASSER! Am 30. August 2003 zerstörte ein gewaltiges Hochwasser dieses Tal, aber nicht nur hier, in ganz Kärnten gab es furchtbare Überschwemmungen. Schon beim Hereingehen kurz nach dem Parkplatz erinnert ein Gedenkstein an diese Katastrophe. Hier an der engsten Stelle der Klamm ein zweiter Hinweis: Er ist einmalig in Österreich: In einer Nische eines Baumstumpfes steht hinter einer kleinen Holzlatte – keine Heiligenstatue, sondern ein roher Stein. Ob das ein symbolischer Stein ist oder ob es mit ihm eine besondere Bewandtnis hat, konnte ich nicht in Erfahrung bringen. Der Weg setzt sich fort, immer wieder muss man kleine Murenabgänge überqueren, das Tal ist cher weit und weist Baum- und Strauchbewuchs auf. Schon meint man, alles gesehen zu haben, da taucht nach ungefähr 15 Minuten eine zweite, große Staumauer auf. Sie zeigt drei riesige Durchlässe für das Wasser, aber – und das ist meines Wissens auch einmalig – der linke Durchlass ist zugleich der Wanderweg. Auch hier konnte ich nicht in Erfahrung bringen, was dann geschieht, wenn das Staubecken einmal voll sein wird. Wird man nach jedem Hochwasser Felsen und Geröll sofort daraus entfernen oder wird dann eben der Wanderweg gesperrt? Apropos gesperrt: 2008 war die Klamm im Sommer wegen Waldarbeit gesperrt. 2010 war sie frei, aber oberhalb der Staumauer stand noch immer (?) eine einsame Tafel, die auf die Sperre hinwies. Was macht ein Wanderer, der von oben, vom Rosental oder sonst wo, absteigt und dann diese Tafel erblickt? Er kann sie nur negieren!

Wenn man eine neue Klamm „erforscht", stellt sich oft die Frage: Wann ist sie zu Ende? So fragte ich auch einen lieben Bauern im Ort: „Wo fängt sie an?" „Bei der ersten Staumauer!" „Und wann is aus?" Da blickte der Bauer andächtig zum Himmel und sagte zu mir: „Das weiß nur der Herrgott!" Erst nach einer klareren Formulierung meiner Frage meinte er: „Bei der zweiten Staumauer!"

22a DRACHENSCHLUCHT
22b DONNERSCHLUCHT *
(Ergänzung zu S. 249)

Wenn man sich die beiden Namen der Schluchten ansieht, dann dämmert einem schon langsam die Wirklichkeit: Das sind keine alten Flurnamen, sondern das sind zugkräftige Namen, damit Kinder mit ihren Familien dort einen Besuch abstatten.

Die Drachenschlucht bei Trebesing im Liesertal ist dabei die problematischere Schlucht, denn sie wird gar nicht besucht. Auf der Märchenwandermeile, einem 3 km langen Erlebnisweg, gelangt man zur Drachenbrücke, die die Drachenschlucht überspannt. Diese Brücke ist die längste Hängebrücke der Alpen und misst 175 m. Weiters gelangt man zu Märchenstationen und Spielbereichen, außerdem ist noch ein Hexenritt über die Schlucht mit der Hexe Kniesebein möglich. Ein kostenpflichtiger Shuttledienst bringt die Familien von Trebesing zum Eingang. Der Besuch ist ebenfalls nicht gratis, man kann allerdings einen halben oder gar einen ganzen Tag bei diesen Attraktionen verbringen. Dies alles ist etwas für kleinere Kinder, aber nicht für Schluchtenfans.

Anders verhält es sich in der gar nicht so weit entfernten Donnerschlucht in Innerkrems an der Nockalmstraße. Hier befindet sich eine begehbare Schlucht, durch die ein Wanderweg führt. Für Wanderer ist sie frei zugänglich, Kinder können allerdings eine Schatzkarte um

7 € (2009) erstehen, mit der sie in cooler Schatzsucherausrüstung durch „magische Welten" wandern, um schließlich den Schatz am Zwergensee öffnen zu dürfen. Die Schlucht an sich ist aber nicht atemberaubend. Solche gibt es viele in den Alpen.

22c HOCHSTEGKLAMM IN DEN MALTEINER WASSERSPIELEN ★ ★

(Ergänzung zu S. 249)

Das Maltatal zieht sich von Gmünd in Kärnten nach Nordwesten und wird das „Tal der stürzenden Wasser" genannt. Diesen Beinamen gab ihm der Schriftsteller Dr. Gustav Renker 1930 mit Recht, denn unzählige Wasserfälle stürzen zu beiden Seiten bis zu 300 m tief zu Tal. Es ist aber auch das Tal der versteckten Klammen und Schluchten. Diesmal mache ich einen Vorschlag für eine Ganztagestour, wie man am besten diese Naturschönheiten, die alle mit dem Wasser in Zusammenhang stehen, besichtigen kann. Zunächst sollte man die 14,4 km lange Mautstraße zur Kölnbreinsperre zurücklegen. Es kann sein, dass man nach der Hälfte der Strecke bis zu 20 Minuten auf den Gegenverkehr warten muss. Da empfiehlt es sich, die 50 m bis zum Maralmbachfall zu gehen und sich erfrischen zu lassen. Keine Angst! Dort ist eine elektronische Anzeige, die sagt, wie lange noch die Wartezeit dauert. Ist man dann beim Stausee, sollte man unbedingt eine Führung IN der Staumauer machen und sich den 2010 errichteten Sky-Walk ansehen! Die Talfahrt „muss" dann immer wieder unterbrochen werden. Mehrere Stationen warten auf Wasser-Fels-Genießer:

1.) *Maralmbachfall* in der Wartezeit

2.) *Blauer Tumpf:* Parkplatz nach dem Tunnel, relativ weiter Zugang bis ins Tal, wo ein Felsenbecken die Kaskaden des Maltabaches auffängt. Interessant ist auch die alte Straße, die sich unterhalb der Felswände dahinschlängelt. Von einem steilen, gewundenen und gepflasterten Straßenstück sieht man zum Blauen Tumpf hinunter, wenn der Abstieg doch zu mühsam sein sollte.

3.) Bald danach ein Abstecher zur *Hochbrücke*: Gedeckte Holzbrücke über eine kurze Schlucht, dahinter eine gemütliche Jausenstation.

4.) *Malteiner Wasserspiele:* Sie sind der Höhepunkt auf dieser Fahrt. Fünf Attraktionen sind dort zu bewundern und von einem großen

Parkplatz in kürzester Zeit zu erwandern. Ich will sie dem Wasserverlauf nach beschreiben.

Melnikfall: Dort kann man leicht eine Stunde sitzen, den fallenden Wassern zusehen und sich den gesunden Wasserschleier ins Gesicht wehen lassen.

Etwas unterhalb ist der *Hochsteg*, eine nach altem Vorbild gedeckte Holzbrücke mit einer Gedenktafel für Dr. Gustav Renker bei einer Aussichtsplattform. Schon von alters her bestand an dieser Stelle eine gefahrlose Überquerung des reißenden Gebirgsflusses. Von hier blickt man in die *Hochstegklamm*, die eine auffällige Schräglage aufweist. Diese ungewöhnliche Form, die aufgrund einer tektonischen Störung entstanden ist, kann man aber noch besser unten von einer kleinen Aussichtsterrasse betrachten, die wir jetzt besuchen. Man blickt direkt in die Klamm hinein, sieht oberhalb Steg und Plattform, ist glücklich und wundert sich ein bisschen, dass man davon noch nichts gehört hat. Hat man sich satt gesehen, geht es jenseits der Straße weiter zu den *Fallertümpfen*, auch „Fallertumpl" genannt. Es sind zwei Schluchtstrecken, in denen der Maltabach in unzähligen Kaskaden zu Tal rauscht. Der obere und der untere Fallertumpf können von Aussichtsterrassen betrachtet werden, dazwischen führt ein leicht ansteigender bzw. fallender Felsen-Waldweg. Diese fünf Ziele sind wie ein Stück Paradies.

5.) *Fallbach-Wasserfall:* Diesen höchsten frei fallenden Wasserfall Kärntens (200 m) kann man entweder von der Straße aus bewundern oder man besucht das „Wassererlebnis Fallbach" mit Aussichtsplattformen, Wasserspielen, Abenteuerfloß und anderen Stationen, die aber vorwiegend für Kinder gedacht sind. Dafür ist aber ein geringer Eintritt zu bezahlen.

6.) Fast gegenüber und leicht zu übersehen, weil man immer zu dem Wasserfall blickt, ist die *Wasserarena Gössfälle*. Vom Parkplatz in fünf Minuten auf asphaltiertem Weg, also auch für Rollstuhlfahrer geeignet, gelangt man zu einer Aussichtsplattform, von der man die Gössfälle betrachten kann. Sie haben zwar nur eine geringe Fallhöhe im Vergleich zu den großen Wasserfällen des Maltatales, sind aber ein gewaltiger Abschluss eines wunderschönen Tages.

23a. PÖLLANTSCHLUCHT *

(Ergänzung zu S. 249)

In Lammersdorf, östlich von Obermillstatt lesen wir auf einer Tafel von der „Durchquerung der Pöllantschlucht" Richtung Pesenthein, das man in 40 Minuten erreichen kann. Leider bringt dieser Hinweis für Schluchtenfreunde wenig Freude. Die Schlucht ist ein wilder, steiler, bewaldeter Graben, den man auf einem Holzsteg überquert, um dann sofort wieder auf der Gegenseite steil aufzusteigen. Der Abstieg ist aber trotzdem zu empfehlen: Sanft geschwungene Wiesen, herrlicher Wald und dann die „Kanzel", ein Felsen, von dem man einen wunderbaren Ausblick auf einen Wasserfall, auf den Millstätter See und den Dobratsch hat. Weiter unten durchquert man einige Bäche und gelangt zum Zwergsee. Von hier ist es nicht mehr weit nach Pesenthein oder zurück nach (Ober)-Millstatt.

23b GRANATSCHLUCHT (RADENTHEINER SCHLUCHT, KANINGER SCHLUCHT) *

(Ergänzung zu S. 249)

Die Radentheiner oder Kaninger Schlucht gibt es schon immer, aber sie war nicht erschlossen. Seit 20 Jahren versuchten interessierte Radentheiner, ein Spezifikum dieser Gegend, den Granat, einer breiten Bevölkerung und den Urlaubsgästen nahezubringen. Eine Fabrik am Ende der Schlucht, praktisch im Ortszentrum von Radenthein, wurde abgetragen und das „Granatium" geplant. Im Jahr 2008 war die Eröffnung, und diese Attraktion schlug ein: 40.000 Besucher waren 2009 in dieser interessanten Einrichtung. Was gibt es dort zu sehen? Das Hauptgebäude mit Verkaufsraum und Ausstellung, den Granatstollen, durch den drei Granatadern ziehen, ein Schürfgelände, auf dem man direkt die Edelsteine aus dem Fels schlagen, sie dann waschen und auch schleifen lassen kann, wenn sie groß genug sind. Der frei zugängliche Erholungsbereich mit Rastplatz, Trinkwasserbrunnen und Hängebrücke leitet zum „Blauen Tumpf", wo die Schlucht beginnt. Und hier ist etwas Sensationelles: Ich zitiere aus dem Folder: „Ab hier können Geübte mit Führer oder selbst (auf eigene Gefahr) mittels abwechslungreichem Seilsteig die wildromantische Schlucht bis zur großen Staumauer erkunden (Länge ca. 1.000 m)." Der Seilsteig ist so angelegt, dass Kletterstrecken auf Felsen oder im Bachbett mit Tritthaken abwechseln mit Seilanlagen, auf denen man balancieren muss. Oben ein Seil zum Anhalten, unten ein Seil zum Steigen. Manchmal ist man nur ein paar Zentimeter über dem Wasser. Also wirklich nur etwas für Geübte! (Deshalb auch die vier Schuhe bei der Bewertung!) Ich war bei Regenwetter dort und konnte daher nicht die ganze Strecke zurücklegen. Aber die ersten 150 m haben mir gereicht: ich war glücklich, müde und schmutzig! Viel weniger anstrengend ist der Kaninger Mühlenwander- und Kneippweg, den man auf einer Bergstraße Richtung Kaning erreicht. Hier findet das Kinderherz alles, was es zum Spielen im Wasser braucht: Mini-Hammerwerke, Mühlen, wo noch Mehl gemahlen wird, eine Kneippanlage, eine Hängebrücke usw. Ein Wasserparadies!

27a ABENTEUER-WASSERWEG LIEBENFELS *
(Ergänzung zu S. 251)

Ich besitze eine alte Schwarz-Weiß-Ansichtskarte, auf der eine Glantschach-Klamm zu sehen ist, wusste aber nicht, wo ich diese Klamm finden könnte. Im Glantal zwischen St. Veit/Glan und Feldkirchen liegt der Ort Liebenfels, nordwestlich davon der kleine Ort Glantschach. Dort hat man vor einigen Jahren im Rahmen der Aktion „KÄRNTEN wasser.reich." den „abenteuer wasser weg liebenfels" angelegt. In der Ortsmitte von Glantschach weist ein kleiner Wegweiser nach Hart, und auf dieser Nebenstraße ist man nach 300 m am Ziel, dh. am Beginn des Weges. Eine Info-Tafel mit gutem Plan erfreut zunächst, dann jedoch bekommt man einen Schock: Die Wanderung dauert vier Stunden! Und in einem solchen Fall ist es gut, diesen Klammenführer bei der Hand zu haben, er gibt nämlich Klarheit, die besonders wichtig ist, wenn man kleine Kinder hat. Um es ganz deutlich zu sagen: Die Vier-Stunden-Wanderung führt von Glantschach über den Sörg-Wasserfall nach Hart und von dort über Landstraßen und Wälder wieder zurück nach Glantschach. Das ist nichts für kleine Kinder, die sich am Wasser erfreuen wollen. Der Anfang des Weges ist wunderschön und interessant, dann folgt eine lange Strecke heraus aus dem Tal, neben Feldern, dann wieder ins Tal zurück, bei einem Bauernhof vorbei, durch eine Viehweide zu einer verfallenen Mühle, und schließlich erreicht man den sehenswerten Sörg-Wasserfall. Für erwachsene Wanderer ist das völlig in Ordnung, aber Eltern mit vorschulpflichtigen Kindern empfehle ich, den ersten Teil zu absolvieren, wieder zurück zum Auto zu gehen und dann die paar Kilometer zum Sörg-Wasserfall zu fahren, der praktisch neben der Straße nach Hart liegt, und diesen von oben zu besuchen.

Doch nun zum genauen Weg: ein Brückerl, daneben eine Furt, der „Steinklang" – ein wunderschöner Beginn, ein Steilstück, das zu einem kuriosen Waldhaus führt, dann gleich wieder bergab ins Tal zu einem Mühlgang und Mühlrad. Und nun sind wir schon im Zentrum des Beginns: eine kleine Klamm, zwei Rialto-artige Stege, die sich im Bogen über den Harter Bach legen, der Rest einer steinernen Mühle, in der eine interessante Tafel versteckt ist: „Glantschacher Abenteuer Wasserweg". Diese Bezeichnung ist ehrlicher, denn Liebenfels ist von hier drei Kilometer entfernt, klingt aber „erotischer". Hier ist die Stelle, an der meine Ansichtskarte aufgenommen wurde: Kaskaden erfreuen unser Auge, eine schwankende, kurze Hängebrücke erfreut die Kinder, und wieder eine beachtliche Steilstufe: der Teufelsteig durch eine wasserlose Klamm. Hat man das alles geschafft, gelangt man zu einer „Jausen- und Bastelstation". Für Kinder ist jetzt das Ziel erreicht. Man kann zwar weiter bergauf gehen und den ersten Ausstieg zum Gasthaus „Zechnerin" benützen, aber die Kleinen sollten denselben Weg wieder zurückgehen. Wanderer steigen nach einer Strecke neben einer Wiese (in der Hitze) wieder ins Tal, sehen einen „Kunstfelsen" mit einer modernen Skulptur, müssen sogar einmal direkt im Bachbett gehen, benützen wieder eine „Rialto-Brücke", können sich bei einem RASTPLTZL über die köstliche Zeichnung amüsieren. Der Maler war bei der Anfertigung des Schildes unkonzentriert gewesen, malte sich daher als Schlafenden dazu und ließ zwölf A zwischen dem L und dem T tanzen.

Das Tal wird sehr weit, rechts oben grüßt Sörg, da geht man lieber im Tal weiter, wo man nach einer Viertelstunde den ersehnten Wasserfall erreicht. Zusammenfassend kann man sagen: Die Idee derer, die den – ich schreibe es jetzt in korrektem Deutsch – Abenteuer-Wasserweg Liebenfels geschaffen haben, war die: Wir haben die Glantschachklamm und wir haben in rund drei Kilometer Entfernung den Sörger Wasserfall. Hängen wir beides zusammen und machen wir in der Mitte ein paar kleine „Attraktionen"! So lasen wir z. B. bei der ersten Info-Tafel, dass nach der Jausenstation eine Ahornschlucht durchwandert wird. Gesehen und gelesen haben wir aber davon nichts. Trotzdem: Die zwei Natur-Attraktionen sind einen Besuch wert!

Ein nettes Erlebnis
für Kinder

6a. Nothklamm ★★

(Ergänzung zu S. 267)

„Und wieder eine Revitalisierung!"

Zugang: Gams an der Straße Palfau – Hieflau, Abzweigung vor dem Ort, 2 km entlang des Gamsbaches, Parkplatz mit WC.

Klammlänge 900 m, davon 700 m Steg, Höhenunterschied 50 m, Gehzeit 30 min, ÖK Blatt 100.

Beste Zeit: Frühjahr bis Herbst, Eintrittsgebühr.

Beschreibung: Im Forstmuseum „Silvanum" in Großreifling gibt es ein Bild von der Nothklamm in früherer Zeit, als noch ein Triftsteig durch sie führte. Ein paar Bretter ohne Geländer verschwinden in der tiefen Klamm. „Das wäre doch etwas …!" haben sich bestimmt Wanderer und Fremdenverkehrsfachleute gedacht. Und tatsächlich: Am 20. Mai 2007 wurde der Steg durch dieses Naturdenkmal eröffnet. Es ist ein sehr gut ausgebauter, massiver und wunderschöner Steg, der in der engen Klamm am Ende sogar zur einzigen Steinkugelmühle in der Steiermark führt. An 16 Stationen des GeoPfades wandert man vorbei und lernt dabei viel über die Spuren längst vergangener Meere und ihrer Tierwelt und über die Entstehung der Alpen. Zurück geht es dann über die schmale Privatstraße, die auf eigene Gefahr zu begehen ist. Die steile Straße führt hoch über dem Abgrund dahin, die Geländer sind teilweise schon desolat und zerstört. Drei Tunnel und drei Erinnerungstafeln weisen auf die Gefährlichkeit dieser Klamm hin. Bis zum Jahr 1911, in dem die Straße von der Staats- und Fondsforstverwaltung erbaut wurde, gab es nur einen Fußweg, der im Winter und nach Regenfällen nicht passierbar war. Eine Erinnerungstafel berichtet: „Nicht weit von dieser Stelle verunglückte am 16. August 1908 Maria Furtner, gewesene Forstarbeiters Gattin im 63. Lebensjahr durch einen Fehltritte, sie stürzte in den Bache und starb an inerlichen Verletzungen. Schlafe selig im Herrn." Auf dem Votivbild sieht man, wie das Blut aus dem Bauch rinnt. Und eine zweite Tafel erinnert an einen jungen Burschen vor nicht allzu langer Zeit: „Diese Schlucht war sein Tod. Warum weiß nur Gott." Eine Tafel mit der Inschrift STOAREITH gab mir zu denken: Reith weist ja üblicherweise auf Rodung hin, aber an manchen Orten auch auf Kurve: die Straße von Türnitz nach Mitterbach hat viele Reithen = Kurven, also: die Steinkurve.

Ein Kreuz neben einem Höhlenspalt und die Tafel Naturdenkmal erinnern uns daran, dass sich hier die Kraushöhle befindet. Ich konnte sogar einmal den Geruch der Karbidlampen riechen, obwohl der Höhleneingang ein gutes Stück höher liegt. Diese Höhle ist eine Besonderheit, da in ihr Gips in allen Stadien, vom amorphen Zustand bis zu den schönsten Kristallen, zu sehen ist. Der Weg zur Kraushöhle zweigt bergwärts ab. Nun kann man also zwei Attraktionen bei einem Besuch absolvieren. Und natürlich: Danke für den Ausbau!

Ausflugsziele in der Umgebung: Kraushöhle, Rundweg „GeoPfad" vom Geozentrum Gams aus.

9a. „Wilde Wasser": Alpinsteig Höll, Schlucht des Riesachbaches zwischen Riesachfall und Riesachsee ★ ★ ★
(Ergänzung zu S. 273)

„Was doch alles möglich ist!"

Zugang: Von Schladming über Rohrmoos ins Untertal 5 km, Parkplatz mit Gebühr, 5 min zum unteren Riesachfall, 30 min zum oberen Riesachfall, dort Beginn des Alpinsteiges.

Klammlänge 1500 m, Höhenunterschied 170 m, Gehzeit 45 min, ÖK Blatt 125.

Nur für Geübte! Trittsicherheit, Schwindelfreiheit und Kondition erforderlich!

Beste Zeit: Schneefreie Zeit, keine Eintrittsgebühr, aber strenge Kontrollen auf dem Parkplatz!

Beschreibung: Es ist einfach unglaublich, was (besonders in der Steiermark!) in den letzten Jahren beim Ausbau von Klammen und Schluchten geleistet wurde. Was vor Jahrhunderten ein Steig für Einheimische war, der durch eine Forststraße an Bedeutung verlor, wurde im Jahr 2005 zu einer sensationellen Attraktion. Die Eröffnung des Themenwanderweges erfolgte am 29. Juni 2006. Zunächst muss aber der Begriff „Wilde Wasser" geklärt werden. Dieser Erlebnis-Wanderweg beginnt in Schladming, passiert die Talbachklamm, und erreicht nach 12,5 km das Gasthaus „Riesachfall". An 17 Stationen erfährt man vieles über das Leben in diesem Tal, wildes Wasser wird aber nicht geboten. Dann wandert man entlang der zwei Stufen des

Riesachfalles hinauf zur zweiten Holzbrücke, wobei drei massive Aussichtskanzeln zum Fotografieren einladen. Der Höhenunterschied beträgt 140 m und ist somit der höchste Wasserfall der Steiermark. Hier ist zwar der Abstieg über die sonnige Forststraße möglich, aber jetzt beginnt der neu angelegte Weg. Die Warnungen müssen wohl gegeben werden, aber tatsächlich ist der Alpinsteig für sportliche Wanderer ungefährlich, nur für Kleinkinder und Hunde ist er nicht geeignet. Und dann geht's los! Am baumlosen Hang auf übergroßen Stufen steigen wir zur imposanten Hängebrücke. Sie ist 46 m lang, überspannt das Tal in 35 m Höhe und wurde im Jahr 2005 in 200 Arbeitsstunden errichtet. Die Seilbrücke wiegt 2,5 t, die Seile haben eine Stärke von 26 mm und sie sind 2,5 m tief im Fels verankert. Es ist ein Erlebnis, mitten auf der Brücke zu stehen und die Berge der Niederen Tauern zu betrachten. Leider ist der Wald hier sehr dezimiert. Nun geht es auf massiven Metallleitern hinauf, aber auch wieder hinunter, weil Felsen umgangen werden müssen. Auf einer kann man interessante Daten lesen: 11 m, 59°. Ja, diese 15 Stiegen mit insgesamt 94 Metern Länge sind sehr steil und doch ein wenig Kräfte raubend! Etwa in der Mitte des Steiges befinden sich zwei Aussichtsterrassen direkt über dem Giglachbach, der dort Klammencharakter aufweist. Weiter führt der Weg, dann führt eine Brücke auf die andere Seite, aber der Aufstieg ist noch nicht zu Ende. Durch den Wald geht es das letzte Stück zur Forststraße, zur Gfölleralm und zuletzt zum traumhaft gelegenen Riesachsee. Hier ist eine Rast Pflicht! Ursprünglich wollten wir über die Forststraße zurückgehen, aber sie liegt in der Sonne und ist um vieles länger, also gingen wir durch die Schlucht zurück und waren in 20 Minuten beim oberen Riesachfall. Eine unvergessliche Wanderung!

Ausflugsziele in der Umgebung: Geheimtipp: Das Schaubergwerk in Bromriesen mit kurzer Kriechstrecke! Anmeldung im Gemeindeamt Rohrmoos-Untertal an der Straße Schladming – Rohrmoos. Talbachklamm, Dachsteinseilbahn, Silberkarklamm in der Ramsau.

16a ALTENBACHKLAMM *
(Ergänzung zu S. 278)

Anfang August 2009 wurde diese Klamm eröffnet. Das macht etwas stutzig! War sie vorher nicht existent? Doch! Der Altenbach fließt schon immer durch dieses Tal, das mit einigen Felsen versehen ist. Aber die Gemeinde Oberhaag, zwischen Arnfels und Eibiswald gelegen, ließ einen interessanten Weg durch diese bewaldete Schlucht anlegen. Schon in Arnfels kündigt eine große, grüne Hinweistafel dieses „Naturjuwel" an, an der Bundesstraße ist wieder eine Tafel, es geht ins Tal hinein, auf dem Asphalt (!) steht wieder ein Hinweis und bei einem Buschenschank ist es dann – noch nicht so weit. Neben einem Parkplatz befindet sich eine große Info-Tafel mit einem Lageplan. Wir befinden uns in einiger Höhe, müssen aber erst 22 Höhenmeter steil hinunter zum Talboden. Nach 480 Metern dann die erste Holzbrücke. Es werden noch weitere 18 folgen, und jedes Mal steht auf einem Metallschild, wie viel Meter man schon zurückgelegt hat, dazwischen aber noch 14 kleine Stege. Das Tal ist, wie gesagt, eher weit, steigt aber immer mehr an. Nach rund 1150 m bietet sich eine Ausstiegsmöglichkeit an. Bis hierher trifft die Bewertung „Ein Schuh" zu. Nun wird es steiler, denn es geht hinauf zur Brücke 15, die eine 33 m lange und 14 m über dem Talboden sich befindende Hängebrücke ist. Auf der anderen Seite befindet sich eine unbewirtschaftete Raststelle (Klammhütte) mit feudalem WC und ein weiterer Klammteich. Doch weiter! Nun wird es unangenehm: Die Leiterstufen sind so beschaffen, dass man keine Trittfläche hat, sondern nur eine Trittkante. Nun kommt man zur zweiten Ausstiegsmöglichkeit, die zu einem Buschenschank führt. Bis hierher gelten die „Zwei Schuhe". Nun wird es aber noch steiler, ein paar Bänke stehen dem müden Wanderer zur Verfügung, nach 2 km noch eine Brücke und dann geht es eine „Nase" steil bergauf, bis man zum Ausstieg gelangt. Dieses letzte Steilstück verdient den „dritten Schuh"! Nun sind es noch 450 m bis zur Aussichtsterrasse beim Buschenschank Tertinek. Die rund 400 Höhenmeter und 2,5 km da herauf haben sich gelohnt: Vor uns liegt das weststeirische Hügelland, das Saggautal mit seinen 30 Kirchtürmen, und der Blick schweift von der Koralpe bis zum Schöckl.

Jedes Jahr findet im Sommer ein Klammlauf statt, der die Altenbachklamm bald bekannter machen wird. Sie ist trotz des Ausbaus ein naturbelassenes Tal geblieben!

(Ergänzung zu S. 281)

Bis vor kurzer Zeit war die Rosslochklamm nur für Klamm-Enthusiasten von Interesse, die österreichischen Bundesforste haben dieses versteckte Kleinod so belassen, aber etwas ganz Interessantes daraus gemacht: einen Erlebnispfad, in dem das Problem „Altern und Tod in der Natur" interessant, humorvoll und mit vielen Anschauungsobjekten dem Besucher, vor allem den Kindern, nahegebracht wird. Das Thema des Weges lautet etwas reißerisch: „In der Rosslochklamm ist eine Leiche gefunden worden – zumindest eine!" Ich zitiere aus der Info-Tafel am Beginn des Weges: „Am Erlebnisweg sollen der Kreislauf des Lebens sowie das Werden und Vergehen in der Natur beleuchtet werden. Die Leiche in der Rosslochklamm ist auf den ersten Blick tot, beim zweiten Hinsehen zeigt sich jedoch, dass sie

Naturbelassener
Kinderkrimi

von reichem Leben erfüllt ist und zudem selbst den Ausgangspunkt für neues Leben darstellt. Damit schließt sich der Kreislauf des Lebens." Die kurze Rosslochklamm zu Beginn ist gleichsam die Felsspalte, der Eingang in eine andere Welt, in der es kein Gut und Böse gibt, denn diese Wertungen sind in der Natur kein Kriterium. Ein Schranken warnt bei Hochwasser: GESPERRT Lebensgefahr! Dann kann die naturbelassene Klamm auch umgangen werden. Eine umfangreiche Beschreibung des Weges findet sich leider nur im Internet unter dem Stichwort „Rosslochklamm". Für Schulklassen wäre eine Wanderung, die gemütlich mit Besichtigung aller Stationen zwei Stunden in Anspruch nimmt, ein wertvoller Unterricht im Freien!

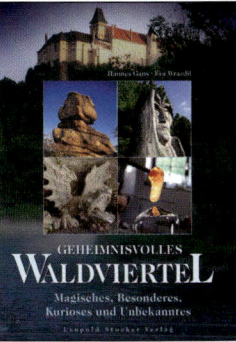

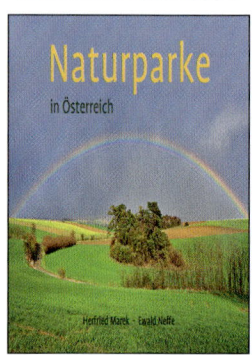
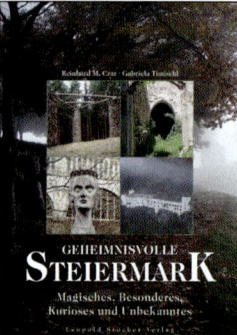
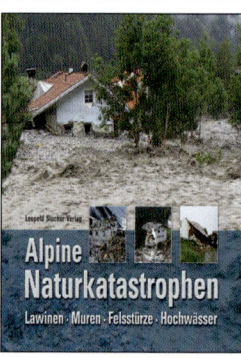